水资源综合管理
方法－模型－应用

Eelco van Beek 编著

宋心同 张 勇 等编译

黄河水利出版社

内 容 提 要

本书为荷兰代尔夫特大学 Eelco van Beek 先生编写的讲义《Water Resources Development》的中文编译本。主要内容有:水资源综合开发与管理,水资源开发与管理的系统方法,水资源开发与管理的计算分析工具,水资源分析与决策支持系统,性能标准与评估方法,赋权环境的水统辖等。可供从事水资源规划与管理工作的人员参考使用。

图书在版编目(CIP)数据

水资源综合管理方法 - 模型 - 应用/(荷)贝克(Beek, E. v.)编著;宋心同等编译. —郑州:黄河水利出版社,2008.3

书名原文:Water Resources Development

ISBN 978 - 7 - 80734 - 347 - 9

Ⅰ. 水… Ⅱ. ①贝… ②宋… Ⅲ. 水资源管理 Ⅳ. TV213.4

中国版本图书馆 CIP 数据核字(2007)第 205889 号

出 版 社:黄河水利出版社

地址:河南省郑州市金水路 11 号 邮政编码:450003

发行单位:黄河水利出版社

发行部电话:0371 - 66026940 传真:0371 - 66022620

E-mail:hhslcbs@126.com

承印单位:黄河水利委员会印刷厂

开本:787mm×1 092mm 1/16

印张:11.25

字数:260 千字 印数:1—1 500

版次:2008 年 3 月第 1 版 印次:2008 年 3 月第 1 次印刷

著作权合同登记号:图字 16 - 2008 - 01 定价:29.00 元

出版说明

本书为荷兰代尔夫特大学 Eelco van Beek 先生编写的讲义《Water Resources Development》的中文编译本。该书为荷兰联合国水教育学院的水科学与工程系的教科书，其内容通俗易懂，并配以实例与图示说明，易于对理论与概念的理解。编译出版此书的中文版本是为了向中国的读者诠释世界水资源面临的问题，以及应对这些问题所采取的工具与方法，也为国内的水资源管理者与决策者提供一个外部视角和学习窗口。它也为从事水资源规划工作的相关技术人员提供了很好的技术支持和参考。

本书引用了由 Daniel P. Loucks 和 Eelco van Beek 编写的《水资源系统规划与管理方法、模型与应用》(联合国科教文组织,2005)的主要内容。其他文献还有：

• 第 1.7 节的水资源综合管理，摘自 2000 年全球水伙伴技术咨询委员会背景报告之四——水资源综合管理；

• 第 1.8 节的发展中国家水资源综合管理方法，摘自“气候的可变性和气候变化在水资源管理中的影响与对策”(DWC,2003)文献的 2.3.3 部分；

• 第 5.4 节的多重标准分析，摘自 J. C. Heun 的讲义“水资源规划与分析的分析框架”的第 7 章；

• 第 6.1 节与第 6.2 节赋权环境与组织职能，摘自 2000 年全球水伙伴技术咨询委员会背景报告之四——水资源综合管理第 6 章和第 7 章；

• 第 6.3 节，主要基于联合国科教文组织 PC - CP(从潜在的冲突到可能的合作)计划报告。

应 Eelco van Beek 先生要求，在本书的中文编译本出版之际特别感谢以上文献的原作者与组织者的精心工作和提供的相关资料。

编译者

2007 年 10 月

前　言

水是人类和自然界赖以生存的最基本物质之一,它孕育和维持着地球上的全部生命。如果没有水,人类社会就无法存在,水的重要性并不仅仅是对于个体生命而言,它还是社会经济发展和日常生活不可缺少、不可替代的重要资源和环境要素,对于人类文明的发轫和人类社会的发展进步同样举足轻重。

随着全球人口的增长和社会经济的快速发展,水资源系统的压力日益增加,无论是发达国家还是发展中国家,都面临着水资源短缺与水质恶化问题。当然,中国也不能例外,同世界上绝大多数国家一样,中国也正面临水环境、水资源、水生态和水灾害等紧迫的流域性水问题。复合型水污染及其在流域内的转移、综合性水资源短缺与饮用水安全问题、水利水电等工程引发的生态破坏与经济损失,以及由水旱灾害和污染事件等构成的综合性流域涉水灾害等,都已成为中国必须面对的重大课题。更雪上加霜的是,全球变暖的趋势加剧了上述问题,增加了未来的不确定性和风险。我国现有的水资源管理体制根本无法有效地应对如此复杂的局面,因此业内有识之士呼吁,应在中国推进流域水资源综合开发与管理体制。

水资源综合开发与管理的思路正式形成于20世纪80年代,并在欧洲的莱茵河、澳大利亚墨累-达令河等流域的综合开发与管理中得到国际认可。所谓流域水资源综合开发与管理,是指在流域尺度上,通过跨部门与跨行政区的协调管理以及公众的广泛参与,综合开发、利用和保护流域水、土、生物等资源,最大限度地适应自然规律,并在不损害重要的生态系统可持续性的前提下,以公平、公正的方式实现流域最大的经济收入与社会环境福利。

讲义《Water Resources Development》,由荷兰代尔夫特技术大学 Eelco van Beek 教授编著,2006年1月完成。该书在案例分析的基础上,详细介绍了水资源开发与管理的系统方法、水资源开发与管理的计算分析工具、水资源分析与决策支持系统的主要内容以及性能标准与评估方法等。该书在水资源综合开发与管理中具有很高的参考价值和实际的指导作用,并被联合国科教文组织选作教材使用。

本书由宋心同、张勇等联合编译。其中,第1章由黄祚继执笔,第2章由夏小林执笔,第3章由沈义勤执笔,第4章由冉贤兵执笔,第5章由张勇执笔,第6章由宋心同执笔。全书由夏小林、宋心同校译并统稿。

由于编译者水平有限,书中疏漏和错误之处在所难免,敬请广大读者批评、指正。

编译者

2007年10月

目 录

第1章　水资源开发与管理概述

人类与其经济体制受益于水资源系统已有好几个世纪，该系统提供的服务也成倍地增长，但在许多地区水资源系统却还不能满足当地需求，甚至连最基本的、清洁的生活用水都不能满足，更不必说去提供和维护变化多样的生态需水了。造成上述结果的主要原因有：基础设施的退化，河流的过度开采利用，工、农业污染，营养富集造成的富营养化，灌溉水回流造成的土壤盐化，外来动、植物入侵，渔业的过度开发，由于开发活动而造成的河漫滩及动植物栖息地环境的变化及水与泥沙运动规律的改变等。水资源系统的不足反映了规划、管理与决策制定中的失败，在某种程度上比水资源系统涉及的范围更为广泛。水资源的规划、开发与管理要确保其可足量、便宜和持续地供应人类与自然生态系统，必须要考虑影响社会经济学的因素，例如教育不足、人口压力和贫困等。

数世纪以来，地表水与地下水一直是农业、城市、工业用水的来源。河流提供了水能和廉价的货运航道，同时向人们提供了水上娱乐项目，为野生动物提供了生活水源与栖息地。河流也作为一种交通设施并降解排入其中的废物。河流管理制度的数量与质量已经成为影响滨河与水生生态系统的类型、健康程度、生物多样性主要因素之一。河滩为农业生产提供了肥沃的土壤，为公路、铁路、工商业中心的选址提供了平坦的区域。除了河流与其河滩的经济价值之外，许多天然河流的风景使得河流附近地区成为居住、娱乐开发的抢手地段。河流和河滩已经给两岸居民带来了巨大的经济、环境与社会效益，如果管理得当，这些效益将源远流长。

为了从河流及漫滩中得到更多利益，人类所实施的许多活动在罕见或极端水流情况下，如干旱期、洪水期以及有严重污染时，会增加付出代价和受损失的可能性。这些代价与损失将是经济、环境与社会各个层面的，它们是由于人类的需求与环境的供应能力失衡而造成的。如今，人类的各项活动趋向于考虑河流正常的运行情况，但是非正常与极端水流情况仍然在发生，而且据气象学家分析其发生的频率仍在增加。不能适应这些突发性事件的人类利用河流的活动将被淘汰。

人类在开发利用河流与漫滩时必须考虑到特定的水文事件，其中之一就是径流与贮水量均随时空在变化，当然它们都有量的限制。无论是地表水、地下水的开采利用，还是水体的容污能力都存在量的问题，一旦污染物超量，其他人的利益将被削减甚至消除。

水资源专家们深知如何规划、设计、建造和运用工程设施并结合非工程设施手段，使人们能够从河流与其流域中获得更多的利益。然而，人们从中获得的利益是有限的，河流、河口与海岸地区在过度开发与利用的重压下，很难完全实现人们预期设想的利益。如何最优地管理与利用好这些可再生但是有限的资源？在能够提供多少资源不确定、需求量虽然在增长但仍不确定、不同管理人员在河流与其流域管理上存在利益冲突，并且这种利益冲突在加剧等环境条件下怎样才能够实现资源的最优化管理与利用？水资源规划与管理的中心思想便是明确并尽可能地回答这些问题。这些问题涉及到科学、技术、政治

(制度上)和社会的各个层面,无论是水资源的规划,还是其商品化过程。

流域、河口和海岸地区管理人员肩负着这些地区资源管理的职责,人们期望他们能够有力、高效率地满足所有人对资源的需求,减缓人们的需求分歧。这任务并不简单,尤其是在人们需求不断增长、水文与水力过程的突变性越来越明显、系统性能衡量方法的数量与复杂性增多的情况下。在确保分配公平的基础之上追求最大净经济利益已经不再是焦点与最终目标,环境与生态目标也必须同时考虑。而且,还要考虑如何在可接受的花费条件下给灌区提供更高质量的水源问题一样,管理问题很少停留在一维上。另外,我们还必须考虑这些水的取用会如何影响下游水资源的数量与质量,以及会如何影响滨河与水生生态系统。如何明确此类"如果……将……"的问题需要将人及其制度与一系列科学、技术综合考虑。

问题与机遇随时间在相互转换。就如管理与利用水源的目的随时间在改变一样,相应于这些目标改变的过程也在改变。规划过程除了要满足新的要求、期望和目标外,还必须回答关于高效率的新看法。

本书的主要内容是如何定量分析,尤其是利用计算机模型支持和改进水资源规划与管理。第1章是相关问题回顾,并指出了后边章节的内容与目的。后边的章节详细地描述我们对于以下内容的理解:如何规划,如何管理,以及如何利用计算机程序与模型帮助我们解决上述问题。

1.1 水资源管理(WRM),水资源开发(WRD)与水资源规划(WRP)

首先看一下水资源管理(WRM, Water Resources Management),水资源开发(WRD, Water Resources Development),水资源规划(WRP, Water Resources Planning)的定义与解释,在本书以及实践中它们经常被互相换用。其实,它们之间存在有差异,在本书附表1中有明确的描述。水资源管理是所有生产水、与水相关产品及服务的任务的总称。水资源管理除了包含许多行为活动,例如水资源规划、开发(建设)、运行与维护外,还包括提供预报(例如洪灾预警)、制定法规、实行监测、进行研究等。

正如前面所提及的那样,水资源管理(WRM)、水资源开发(WRD)、水资源规划(WRP)在本书中将被互换使用。

1.2 水资源开发与管理面临的问题:一些个案分析

管理水资源的确需要相关的自然知识与技术,但摆在水资源规划人员与管理人员面前的制度、社会与政治问题同样甚至更加重要。以下不同地区的水资源规划与管理的简短描述部分地说明了这些问题。

1.2.1 库尔德人找地,土耳其人寻水

底格里斯河与幼发拉底河(见图1-1)创造了新月沃土,在那里诞生了最初的人类文

明。但是，现在那里无论是在政治上还是在地域上都面临水资源紧缺的难题。土耳其正耗资300亿以上参与世界上最大的公共工程之一的大安纳托利亚计划，该计划由22个水库与19个水电站组成。其中心项目幼发拉底河上的阿塔图尔克大坝（见图1-2）已经建成，在大坝背后形成了一个湖，湖上可以举行赛艇、游泳等比赛（见图1-3）。而在此前的几百年来，这里除了荒凉的沙漠外一无所有。

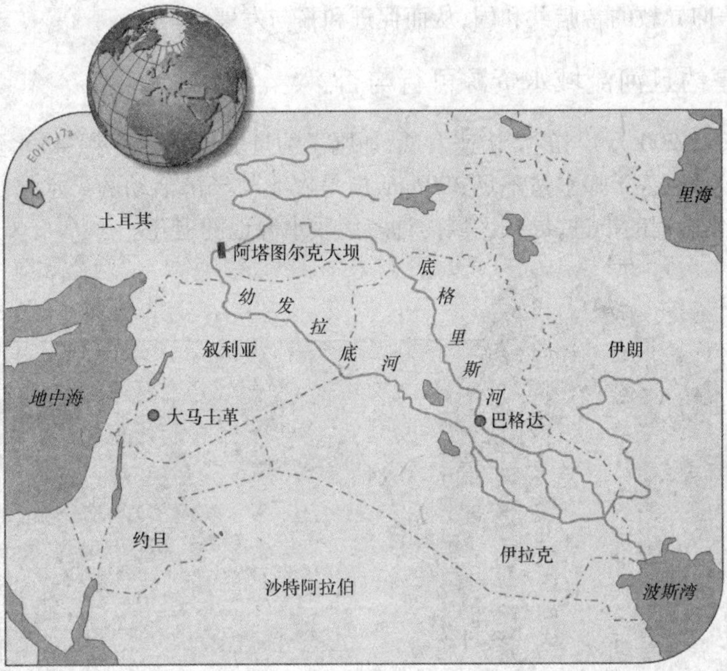

图1-1　土耳其、北叙利亚与伊拉克境内的底格里斯河与幼发拉底河

图1-2　土耳其幼发拉底河上的阿塔图尔克大坝

图1-3　幼发拉底河阿塔图尔克库区的水上运动

该项目的完成将使土耳其的灌溉面积增加40%，并可提供全国1/4的用电量。规划者希望通过这个项目提高土耳其以库尔德人为主的600万贫民的生活水平，并且平息分裂主义的革命起义热潮。这也会减少叙利亚与伊拉克的预计需水——这部分水是土耳其害怕最终可能会被在反土耳其事件中用掉的水。

土耳其库尔德人定居的地方几乎全部被大安纳托利亚计划所覆盖，其面积与奥地利相近。如果让库尔德人在该地区自治的话，政府对水资源的控制力将降低，而水资源却是未来能源的重点之一。

其他方面也一样，土耳其领导阶层把水作为处理国内外政治事务的工具之一。其中，最宏伟的工程要数从土耳其运水至北部炎热的塞浦路斯岛的 50mile（1mile = 1 609.344m）海下运输管道项目。如果该项目得以实施，则塞浦路斯岛将获得比其所需更多的水，调解者没有办法打破塞浦路斯的政治僵局，他们希望塞浦路斯能够将多余的水卖给岛上南部信仰异教的希腊共和国，从而促进和平与发展。

1.2.2 分享约旦河流域水资源可行与否？

人口增长（1 200 万）与经济快速发展，加剧了约旦河流域（见图 1-4）水资源的短缺压力。大部分干旱地区年降水量不足 250mm，但是农业与经济活动的需水总量却在不断增加，加上城市化进程的推进，导致区域内许多优质水源地的退化。

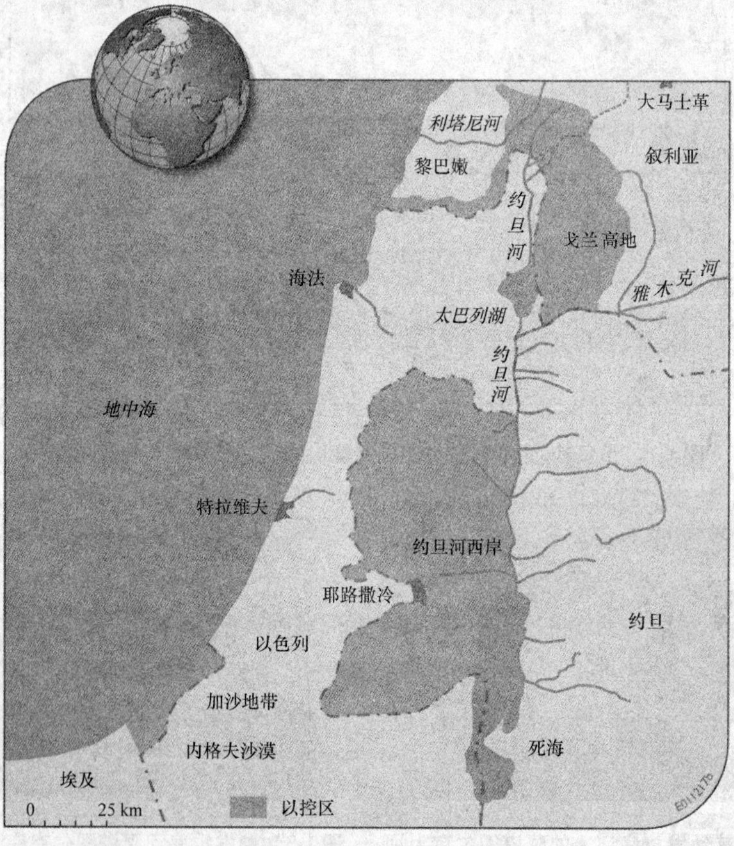

图 1-4 位于以色列和约旦两国之间的约旦河

河道两岸的分水工程使得下游河道与下水道相差无几，20 世纪 50 年代，每年有 13 亿 m^3的水流入死海，而现在只有其中的一小部分。正常年份从提贝里亚斯湖（也称加利利海或肯尼瑞特湖）流到下游大约有 0.6 亿 m^3 的水，其约占该地区天然水量的 10%。水流主要由盐湖水与污水组成，后又加入了亚穆克河的盈余水量，灌溉回流水、冬季径流水加在一起年径流量 2 亿 ~3 亿 m^3。这样的水源无论是从数量还是质量上看，都是既不适合灌溉，也不能充分满足自然系统需要的。约旦河高程最低地段的盐分含量高达 2 000 mg/L，导致其不适合农作物灌溉。只有在丰水年才有淡水进入约旦河下游。

淡水资源短缺增加的压力，导致的后果之一就是湿地的减少。湿地对净化水源、防洪和控制洪水侵蚀是非常重要的。农业活动的扩张使得湿地被抽干耗尽，河流、含水土层、湖泊与溪流都因为流入含有化肥和农药的水而受到了污染。要保证这个地区将来能够有淡水资源利用的关键是要通过保护现有的自然生态系统来逆转现在这种趋势。

以色列、约旦和巴勒斯坦政府必须全力合作保护水生生态系统，才能确保子孙后代有足够的高质量淡水资源可供利用。人们经常忽视生态系统在维护水资源持续供给中的纽带作用：植被能够减缓暴雨径流、抑制肥料污染、减少侵蚀和河流泥沙含量；河流能够净化污水；湖泊可以蓄积净水；地表水创造了动、植物的生活环境。

约旦河流域应该和其他流域一样，从一个整体角度全面评价不同水资源管理方法对湿地、湖泊、下游河流及死海海岸所产生的结果。在发展土地利用和开辟水源地获得利益的同时，应该权衡生态系统破坏和动、植物物种灭绝的损失。例如，通过大型河流控制工程向干旱区输水，促进了农业和城镇的发展，但是可用的水资源却在减少并且污染日益严重；仅仅通过无休止地抽取地表水及地下水来满足需求现状，将导致普遍的环境恶化和淡水资源耗竭。

许多政策可保证约旦河在将来能够提供足量的淡水资源。大部分观点都涉及到通过节约用水与应用成熟技术来提高水的利用效率，也有观点提到运用政策来提高经济效率与减少过度用水。在用水高峰期提高水价，并对超标用水量追加额外费用，这样可以促进节约用水。另外，通过房屋屋顶、集水场、蓄水池等系统能够收集降水，增加新的淡水资源获取途径。

有许多方法可供选择用来应对约旦河流域水资源水质持续恶化的现实。这需要所有生活在该区的人们进行协调与合作。这可能成为现实么吗？

1.2.3 濒临灭绝的大麻哈鱼

图 1-5 野生大麻哈鱼

美国华盛顿西北部的西雅图因为软件和航空工业而世界闻名，但当地居民却关心实际的事情：野生大麻哈鱼（见图 1-5）的现存量。美国联邦政府已经将 7 种大麻哈鱼和两种鲑鱼列为受威胁和濒临灭绝的物种。要想阻止其灭绝就得牺牲西雅图、波兰特、俄勒冈州以及周边地区的利益，这些地区是美国发展速度最快地区之一，其发展速度将因此而减缓。

在美国西北部的哥伦比亚河及其支流上修建的许多大坝使哥伦比亚河阻塞之前，每年都有 1 000 万 ~1 600 万条大麻哈鱼洄游到产卵地，而到 1996 年，其数量降至不足 100 万条。但是，西北部的经济得益于哥伦比亚河上的大坝和闸坝提供的廉价电力和水运条件。

工程师们评估使过鱼通道的应用成为现实的系统已经有很长一段时间了，但其结果并没有达到预期目标，仍然有很多的幼鱼在其向下游动时进入水力涡轮机中。关于是否要拆除部分大坝的争论正在进行，涡轮周围的鱼却也不断被涡轮吸取与运送。如果处理不当的话，保存这些大麻哈鱼将花费大笔钱财。

许多国家和地方性环境保护组织一起合作，试图通过修改或部分分解哥伦比亚河与斯内克河上的5座联合坝体以实现大麻哈鱼和虹鳟的洄游。将华盛顿州斯内克河下游的44座大坝部分拆除，同时降低俄勒冈州与华盛顿州交界处的哥伦比亚河上约翰戴大坝背后水库的水位，这样能够恢复超过300km的至关重要的栖息地（见图1-6）。如果河流的运行更加符合其自身的规律，大麻哈鱼和虹鳟的生存量将恢复到20世纪60年代建坝以前的水平。

图1-6　斯内克河与哥伦比亚河的水库，通过对其修改或分解为大麻哈鱼提供过道

分解后的斯内克河下游大坝，每一座的大部分都将被完整地保留下来，只有大坝与河岸连接处的泥滩被移除，混凝土部分将被保留，容许河流在其附近流动。该过程是可逆的，并且计划者声称通过取消对航运和农业津贴，终止目前恢复大麻哈鱼所需的高昂费用，达到节约大坝的预算维护费用。仅仅通过部分移除4座斯内克河下游大坝和改造约翰戴大坝就能实现恢复河流、保护大麻哈鱼和使西北主要河流恢复平衡的目的。

1.2.4　如何保证黄河不断流

从水沙管理角度来看，黄河是世界上最具挑战性的河流之一（见图1-7）。在正常和枯水年份，河水被大量地用于农业灌溉、生活饮用和工业消耗，导致下游河段每年都会断流数日。丰水年情况下，河水中含有大量来源于黄土高原的细沙，径流中的泥沙浓度达到了泛滥的程度。高含沙量导致多年冲积形成了渤海三角洲，同时系统地、大规模地增加河床高度，共同作用形成了现在所谓的“悬河”：河道底部的河床高度高出周围土地 10m 左右，一旦堤坝决口，则后果不堪设想。

图 1-7　黄河流域

中国社会经济的快速发展，加剧了已经非常缺水的黄河流域的缺水压力，工农业的发展和人口的增加更加提高了对水的需求，而且水污染已达到危险地步。中国政府尤其是黄河水利委员会（以后简称“黄委会”）已经开始着手实施控制河流和调节径流的宏伟计划，最近完成的小浪底大坝工程，使水流和泥沙在河流进入下游平坦地区之前将得到很好的控制，其中一个控制方法就是通过集中释放大水将泥沙冲入大海。

黄河三角洲湿地已经发展成为珍稀植物与候鸟组成的动态和有特色的生态系统。为了保护这个生态系统，黄委会已经开始在干旱季节从小浪底水库向这些湿地调水。由于湿地需水和上游工农业需水形成竞争，许多人都在抱怨，这样做浪费了宝贵的水资源。考虑到黄河流经 9 个省、自治区，要解决用水矛盾并使个人和地区对水资源的分配达成共识几乎不可能。

如何保证黄河流域不会断流？在高径流量条件下，泥沙必须冲出流域防止“悬河”继续长高；在低径流量条件下，要确保水流能够输入湿地。两种情况下水的损失都实现了其主要功能：例如，支持当地社会经济发展。

1.2.5 佛罗里达湿地水资源管理

佛罗里达湿地(见图1-8)是美国大陆最大的独立湿地,19世纪中期其面积超过360万 hm^2,但此后古老的湿地逐渐干涸且一半面积被用于农业和城市发展。现存的湿地周围和内部都受到人类活动的影响:其水资源被人们拦截利用;为了防止洪水灾害,其径流量因受到控制而降低;农田和城市废水排入湿地中的肥料养分增加;外来入侵物种的竞争力超过本地物种。20世纪50年代,候鸟数量(含濒临灭绝种类)减少了85%~90%,南佛罗里达许多物种,如哺乳动物、鸟类、爬行动物、两栖动物、植物等也受到威胁或濒临灭绝。

图1-8 佛罗里达湿地现状

目前的运河、泵站和大堤管理系统不能够给农业和城市地区提供充足的水源,也不能有效地防洪,更不必说维护现存湿地的自然(已遭破坏的除外)生态系统了。湿地庞大生态系统的问题涉及到水的水量和水质,还跟水深、水流和洪水持续期(称做积水期)的时空分布有关。出现这些问题是因为天然和历史水文制度的变化、水质的降低、城市面积的快速扩张。

为了满足人口和农业增长对水资源的需求,并恢复湿地水生生态系统使其向着更加自然的方向发展,美国工程兵团和当地机构南佛罗里达水资源管理处正在实施一个宏伟的计划。美国工程兵团估计该计划要花费超过80亿美元,该计划和其环境影响评价已经得到许多政府机构与非政府机构的认可,也得到公众的普遍认可。

恢复湿地的计划宏伟而艰巨,要使现存湿地的水文规律更符合天然性,重建湿地和塘地,采用最佳的农业管理措施,增加野生动物和娱乐项目,增强供水能力,同时提高防洪能力。

计划并尝试恢复湿地，要求运用充满艺术性色彩的系统分析概念、水文和水生态数据、包含于决策支持系统的模型、社会科学的综合应用、适合管理环境的计划分析与结果评价。恢复沼泽地的宏伟计划所面临的错综复杂的困难，要求尖端的、多学科的、科学的分析能力。当然，也需要政治上的决心，因为有时可能会被与恢复计划利益有冲突的人们告上法庭，此时需要妥协和忍耐。

谁来负责所有的费用呢？佛罗里达纳税人，还有全部美国纳税人。

1.2.6 埃及与尼罗河的农业发展瓶颈

埃及坐落在极其干旱的带状地区，其水资源几乎完全依靠尼罗河，因此大部分埃及人居住在尼罗河附近一点都不奇怪。因为耕地与水源问题，埃及成为世界上人口密度最高的国家之一：2000 年，6 300 万人口中的 97% 居住在国土面积 5% 的小片带状尼罗河沿岸与水源丰富的三角洲地带。因为其人口每年都在以 2% 的速度高速增长，人口密度又因此继续增加。

埃及政府为了减轻尼罗河三角洲和尼罗河流域的人口压力，正在着手一项巨大的项目。该项目将使埃及适宜居住的面积由原来国土面积的 5% 增加到将来的 25%，其耕地面积也会相应增加，由 1997 年的 340 万 hm^2 增加到 2017 年的 410 万 hm^2，新工业区建在沙漠地区，由尼罗河供水。这些项目中的工农业发展大部分要靠私人投资，但政府必须提供水源保证，南部的 Toskha 项目与西奈山 ElSalaam 计划就是这样的发展模式。

然而，尼罗河的供水情况没有改变。限于其和苏丹签订协议，埃及只容许利用 555 亿 m^3 的尼罗河水，这些水已经消耗殆尽，对水量需求的更快增长使得每公顷的可用水量非常小。一些能够提高水利用效率的方法将被埃及采用，但这些方法还是不能解决问题。因此，埃及试着通过与苏丹和埃塞俄比亚协商增加上游的来水量就不足为怪了。例如，在埃塞俄比亚的蓝尼罗河和苏丹的琼格莱运河上修建水库，这将使苏丹（见图 1-9）的部分湿地消失，从而降低这些沼泽地的蒸发量。尼罗河流域要实现这些发展就必须和其他国家（9 个）进行合作，因此埃及积极主动地支持构建尼罗河流域合作框架，该流域其他国家对埃及要求增加水源的主张提出苛刻的条件。如果不能增加水源，埃及将被迫缩减农业向沙漠地带扩地的计划，并为其日益增长的人口另寻生路。

1.3 为什么要进行水资源规划、开发和管理

就像上述的例子一样，水资源规划与管理活动通常都是有目的的，由于意识到要解决问题并且有机会从水资源利用以及与其相关土地资源的利用中获得利益，这些利益可以通过不同的途径衡量，但获得这些利益的方法肯定不是唾手可得的，任何途经都可能引起冲突，所以在寻求最佳的折中计划和管理制度时，必须认真研究与寻找，同时将所有利益相关者全部拉入其中。许多规划与管理行为的共同目标就是减少因为干旱、洪水和严重污染造成不利后果的发生频率与（或）严重程度。还有一些鉴定和评价所选择的途径的原因如下：可以增加水源供应、水电应用、发展娱乐业和（或）航运、提高水质、稳定水生生态系统。性能量化系统标准能够帮助评价备选规划与管理政策的净效益（虽然已被估

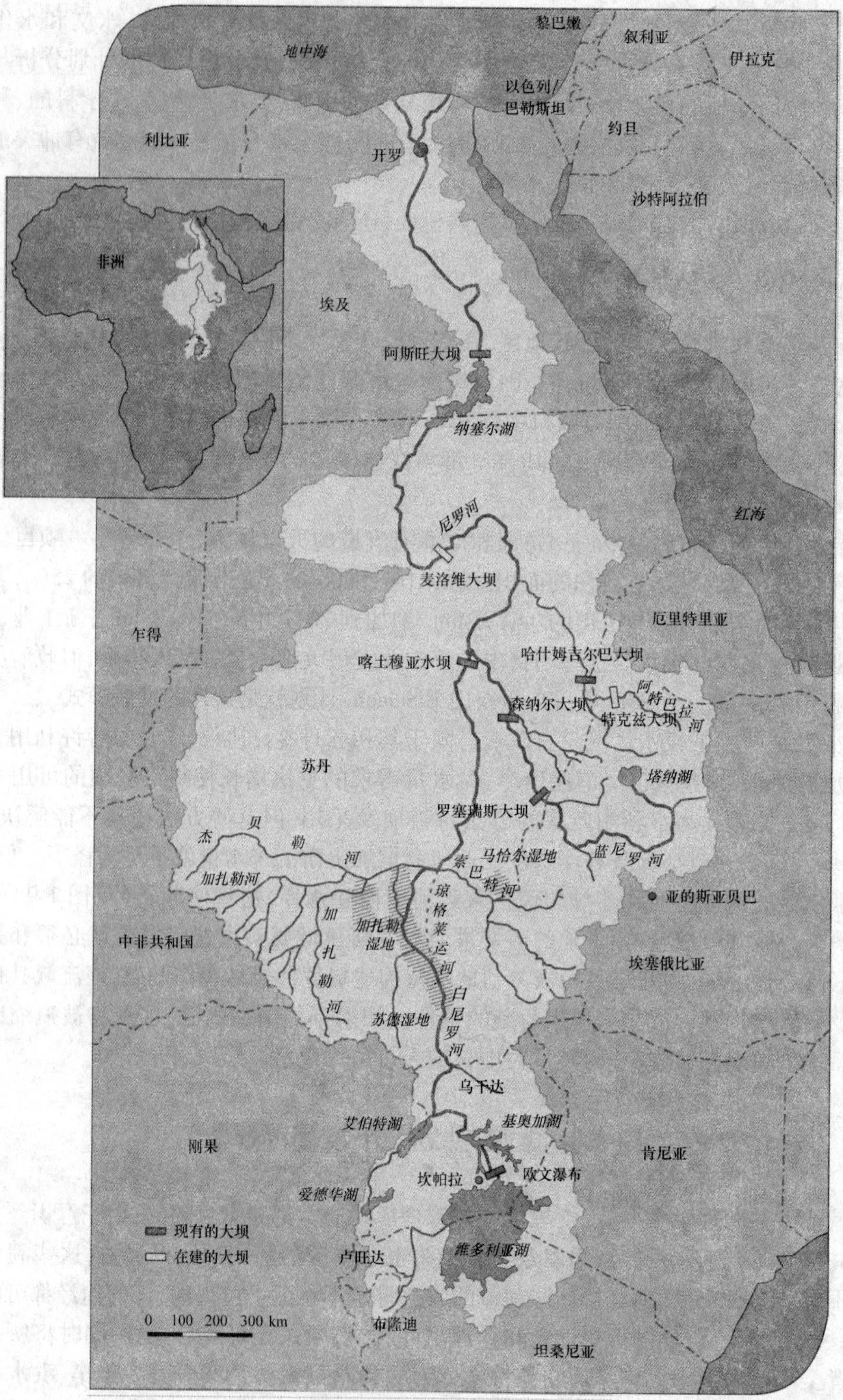

图 1-9 尼罗河流域

算)，系统性能的利益标准随时间的推移在不断提高。它们发展迅速，其在一个世纪之前仅仅是关心饮用水的安全问题，半个世纪以前开始关心经济综合应用，目前则更多的考虑涉及到环境与生态恢复保护、美学与娱乐应用等，而最近才开始考虑其可持续性（美国土木工程学会 ASCE, 1998）。

一条河流提供的众多服务中有些项目之间可能发生冲突。当水库仅仅为了水力发电或供水的话，水库蓄满水时较无水时更容易达到预期目的；相反，如果水库目的是为了下游防洪，则适宜平时零库存直到洪水到来。一个独立水库如果要全面考虑上述三个目标的话，水库存储水量将发生冲突，给运行管理带来难题。有些水源地因为各方面需求总量超过了其供水能力，在水量分配上就会发生矛盾。规划的另外的目的就是寻求处理（若不是解决）这些时间空间上矛盾的最优途径。

1.3.1 "水太少"的情况

包含供不应求在内的诸多问题，可能是因为对土地和水的需求或冲突而产生。问题也有可能因为下列情况产生：城镇化进程、水源地开发、满足河道径流需求、水源分配时的公私权限冲突。其他一些问题包括跨流域调水与市场、经济效率目标与保留可行的非经济活动的对比、循环用水的激励机制与经济手段在内的对需求的管理方法。

在人们真正面临断水的现实之前，就应该确定好大家能够接受的在供水困难期减少水量需求的政策。权利机构在水库水位线达到警戒线时就应该执行其干旱政策，而不能等到事件发生之后。当其径流量与储水量较低时，这些管理途径中包括一种利用地下水来补给地表水的措施，只要地下水蓄水层在径流量和储水量较高时再次被补充，地表水及地下水的联合应用就能够持续。

1.3.2 "水太多"的情况

洪水损失是洪泛区开发与洪水不协调的直接后果。这些开发带有一定风险，但总体上还可能有利于增加私人净收益，尤其是在公共机构为这些风险投资人提供洪水津贴情况下。发达地区所在的流域虽然在防洪措施方面的投入增加，但是预计每年因洪水导致的损失也在随时间的增加而增长。这主要是因为在洪泛区的经济投资在增长，而并非洪水频率和等级增加所致。

洪泛区经济价值的增加通常要求增加防洪措施的投入。防洪建筑能够降低洪水发生的几率与减少其造成的损失，更多地促进了经济的发展。如果洪水量超过防洪设施的防洪能力，洪灾的后果将更加严重。洪水造成损失与防洪措施投入增加的循环是洪泛区发展经济价值增长的自然结果。风险程度究竟有多高？可能就像图 1-10 所描述的一样，要根据发洪水时所提供的洪水保险或津贴水平来决定。

只要对洪泛区的开发采取限制措施，洪水的破坏程度就会降低。规划期间进行分析有助于从经济利弊、洪泛区开发引起的环境与生态结果角度确定发展水平与防洪建筑物的标准。人们越发认识到洪泛区在洪水期蓄洪所带来的经济与环境生态效益。

洪泛区最小洪水风险并不意味着最佳风险，人们能够接受的风险程度有可能取决于对洪水损失提供的保险与津贴。

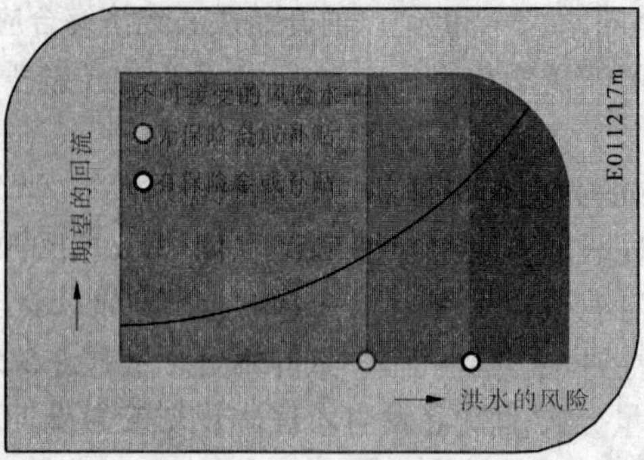

图 1-10　洪泛区洪水风险

1.3.3　水太脏

环境与水质问题包括以下方面：

- 上下游水质标准要求矛盾；
- 危险水生物种威胁；
- 分水岭处水资源的化学、物理、生物特性造成的威胁；
- 循环水的质量标准；
- 包括侵蚀造成的非点源污染；
- 缺少对地下水的保护、相关机构与制度。

工业与日常生活排放的污水严重影响水质及公众与生态系统健康。规划与管理过程中应该注意到可能因为下列情况造成的后果：工业发展、人口增长、肥料与杀虫剂在城镇与农村的大量使用。

许多河水中的污水成分对环境和人类健康的影响我们知之甚少。例如，如果我们知道越多关于重金属与二噁英对人类健康的影响时，规划与管理政策也会随之调整。成年鱼的死亡与水藻的疯长要求我们对水质与水量同时进行管理。

1.3.4　水生生态系统与滨河生态系统的退化

水生生态系统与滨河生态系统可能受到一系列威胁。最主要的威胁之一就是由下列原因造成的物种消失：由于城镇与工业发展引起的河流整治与洪泛区、湿地开发；农药、化肥和污水排放造成的水质降低；水生物种的过度生长。

危险水生物种的入侵是威胁一条河流的水资源的水质化学、物理与生物性质的主要因素，同时也是与其他用水方式冲突的主要形式。许多生态学家都认为，天然的水生与陆地生态系统所面临的主要问题，都是由于外来物种入侵导致水生栖息地的完整性遭到破坏所引起的。天然生态系统的生物完整性受到栖息地环境质量、水流、水质以及包括外来物种在内的生物交互作用等因素控制。

一旦外来物种生存下来就非常难以管理，几乎无法移除，这将对现在和将来数代人造成负担。包括海鳗、斑马贝、紫菜、欧洲绿毛蟹和多种水生植物种在内的美国北部非本土的外来物种入侵，已经对应用水生生态系统和从中获益的所有方面产生经济与生态影响。

解决水生物种入侵造成影响的方法有多种，在评价各种方法优劣时，应该将环境生态效力与经济效率作为主要原则。将资金花在预防与早期监测和根除外来水生物种上，这样会比外来物种完全存活后再去控制所用的大量花费减少很多。

1.3.5 其他规划与管理问题

1.3.5.1 航运

工业和港口的发展要求增加河流深度，以满足大承载量货船航行。改进河道不能忽视其供水与防洪功能，为了航运而缩窄河道会增加洪水级别。

1.3.5.2 河岸侵蚀

人们居住在侵蚀活动活跃的河流附近时，河岸的侵蚀现象会非常严峻。孟加拉国就是个典型的例子，其河岸侵蚀问题较其出名的洪水灾难更为紧迫和严重。对因为河岸侵蚀与堆积造成的河道改线过程的预测非常重要，这将影响到对河谷土地的利用规划、大桥以及水工建筑物的选址。

1.3.5.3 水库的相关问题

水库上游河床的侵蚀会增加这些地区洪水风险。水库建设因为淹没问题而不可避免出现土地损失和居民搬迁。大坝会成为大麻哈鱼等鱼类洄游的生态屏障，水质和沉积物会变质，径流带来的泥沙堆积会减少水库的有效库容。潜在问题还包括以下方面：分层导致的堵塞、与水相关传染病、水藻疯长、发电站涡轮磨损等。

大坝下游受到的环境与景观影响主要是由水位变化以及水库放水含沙量降低所引起的，低含沙量提高了水流对下游河床的冲刷能力，从而使其高程降低；经济与社会影响包括溃坝风险；环境影响可能由各种泥沙控制措施和降低出流水的含氧量等引起。

规划者与环境保护主义者在大坝和水库的生态、环境与经济影响问题上争论不休。世界大坝联合会在创建新的决策框架时，考虑并编入了争论双方的各方观点（WCD，2000）。

1.4 水资源系统的组成、规划范围和可持续性

水资源管理包括影响和改进三个相互依赖的子系统之间的相互作用，即

- 包含物理、化学、生物发生过程的天然河流子系统；
- 包含天然河流利用活动的社会经济子系统；
- 管理、立法、规章制度等构成的行政与制度子系统，决策、规划以及管理过程在这个子系统中进行。

本书第 2 章将对系统与这些子系统进行详细描述。

1.4.1 规划与管理的空间尺度

水资源规划与管理经常以分水岭与流域作为其合理的考虑区域，这样就可认为只要对在其分水岭与流域范围内水资源管理决策产生影响的就是有意义的。一个流域的土地与水资源管理是怎样影响其他流域土地与水资源的管理呢？例如，上游倾倒污染物与砍

伐森林,可能会恶化下游水质并增加其径流变异系数与含沙量。在下游河流上建坝或修堰将阻止船只和鱼类向上游行动。为了使整个流域的经济与社会效益最大化并保证其经费平分,就要经常在一定尺度上进行流域规划与管理。

如果从水文角度进行流域边界划分,在解决由流域以外的事件引起的特殊水资源问题时就可能显得捉襟见肘了。尽管是定义,人们还是希望水资源系统的物理、社会经济性能以及管理水平达到最高层次。很大程度上,当应用问题、利益相关者以及行政边界超出流域边界时,其理论上规划与管理重视的流域边界也应该扩展到出现问题的整个区域。下文中出现的流域概念在某些地方是指问题区域。

1.4.2 规划与管理的时间尺度

水资源规划是为了将来。为近期制定的决策应考虑其对将来的影响。这些影响主要基于现在或一定时间以后的经济、人口和物理状况。对将来究竟应该考虑和预测多远,直接取决于将来的预测对目前决策的影响程度。以后作的决策可以以最近的预测作为基础,同时可用到最近的信息、规划与管理目标。规划过程应具有持续性和连续性。水资源规划需要周期性的更新,以适应新信息、新目标,对未来需求、费用和收益的预测也必须更新。

在规划过程中要明确地指出年内预测的周期长度与周期数量将部分取决于考虑水资源供求变化的必要性和该流域水资源供应的目标。例如,在夏季植物生长与娱乐用水高峰期,考虑灌溉与夏季娱乐用水计划的规划,对年内用水阶段性考虑较单单考虑城市用水阶段性考虑要多得多。评价联合管理地表水与地下水、水量与水质的不同方法所产生的影响时,应考虑到不同空间、时间尺度上的发生过程。

1.4.3 可持续性

可持续的水资源系统的设计与管理要能够为现在和未来的人类提供最好的服务。我们所进行的社会活动满足自己的必需和欲望时,不能仅仅考虑到我们自己,还应该考虑到这样做会对子孙后代产生什么样的后果。可持续性发展的本质就是要考虑到我们现在所进行的活动对将来子孙后代的长期影响。不同的人对"可持续性"有不同的理解,但是都涉及到对后人幸福生活的影响。尽管关于更加精确的可持续性定义的争论仍会继续,可持续的内容仍没有得到解决,但这些都不会延缓人类更加重视可持续水资源系统的实现进程。

关于环境和生态可持续性的概念,很大程度上源自我们对自己星球长远健康的关心程度的增加。越来越多的迹象表明,我们今天的资源利用、管理行为和活动,即使是局部地区的,也能非常明显地影响将来生活在更大区域上的人们的安定幸福。一个流域的水资源管理问题很少是单纯的技术问题,也不会仅仅局限于出现问题的单个流域居民的利益上,而是与社会结构、需求、目标联系更加紧密。

未来的子孙后代希望我们为他们做些什么呢?我们不知道,但我们可以猜想。当我们采取活动满足自己的直接必需品、需求品和愿望时,我们应该考虑到这些不确定的猜想是什么。在满足我们当代需求和将来的子孙后代对我们的期望做法之间可能存在一个平衡点。现在人与后代人的需求之间的平衡点中的任何一个都应该考虑。一旦确定下来，最差也要估计出来，行政上应该进行论证和决定究竟应该采取什么样的决策。没有现成的科学方法能够帮助我们找出哪些假定存在的平衡点是最好的。

可持续性标准与用来评价水资源开发与管理策略的方法，常常是经济、环境、生态和社会标准一起使用，提出改变我们现在通用的水资源开发与利用方式。我们应该考虑变化所产生的影响，随时间的改变是确定的，但是变化方式是不确定的。对变化的预测是对可持续系统的规划、设计和管理的本质方面之一。包含的变化由下列原因导致：河势演变过程、基础设施的老化、多变社会的供需转变、甚至供水变异性的增加，还可能因为多变的气候所引起。变化是可持续水资源开发与管理的本质特征。

通过可持续的水资源系统的设计与运行，使水资源在面对不确定的、多变的未来时更具适应性、充足性与弹性。可持续水资源系统必须具有在变化的供给、管理目标和需求条件下能够维持高效的功能。可持续系统和其他系统一样可能失败，但是失败后必须不用过多费用就能够自我修复并正常运行。

面临确定的变化但不确定的影响时，可持续发展需要与水资源开发、管理与利用相适应的先进策略。相反，以一成不变的方法去面对新的信息、新的目标、新的社会和政治环境暗示着系统可持续性已经降低。适应性管理是依据新的信息进行调整管理行为和管理方向的过程，这些信息包括关于现代和未来环境的总体情况，也包括我们实现目的和目标的过程。水资源开发与管理决策可被视做试验，需作修改但主线上应有明确的目标。适应性管理意识到目前的知识结构和经验以及试验所得成为限制因素。这样能够帮助我们在面临知识不完善和不确定性条件下向随时间在改变的目标靠近。它承认了因为我们的社会经济环境与天然环境的多变性和不确定性而需要对管理手段进行持续地回顾与现实的修正。

改变水资源系统的社会与制度构成最具挑战性，因为这将涉及到改变个人思维与行为方式。任何变革过程都需要我们改变我们的制度，在这些制度的约束下我们才有社会功能。个体是政治和社会地位改变的主要原因，且易于适应其变化。可持续性要求公众与私人机制按照个人与社会的需要随时间改变。

考虑到未来后代需求的不确定性，以及他们将面临的经济、环境和生态问题，要实现可持续的水资源系统的指导性原则，就是让后代人自己作出决择。实现这个目标的最好办法就是尽量少地干预流域、河口与海岸的固有的天然生命循环机能。在水资源规划与管理的整个过程中，任何被提议的建设项目都一样，确定所有有利和不利的生态、经济、环境和社会效果非常重要，尤其是长期作用。

1.5　水资源规划与管理——向水资源综合管理发展

1.5.1　途径

规划与管理总体上有两种途径，一种是自上而下，经常称做命令与控制模式；另外一种是自下而上称做草根途径。两种途径都能实现综合规划与管理政策。

1.5.1.1 自上而下规划与管理

20 世纪 50 年代的大部分时间里,水资源专家们都在忙于为世界上许多流域准备综合的、多目标的精细发展计划。这些计划主要由下列内容组成:一系列的报告、大量的附录、关于水资源管理与利用的各方面描述。在这些文件中,可供选择的工程与非工程管理方法被鉴定与评价。基于这些评价,首选规划被提出。

这样的精细规划行为就是典型的自上而下途径。专家们已经控制了自上而下的途径。这个途径中即便有也很少有积极主动参与的利益相关者。这个途径假定有一个或更多的机构有能力和权力发展和执行规划,也就是监视并管理影响流域地表水与地下水呈并列关系的发展与运行。在今天这样的环境下,人们要求政府部门减少失误,放宽制度与控制,并且让人们更加积极主动地参与规划与管理活动,自上而下的途径越来越不能满足人们的要求,也更加难以被人们所接受。

1.5.1.2 自下而上规划与管理

在过去的 10 年里,水资源规划与管理过程中加入了许多积极主动的利益相关者,他们受到河流管理的各方面影响。规划自下而上的制定而非自上而下。有关市民、非政府组织和政府机构的专家们趋于合作,为建立合适、全面的水资源管理程序、政策与计划共同出力。

努力贯彻主要由专家而不是大量市民参与的规划经验表明,尽管这些规划没有技术问题,但是如果没有考虑相关人员想法和当地利益相关者的支持,成功的希望非常小。要得到他们的支持,在决策过程中就应该让相关利益相关者尽早地参与进来。他们必须成为制定决策过程中的一员,不能仅仅作为观众或建议者。这将有利于使他们在最终选择的规划中合作与履行义务。参与的利益相关者会考虑最终产生的规划,同时会考虑别人和自己的规划。他们会有主人翁的感觉,于是会尽力工作。被采用的这种规划想要顺利执行的话,就必须符合现有立法机关的许可、强制和控制程序。利益相关者的参与增加了被管理系统可持续的机会。

成功的规划与管理要激发所有潜在的利益相关者与主办人参与并分担水资源规划与管理过程,履行各自角色,思考如何利用大家观点实现目的与长远目标。理想方式就是在出现冲突问题之前就完成这项工作,那样的话所有参与人能够互相了解,工作时就能相互合作以提高效率。在利益相关者提出个人优先权或问题之前,要在目的、目标与水资源规划与管理过程中处于领导或合作地位的组织机构(或有多个机构形成的组织)上达成共识。一旦冲突不可避免的出现,行政上解决问题就不那么容易了。自下而上规划必须努力实现所有利益相关者对目的和优先权达成一致或都能认同的意见。

必须认识到并遵守所有适用的法律和规章制度。应该确定和评价多种方法和包括可持续性在内的性能标准。另外,还必须防止让执行过程变成利益相关者实现个人利益的工具。换个说法,即必须权衡冲突的目标或性能评价标准与合适的优先执行的政策之间的关系。还必须评价与比较产生无形的和非货币形式影响的环境、生态系统的保护与修复和其他效益能够以货币形式表达的活动。在做所有这些工作时,规划者应该使用所有能够用到的现代化信息技术,以改进操作过程与结果。然而,这种技术并不能取消对不完善与不确定的数据和科学知识形成共识与做出决定的要求。

处理过程中出现的问题,主要集中在对水资源进行尽可能高效率和高效地规划与管理的需求上。在下列过程中会出现许多问题:评价供选方法、建立性能标准(问题与处理排序)、执行成本增加分析、分析货币与非货币形式评价。必须解决的问题有:收集多少数据、其精度要求是多高、哪些现代化信息技术(例如,地理信息系统(GIS)、遥感,因特网、决策支持系统等)能够被有意义的应用到分析与信息交流中来。

1.5.1.3　水资源综合管理

20 个世纪 80 年代已经提出了水资源综合管理(IWRM)的定义,因为人口增长和社会经济发展给水资源系统带来了日益增加的压力,水资源综合管理由此而诞生。无论发达国家还是发展中国家,都因为水资源缺少与水质恶化问题,不得不重新考虑水资源管理方法。因此,水资源管理(WRM)在世界范围内出现了一次巨大的变化,由原来偏向供给为导向与工程方向的途径转为以需求为导向多部门合作的途径,即常常被标榜为水资源综合管理。在国际论坛上专家们一致趋向于应用水资源综合管理。最具说服力的就是 1992 年的都柏林原则(Dublin Principles,见方框 1-1),它已经成为大家普遍认为的水资源管理的基础。水资源综合管理概念(见方框 1-2)的提出,使我们从集中在水资源可用性和开发上的自上而下水资源管理规划转到全面水资源政策规划,后者重视不同部分的相互作用,探索建立优先关系,考虑制度要求,注重建筑容量。

> 方框 1-1
>
> **都柏林原则**
>
> 1. 水是有限的、脆弱的和必要的资源,是维持生命所必需的。
>
> 2. 水资源的开发和管理应该基于一个公认分享的方法,在所有层面上都涉及到用户、计划者和政策执行者。
>
> 3. 女性在水的提供、管理和维护中扮演一个中心角色。
>
> 4. 在所有它的竞争使用中,水具有一个经济价值且应该被看做是个经济物品。

在前面提到的水资源综合管理的一个关键方面是资源的管理与开发应该与使用者、使用途径(社会经济系统)和制度要求相互满足。这样应用的水资源综合管理就考虑了与社会和经济活动及功能相关的资源的利用。同时,这些为水资源的可持续性对法律和规章制度提出了要求。与变化的方法及机制相关的下部组织的可用性,实现了考虑环境承载力因素达到资源的高效利用目的。

> 方框 1-2
>
> **水资源综合管理定义**
>
> 水资源综合管理是促进水资源、土地资源和相关资源共同开发与管理的过程,目的是为了在不损害重要生态系统可持续性的前提下,以公平、公正的方式实现最大的经济收入与社会福利。
>
> (GWP,2000)

图 1-11 反映了水资源综合管理的过程。水资源规划者和管理者必须考虑众多利益相关者的利益与目的。就像图 1-11 中所描述的一样,不同的参与者对他们的水资源系统有不同的兴趣、目标与观点,因此在规划、管理和制定决策的过程中就会面临与这些利益相关者进行交流甚至向他们妥协的情况。这就意味着我们的规划与管理不会是笔直的线性开展的,而是在提高意识、对话谈判等活动中进行,就像图 1-12 所描述的一样。

图 1-11 利益相关者参与流域规划、开发与管理过程，每个人有不同的目的和信息需求

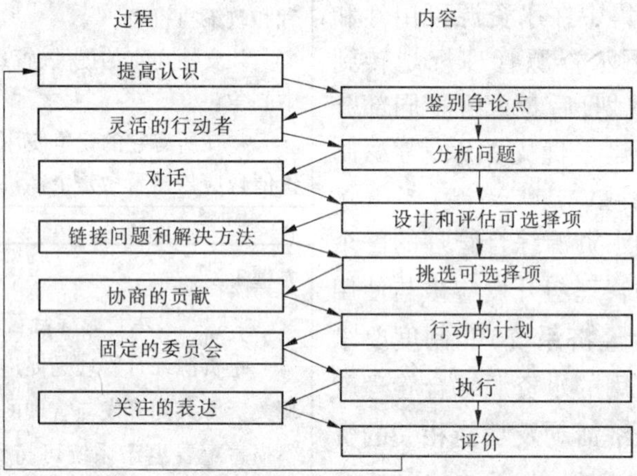

图 1-12 水资源管理与水资源开发过程

1.5.2 规划与管理方面

1.5.2.1 技术方面

规划技术方面包括水文评价。水文评价确定并定性地描述了流域或区域资源以及它们之间的相互作用。这包括土地、降雨、径流、溪流、河流以及地下水。

现存分水岭的土地利用与土地覆盖，以及将来这样的利用与覆盖变化，导致现有的和将来的区域人口及经济变化的背离。规划包含在水域及流域尺度上对土地利用(覆盖)和经济活动变化进行预测。这些将影响到一定面积的土地上在一种特定降雨形式下所产生的径流总量、泥沙含量以及其他径流质量因素(有机污染物、肥料、农药等)。这些预测将帮助规划者们根据土地利用方式以及水资源管理政策来估计一个水域或流域流出的水的水量与水质。反过来这又为预测该地区陆地与水生生态系统的类型及健康程度提供了基础。所有这些将影响区域经济发展,将从一定程度上决定土地利用与土地覆盖的变化。

技术方面也包括对各种地区水资源管理措施的费用及收益进行估算。这些措施可能包括:

- 为了更好地利用稀缺水资源的工程建筑物;
- 运河以及提水设施;
- 大坝和水库,能够将丰水期多余的水量储存起来供枯水期使用,对洪水的存储可以降低水库下游因洪水产生的损失;
- 可能采取下列形式的开放河道:运河、水道、隧道或无压管道、有压导管;
- 高效灌排系统所需分水构筑物,沟渠、管道、堰埂、分水口以及其他工程设施;
- 城市与工业取水口,包括水源净化车间与输送设备;
- 污水与工业废水处理车间,包括废水收集与最终的处置设备;
- 水电能量储备设施,河流径流容纳设施及泵水设备;
- 河道整治工程,河岸稳定措施,航运坝与堰,航运船闸和其他一些发展河流航运的工程措施;
- 将水流封闭在预定河道内的河堤与挡水墙。

规划过程不仅必须要确定与评价造成花费和带来效益的工程与非工程措施的管理策略,还必须对实施这些措施的时间安排和方法进行选择与评价。按时间进行的开发规划是所有水资源规划与管理过程中的一部分,它包括相互作用的项目,不确定的长远供给与需求,花费、效益与利息(折扣)率。

随着对保护生态系统与提高生态系统价值的重视,规划必须包含对生态影响的评价。土壤类型、深度及其植被覆盖物和水文的水流流量及质量与河流、湖泊、湿地、蓄水层的储水规律共同影响该水域范围内的滨河与水生生态环境。水资源管理者正在被要求寻找通过减少下列情况达到改进或修复生态系统的方法:

- 由于外来物种入侵造成的水生栖息地生物完整性破坏(消失);
- 湿地数量与面积的减少以及许多土地利用与水资源开发项目的提出对湿地产生不利影响;
- 人们对水源的供给、娱乐、能源、防洪以及航运对基础设施要求等方面的需要与包含濒临灭绝物种在内的生态群落对水资源的要求之间的矛盾。

事实上,可供选择的目标与水资源管理目的之间的矛盾仍然存在并将持续。规划者与管理者们必须确定出环境、生态、经济、社会影响之间的平衡点,对该平衡点虽然已有估量,却还得找出能够平衡经常出现的利益冲突的管理途径。

1.5.2.2 经济与财政方面

都柏林原则第4条声称,水资源的众多用途中有一种是经济价值,水应该被视做商品。这条原则提出要从有限的资源中获得最大的收益,另外它还指出要有资金填补因为投资、运行与维持系统而投入的费用。

利益最大化基于公众的市场经济途径。过去众多水资源管理的失败，都是由于将水资源看做是免费物品的原因，现在仍然是这样。在许多国家，灌溉与饮用水的价格较全价水要适当低一些。水的全价由以下部分组成：成本价、运行与维护价费用（O&M）、机会成本、经济外在性与环境外在性（GWP, 2000）。水费低于全价说明政府、社会和（或）环境对那样应用的水进行了补贴。这就导致了资源利用效率无法达到最高。我们应该深知，将水资源看做经济商品并不意味着所有的水都按全价收费。应该考虑到穷人也有食用安全水源的权利，因此都柏林原则第 4 条将水作为经济商品时也将其作为社会商品。

收回成本是都柏林原则第 4 条的第二个原因。任何规划过程的最主要经济活动就是确认被推荐的规划或项目能够自给。收入应该能够填补建筑花费，还应该有一部分用来维持修理及运行管理地区水资源的基础设施的费用。这就要求成本收回政策，该政策中包含了对方案输出量的定价过程。受益者要支付一部分他们所获得的额外收益。规划必须确定平衡的成本与风险均分政策，还要找出先进的风险（成本）管理途径。收回运行与管理费用是项目持续的最低界限，如果做不到的话，项目的运行很快就会受到限制。

大部分水资源管理学习中，最基本的经济保障是必须满足的，但并不将经济作为目标，经济收入的最大化降低了经济效率、公平性和其他非经济目标。

1.5.2.3 制度方面

项目顺利执行的首要条件就是要有一个被赋权的环境。这就是意味着让国家、省、地方的政策、法规与制度允许决策项目的开展，并让其得以正确的执行。政府的角色至关重要，将政府部门包含进来合情合理。

- 水是没有所有权的资源，私人没有权力占有。水权可以被转让给个人或公司，但是拥有水权者只有使用权而没有占有权。使用者间的冲突自动摆在了水资源的最终拥有者——政府的面前。

- 水资源开发经常需要很大的投资。许多水资源开发项目非常昂贵且受益者众多。多功能水库与海岸、河流大堤就是很好的例子。只有政府或国有公司才能够负担起巨大的经济投资。

- 水是非常容易向外流动的动产。一个使用者用完后往往对其他人造成不利影响（外在性）。非常明显的例子就是向河流中排放污水会对下游的使用者造成不利影响。

只有政府才有能力解决这些问题，好的统辖管理对水资源非常重要。

制度不完善与经济基础不健全是水资源开发与管理方案失败的主要原因，设计与建筑技术不充分的原因作用甚小。因此，不论是发达世界还是发展中国家，目前相关部门都在重视制度的发展。欧洲有各种形式的水机构（如法国的水代理与英国的水公司），各有优缺点。欧盟新的水指导框架提出，水管理要以流域为单位，特殊情况就跨国界管理。这很可能会引起相关管理机构职责的改变和新机构的成立。在世界其他地方，试验在各种流域机构与当地或整个地区甚至其他国家政府的共同合作下完成。

1.5.3 合适的综合政策

考虑实施水资源规划与管理行为首要解决的问题就是确定目标产物。如果是报告，报告的内容是什么？如果是模型或决策支持系统，它能够解决什么问题？显而易见地，任何报告都应该包含对水资源管理出现的问题与解决办法的讨论,另外有可能包含的一个内容是对一个水域现存的问题、可行的开发或管理机遇进行先后排序。

最近,工作重点已经从工程措施转移到非工程措施上来,尤其是处理环境与生态系统恢复问题。这个改变部分说明了要给子孙留有更多选择权的期望。它反映了能够适应新信息与对意外做出反应(没有预料到的影响)的愿望。当我们更加了解流域、河口与海岸的运行规律,知道人们有更好地管理水资源的途径时,我们不希望因为过去的所作所为致使无法适应新情况而充满遗憾。

有些情况下,应该制定“滚动计划”,该计划能够随时更新。这准许当问及资源管理与问题调整时立即做出反应,而不再局限于新的规划与管理行为发生时。如果这就是目标成果,规划与管理机构会资助和支援用来估计各种影响、收集与分析数据、坚持专家意见的模型软件的维护与更新吗?这些都是连续计划(滚动计划)所必需的。

水资源规划与管理过程中还应该考虑改善水质,其重点应放在水质改善成果上,而不是放在输出量测量上。其中成果之一是:人们关于各种活动与水域、河口、海岸的水文和生态关系的理解。在增加用来预测由于土地和水资源管理与利用改变而产生的经济与生态交互作用和影响的模型时,会引出下列问题:

- 人类对土地的集中或分散利用会对水文、生态和经济产生何种影响,例如城市、商业开发和大面积的居住区?同样地,尚存的土地、河流和森林的集中与分散会产生何种结果?
- 利用亲近河流的方法(河边地带)与亲近资源方法(高山地带)实施保护政策会带来什么样的经济付出与生态收益?放弃高山地区、河谷地区以及河岸地区的开发会造成多少损失?是否会因为这部分损失而大大地限制了对河岸地区的利用,从而造成农业、居民以及城市的发展速度减慢?
- 如果从经济、环境或者水生生态系统长远利益等不同角度考虑,答案是否有差异?从同样的长远观点出发,是以经济活动为中心的高度集中区,还是片断式的土地格局最有效率且受人欢迎?
- 河岸保护与加强降低高山土地利用能够达到什么样的效果?如何计算和比较高山控制费用与河岸研制开发费用?
- 不同的地区存在不同的土地利用,如商业(城市)用地、居住地、农用地和林地,在这些地区各自的经济与环境质量平衡点在哪儿?
- 是否能够通过上下游的管理措施很好地减轻城市地区对水文、水生生态系统和水质的不利影响?如果将管理河岸所用的土地控制方法在合理的花费基础上用于城市地区,将产生什么样的效果?
- 要产生显著的社会生态效果,居住与商业面积应该受到限制吗?
- 当土地利用格局即使用合理的减轻方法也无法恢复时,社会生态状况将会是什么样子?例如,城市中的河段由于直接或间接原因(如河岸保护与变形校正以及城市径流)而受到非常大的改变,它们能够通过改变城市土地利用或减缓措施得以恢复吗?通过极小化洪泛区发展速度同保护河流水生物种的途径降低洪水风险。避免这种风险要投入多少经济花费?
- 在水路和商业区、城市或农用地之间建立明亮的居住区会产生什么样的经济限制和生态效益?

• 什么样的经济发展政策一旦应用在土地格局上就无法撤回?例如,一旦土地被用做商业发展,再将其归还为农田就会因为费用太高而不能实现。这将确定出为保持和开发所作规划与管理受到的限制。

• 居住用地、商业用地和林地取代农耕地的趋势会产生什么样的生态与经济影响?

这些以及与此相似问题的答案在不同地区有所不同。然而,如果我们能够将其放在一个区域尺度上,如多个流域,我们就可能开始理解并更好的预测经济、环境和生态之间的交互作用,我们将利用它管理与利用其土地与水源。反过来,这又可以帮助我们更好地管理与利用我们的土地与水资源,使其目前和将来的状况都得以改良。

1.5.4 布置规划与管理问题

当规划或策略被提出后,常见的执行问题就是确认规划被遵循并恰当的改进。要确保他们被遵从还需要建立什么激励机制呢?一些决策被要求与期望被监视、评价和修改,在执行这些决策时影响从何而来?谁来负责?谁出钱,出多少?谁来通知利益相关者?谁来保证规划被顺利执行?规划和数据库的更新周期是多长?如何使新项目的执行能够通过水域或流域的多个项目合作实现高效用和高效率的目的,而非各个项目各自独立完成?这些问题应该在水资源规划与管理过程开始之前提出并回答,最少要进行讨论。在制定决策和更加明确地回答它们时,这些问题应该被再次提出。

1.6 水资源规划与管理面临的挑战

对于支撑与改进具有可执行性的管理来说,规划(明确表达发展与管理的规划及政策)非常重要且常常是不可缺少的措施。规划为下列行为提供了机会:

• 对水资源现状和使用水资源顺序及冲突进行评价,阐明观点,确立目标与对象,从而适应可行的管理;

• 提供一个框架模式,便于组织与政策相关的研究和组织公众参与;

• 增强(特别是重点时期)水资源控制与分配的合理性,让公众接受甚至支持;

• 加强管理者与利益相关者之间的交流、讨论与合作,并且要形成大家一致认同的管理规划或政策。

现在水资源规划者与管理者们所关心的问题大部分与过去水资源规划者与管理者们所遇到的相似。也有一些不同,新问题大部分是因为两种趋势导致的结果:①对天然生态系统可持续性的关心程度在增加;②自下而上的“草根模型”的共享途径在规划、管理与决策过程中受到更多的重视与应用。

现在的规划者们与过去所做的一样,为了经济发展与繁荣在工作,也和过去一样重视环境影响和环境目标,而如今同时也认识到生态影响与价值。水资源管理仍然聚焦在控制与减轻洪水、干旱、污染对水力发电、发展灌溉、控制侵蚀与泥沙、发展航运带来的不利影响上,但是只有这些和相似的活动与健康的生态系统相协调。天然的生态系统一般得益于天然水文规律的可变性,其他方面的应用趋向于可变性减少。许多基础的工程措施被用来减少水文可变性，如今的水资源系统越来越要求增加而非减少水文（和相应的泥沙含量）可变性。例如，水库管理者能够通过更改放水制度增加可变性。农民和开荒者就必须减少而非增加干扰土地的活动。河漫滩需要偶尔湿润一下。河流和溪流应该蜿蜒曲折，各种鱼类要想在整个河流的栖息地完成整个生命过程就必须保证有通往这些栖息地的通道。显然，这些生态目标加上所有其他的经济和环境目标，肯定会与土地和水资源的管理与利用形成冲突和问题。

那么，我们应该如何管理好这些冲突与不确定性呢？我们知道，水资源规划与管理应该建立在合理、科学、高效的项目管理与利益相关者广泛参与的基础之上。但是，得到实现这三个条件的任何一个都具有一定难度的挑战。当自然和社会的科学知识能够帮助我们预测供选决策的经济、环境和生态影响时，这些预测从来就不确定。另外，多个利益相关者的目标在改变，这种目标改变毫无疑问会持续下去，在面对由于这种改变造成的目标冲突时，这些科学对于最优决策的制定毫无帮助。水资源规划与管理及制定决策并不像“我们专家告诉你怎么做，你只要有做的决心就可以”那么简单。通常情况下并不清楚应该做什么。专业人士常常通过公共机构、非政府组织甚至大学来传播科学，但这仅仅局限于那些对水管理感兴趣和起作用的利益相关者。

任何政府机构、咨询公司、环境保护组织和市民与其他人、机构、组织相比都有各自的局限性、权威性、特长技术和冲突性，这些都是倾向于背离实现全面的综合目标而片面地进行水资源规划与管理的。但正是由于这个原因，所有利益相关者的参与和努力是必不可少的。要真正实现和维护水资源规划与管理的综合措施，人们必须合作。水资源规划与管理过程中的任何一个环节，必须听取、考虑甚至采纳所有人的观点。

水资源规划与管理不是对科学的简单应用与执行。它是在建立一个社会环境、在连续的规划过程中，让所有应该参加的人从开始就全部参与进去的。这个过程是以下情形之一：

- 认识我们的系统是如何运转并发挥功能的；
- 找出现存与潜在的能够促进系统功能和资源开发利用的方法与机会；
- 解决不可避免的问题与冲突，他们由“谁在什么时候付给谁什么”这个问题导致；
- 制定并执行决策；
- 最后，对决策的影响进行追踪监视。

这个过程因为意外、新机会或新知识的指示而重复着。

成功的水资源规划与管理，需要经济发展与资源管理部门的所有团体机构积极主动地参与。在地方利益相关者层面如何开始？如何提高其他人在问题出现之前就进行预防的兴趣？尤其是在解决问题时，如何推行不被接受的解决方案？还有个别或一些不可避免的利益相关者团体，他们因为对最大利益的追逐而不加入规划过程，仅仅在外部批评指责规划，你将如何处理？地方上，谁来赋予领导权和提供资金需求？许多地区，非政府机构已经在地方“草根”水平上对这个过程的初始化与调整已经固定化。

水资源规划与管理过程应该在受影响的地区形成一个一致的看法来指导发展和运作的活动。规划与管理过程应该：

- 认识到并努力实现当地利益相关者的目标与愿望；

- 确定并回应区域水资源相关问题；
- 在当地法律(制度)框架下高效运行；
- 调解长期问题与短期问题；
- 对不同方法列出不同清单；
- 综合考虑水域的生物与非生物部分；
- 考虑天然系统在内的所有对水的需求进行水的分配；
- 受利益相关者驱动；
- 从全球角度考虑；
- 是灵活与可变的；
- 控制变化的过程，而不能被过程变化所控制；
- 作为制定政策的基础；
- 调和规划者与统一相关规划；
- 适应多目标；
- 具有综合性、能够被公众认同、能够处理冲突；
- 形成可执行的建议。

完整的规划过程时常受到下列原因牵制：规划、管理和执行权力的分离，地方或个人保护主义，目光短浅的莽撞行径，规划者缺少客观性，资金短缺。如果综合全面的规划与管理不只是为了纸上谈兵，这些不足应该得以解决。

高效的水资源规划与管理在今天是一个挑战，在可预见的将来挑战性将更大。

本书介绍了应付这些挑战的工具。我们认为它只是成为优秀规划者与管理者的第一步。

1.7 水资源综合管理的必要性

在第1.4节部分提出了水资源综合管理的概念。为什么“综合”如此重要，它究竟综合了哪些内容？这部分将解决这些问题。

(1)水资源综合管理行为要与其内容相符。在可操作性的层面上遇到的挑战是将大家一致认同的水资源综合管理原则转换成具体的行为活动。水资源综合管理(IWRM)中的字母“M”被注释成两层含义，同时包含了“开发”与“管理”的意思。然而，在推行水资源综合管理概念时争议非常多，目前水资源综合管理还没有一个明确可行的概念。因此，地方和国家的机构必须形成各自的水资源综合管理行为。

(2)需要综合但是综合的还不够。根据韦伯斯特词典所述，当遇到“相互独立的多组款项发生有序的相互作用而形成统一整体”的情形时，就需要综合出现了。那样，综合就成了将这些条款按比例混合成总体的一门“艺术与科学”。但是，那些参与水资源管理的人们都知道就综合本身而言并不能保证形成最好的策略、规划与管理计划，就好比是将两种糟糕的原料混在一起并不能做出一顿美食。

(3)自然和人类系统的相互作用。水资源综合管理与传统的独立管理的概念相比，从最基本的原理，就如基于需求与基于供给的比较一样。这样，综合可以考虑有两种形式：

- 天然系统，注重资源的可用性与质量；

• 人类系统，以考虑资源利用、废物产生和资源污染为基础，同时以发展优先为前提。

综合无论是空间还是时间上必然在种类之内和其之间发生。传统观点来讲，水资源管理倾向于自然性，对其自然系统的管理是为了满足外部需求。水资源综合管理途径应该帮助他们认识到他们的行为同样影响了水的需求。很明白，消费者只能要求提供产品，而水的供应方式却有多种形式，例如在枯水期和用水高峰期对其质量和可用性的控制。价格和赋税的规定同样会影响对水的需求，就像对基础设施的投资会将潜在的需求变为现实。

1.7.1 天然系统的综合

1.7.1.1 淡水与海岸综合管理

淡水管理与海岸管理应该结合，反映出淡水与海水的统一体关系。淡水对于海岸地区的状况起到决定性作用，因此淡水资源的管理应该考虑海岸地区水资源管理对淡水资源的需求。这是特殊的上、下游问题的例子，从最近关于陆地资源污染的联合国宣言就可以明显地看出来，所有国家都在加强重视，这已经促进了全球行动计划（GPA）与全球国际水域评价（GIWA）的开展。

1.7.1.2 土地与水资源的综合管理

陆地与水资源的综合管理在水分离开水文循环而进行大气、土壤、植物、地表与地下水资源之间的水分传输时发生。因此，土地利用发展和植被覆盖（包括植物中选择）影响到水的自然分布与水质，必须在水资源的整体规划与管理时给予考虑。另外一方面，水是所有（陆地和水生）生态系统性质和健康的决定性因素，在对可利用水资源进行全局分配时应该考虑对水质与水量的要求。集雨和流域管理的发展，证明了上述几方面从天然系统角度看是水资源综合管理的合理规划单元。集雨与水域尺度上的管理不仅是解决土地利用与水问题的重要方法，而且对于解决水量与水质关系、上下游利益关系至关重要。

1.7.1.3 “绿色水”与“蓝色水”的概念

从概念上可以将水区分为直接用于积累生物量、蒸发损失的（绿色水）水和河流及蓄水层中的（蓝色水）水。陆地生态系统倾向于基于绿色水，而水生生态系统倾向于基于蓝色水。包括水资源综合管理方面的文献在内，人们的大多数管理都倾向于集中在“蓝色水”方面，而忽视雨水与土壤水的管理。对“绿色水”的管理对于节约用水（雨养农业与灌溉农业的作物蒸发）、增加水分利用效率和重要生态系统保护具有重要潜力。

1.7.1.4 地表水与地下水的综合管理

水文循环要求结合地表水与地下水管理。被流域表面截留的水滴在流域中向下流动时在地表水与地下水呈现交替性。世界上很大一部分人都依靠地下水生活。广泛使用的农用化学品与其他非点源污染已经对地下水质量形成巨大威胁，这就要求管理者们考虑地表水与地下水之间的连接。从现实角度看，因为现在的技术与资金问题，地下水污染在一段时间内还难以避免。

1.7.1.5 水资源管理中的水量与水质的综合管理

水资源管理促使水量、水质都能够满足量与质上的要求。水质的管理是水资源管理组成中的重点，水质的恶化降低了水资源在下游的资源可用性。很明显地，具有综合管理水量与水质能力的单位必须能够影响人们制造、减少和放置废物的系统体制的运行。

1.7.1.6 上、下游水资源相关利益的综合管理

水资源综合管理更加明确地指出了上、下游利益相关者的利益冲突。上游的消耗损失将减少河流径流量，上游污染物的释放会降低河流中的水质，上游土地利用的变化将改变地下水的回补与河流的季节性径流，上游的防洪措施可能对下游依靠洪水才能生存的事物造成威胁。在水资源综合管理中，必须运用存在于复杂系统中的自然与社会连接范围的所有知识，考虑这些利益冲突。认识上游活动对下游的威胁是必要的。再强调一遍，管理同时包括对自然系统和人类系统的管理。

1.7.2 人类系统综合管理

1.7.2.1 水资源主要倾向

当考虑人类活动或服务系统时，事实上综合的所有方面都包含对天然系统，即它的容量、弱点和局限性的理解。这样的综合必然是复杂的，完美的综合是不现实的。

它包含以下方面：

- 努力实现政府的方针政策、金融优先权和规划（天然的、经济的和社会的），考虑到水资源开发、水相关风险和水的使用；
- 在考虑水资源真正价值和随时间维持天然资源的基础上，影响私营部门决策者们在技术、产品和消耗方面的选择。
- 设立研讨会与专门机构，以确保所有的利益相关者都能参与到水资源分配决策、解决冲突和权衡选择中来。从个体家庭到国际产品市场所有层面都需要综合方法。

1.7.2.2 在国家政策发展中交叉部门的综合

水资源综合管理途径意味着在全部的水资源管理过程中，要考虑到与水相关的所有经济和社会部门的发展。因此，水资源政策必须与国家经济政策以及国家部门方针政策相统一。相反地，经济与社会政策也需要考虑水资源的应用，例如国家能源与食品政策可能对水资源产生深远影响，反之亦然。因此，必须从对水资源产生的可能影响或需求方面对发展进行评价，这些评价在设计项目以及决定项目优先顺序时应该被考虑进来。水资源开发与管理通过多种途径影响经济和社会，例如移民、结算增长和行业组成变化。从而，水资源管理系统必须包含不同部门的信息交换与相互协调的过程，同时包含对单个项目在特定水资源和一般的社会水平上进行评价的技术方法。

1.7.2.3 水资源开发的宏观经济效果

哪里在水资源项目上的投资大，哪里的宏观经济受到的影响通常就比较大，并且给全面的经济发展带来不利影响。由于资金流动引起的非水部门对商品与服务的需求增长提高了它们的价格，因而产生通货膨胀。这通常导致人们无法想象的长期宏观的经济影响。

1.7.2.4 制定综合政策的基本原则

制定部门交叉与综合的政策的实现过程相当困难，但有基本原则可寻：

- 经济规划者们在向水部门进行大规模资金投入之前，必须认真仔细地评估通货膨胀、收支平衡和宏观的经济增长的影响；
- 土地利用决策者必须知道天然水资源系统利用对下游水资源的影响及外部成本与

收益(例如,流域内的砍伐森林或城镇化会改变水流机制并且加剧包括洪水在内的风险),这并不意味着不进行这些外部投资,而是相关的决策者要对这些投资与他们制定的政策及规划带来的期望利益进行权衡比较;

• 用来应付包含用水移除废品在内的水需求增加的政策,应该与对所包含的全部费用增加的认识共同发展。

• 能够对众多的水资源应用方式进行有效分配的政策,应该从经济与社会角度考虑其应用的相对价值;

• 决策制定者应该意识到对短期利益与长期消耗的权衡以及预防措施从长远角度看能够降低总体费用;

• 决策制定者应该知道在水资源管理中需要不断地进行完善,因此不同任务都是从最低的核实水平进行执行的。

1.7.2.5 影响经济部门的决策

经济部门参与者们(从跨国或大型国有公司到私人农场或家庭)的决策,将在大部分国家范围内对水资源需求、水相关风险以及资源可用性与质量产生重大影响。这些决策对水资源不够重视,除非他们得到的与采取行动全部费用相关的信息非常清楚与一致;另外,重要的就是要考虑他们制定的决策所要花费的额外费用。教育与知识态度的改变扮演重要角色。然而,信息的连续性却是关键。例如,在用水与排污都免费的前提下,将节约用水与控制污染的利益让给公众自己,明显很难实现节水与控污的预期目标。同样地,水相关风险信息毫无意义,除非降低这些风险的措施在经济可行范围内能够应用到现实当中去。

1.7.2.6 在规划与决策过程中所有利益相关者的综合

在水资源管理与规划中普遍认为,相关利益相关者的参与是水资源和谐与持续利用的关键因素。但是,在许多情况下利益相关者各自存在相互的利益冲突,并且他们对水资源管理的目标也截然不同。涉及这种情况,水资源综合管理需要发展运作工具以便管理与解决冲突,同时,为对不同目标、规划和行动所进行的权衡做出评价。这里一个重要的问题是需要确定和指明水资源执行最低适用标准时的管理功能;每一个执行标准都应该确定和动员与其相关的利益相关者。

1.7.2.7 净水与污水综合管理

水是可更新且重复利用的资源。当水资源利用不是资源耗竭型并能够用后回收时,各个机构需要确保废水对资源流动与水分供给是一个有效的补充。如果不进行调整管理,废水经常会因为降低水质和增加将来的供水成本而降低高效供水。可以通过个人实现水的重复利用,但是要实现高效的水分重复利用,必须通过政治、经济、社会和管理的整个系统实现。

用水子机构之间的交叉综合,以及他们相互联系中的水资源综合管理角色,都在图 1-13 中有所描述。

1.7.2.8 最重要的标准

在追求水资源综合管理时应该认识到一些涉及到社会、经济和自然状况的最重要的标准。

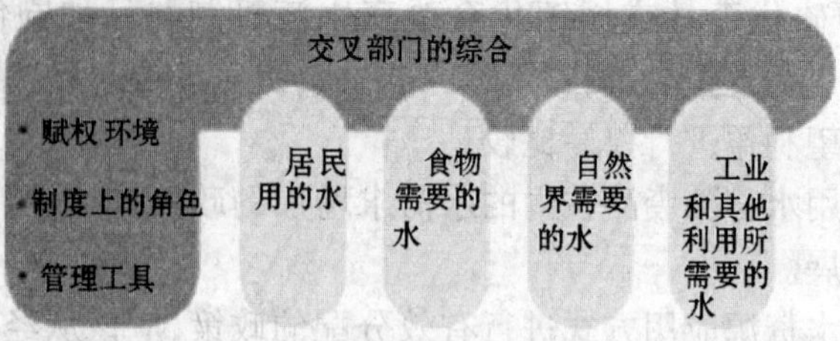

图 1-13　水资源管理及其与子部门的关系

•用水经济效率。因为考虑到水资源和金融资源的稀缺性都在增加、水作为一种自然资源时其总量有限且易受破坏而水的需求却在增长等因素，所以水的利用效率必须最大化；

•公平。所有人为了维持生计而应当获得足够量和质的水的基本权利必须得到满足，这点应被普遍认可；

•环境与生态可持续性。现在对资源的利用应该按照下述的情形进行，为了让后代能够用到同样的资源，对现存的维持生命的系统不能进行掠夺式破坏开发。

1.7.2.9　重要因素

水资源综合管理框架与措施认为，高效的水资源管理系统的补充因素必须得到一致的发展与巩固。这些补充因素包括（见图 1-14）：

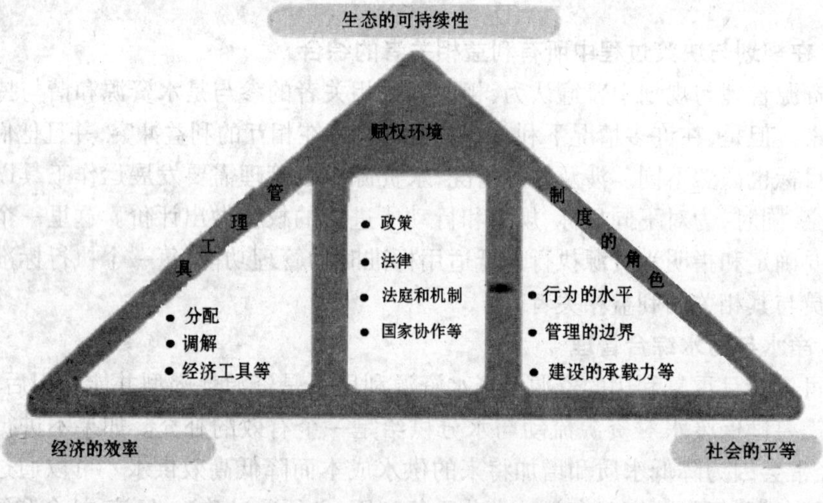

图 1-14　一般水资源管理框架

•赋权环境，包括国家政策、法律与规章制度，以及水资源管理利益相关者的信息的一般框架；

•不同行政级别和利益相关者的制度角色与功能；

•管理手段，包含为了有效的调节、监测和执行的运作手段，这些使决策者能够在供选的运作方式中作出明智的选择。这些选择应该是基于公认的政策、可用的资源、环境影响和社会与经济后果的。

1.8 发展中国家水资源综合管理方法

全球水合作组织(GWP)中关于水资源综合管理的讨论主要集中在欠发达国家(LDCs)。但是,提议的概念却主要是基于发达国家的经验,这样的结论能够适用吗?答案是水资源综合管理措施不适用于欠发达国家,但是水资源综合管理可以在另外不同的方式下应用。表 1-1 给出了这些不同之处的总体描述。总体上讲,发达国家更加倾向于生活质量、环境与长期问题,而欠发达国家通常必须注重解决更加基础的日常生活问题。

表 1-1 发达国家与欠发达国家影响综合管理的特征比较(Schulze, 2002 之后)

综合管理项目	发达国家	欠发达国家
基础设施	基础设施发展水平高,且其普遍得到改善; 不易受到自然灾害破坏(如洪水,干旱) 高度重视基础设施维护; 高质量的数据与信息库可用,很好的协调配合	基础设施脆弱,常常处于退化状态; 极易受自然灾害破坏:严重损害与高死亡人数 不重视基础设施维护; 数据与信息库不能很好利用
智能	有丰富的科学与管理技巧; 专门技术发展到地方水平; 灵活地适应技术进步	有限的科学与管理技巧; 专门技术高度集中; 经常是过时的模式,新技术被放弃
经济	混合的服务驱动型经济,利用多样性与高度综合的相互作用进行缓冲; 经济上可以独立和自给; 可用多种规划方案; 规划目标长远; 有大量的财富与金钱可用来进行规划与水资源综合管理	高度依靠土地,例如,农业生产靠天吃饭; 高度依靠资助捐赠,如非政府组织等; 可用规划方案很少; 规划目标仅在短期; 国家财力有限,只能在较小的范围内进行规划与水资源综合管理
社会与政治	人口增长缓慢甚至负增长; 通常让公众对规划有很好的了解与支持; 对利益相关者高度授予政治权利; 分散到地方进行决策制定; 规划与水资源综合管理期望值高; 追求保存美好的景观	人口出生率与人口对土地的压力都很高; 公众很少被告知,对科学性规划不了解; 利益相关者很少被授权,害怕其表现或施加压力; 中心极权化制定决策; 期望值与所要实现的目标层次较低; 基本生存的需要

倾向于发达国家的水资源综合管理(IWRM)和海岸带综合管理(ICZM)的观念应该

转移重点,以便解决欠发达国家的水资源综合管理问题。Schulze (2001)申明了欠发达国家应采用以下的一般性原则:

- 水管理决策的制定在距离上通常要远离重要城市;
- 水资源综合管理通常在很大程度上忽略或低估穷人对水的需要;
- 利益相关者之间存在着以下方面的不同:财产、政府关照、机会、技术、基金资源、管理与履行经济的能力(Frost, 2001);
- 政府项目经常失败的原因是资金短缺、时间拖拉或执行与维持力度不够;
- 主要需要基层组织的发展以保证水安全;
- 与环境相关的问题的重要性往往被降低,能够被考虑到的也往往是集中在其经济利益上,如侵蚀和河流控制。

而且,对于许多欠发达国家来说,气候可变性的变化与气候变化只是他们面临的众多问题中的一个,根据这些变化的大小,这些变化经常不被认为是最紧要的。而讨论气候变化与欠发达国家相互关系时,这应该被考虑其中。同理,在讨论解决方案时必须考虑欠发达国家的特殊情况,例如:

- 当地的集雨规划方案应同时满足技术上可靠与人们对其理解,要基于当地人们(本国的)的知识水平、经验和实践基础上;
- 规划的主动性应易于实现,包括当地的社团组织和适当容量的建筑与技术支持;
- 主动性的框架应该激励当地基层与非政府组织(NGOs)、社团组织(CBOs)和相关的政府部门之一的合作。

第 2 章　水资源开发与管理的系统方法

多目标流域的开发和管理典型地包括鉴别和利用工程和非工程措施，在合适的特定流域中设计出这些措施在需要的时候和需要的地方增加城市、工业和农业的水供给，保护抵御洪水，提高水质，提供商业的航行和娱乐，生产水力发电。工程措施可能包括引水渠、水库、水电站、大坝、防洪堤、灌溉管路和排水系统、航行闸门、娱乐设施、地下水井、水和废水处理厂及它们的分配和收集系统。非工程措施可能包括土地利用的控制和分区，洪水的预警和泄洪措施，影响有关水和流域利用的人类活动的经济动机。对规划水资源系统开发与管理所作的计划包括鉴别需要什么工程措施和非工程措施，在什么时候和什么地方需要，甚至延伸到它需要哪种类型的措施以及对跟它相连的经济、环境、生态和社会的影响。这一章介绍流域层次上对一个综合方法的需求，并描述完成它的一个系统分析方法。

2.1　绪论

2.1.1　流域的开发和管理

流域规划是水资源管理（WRM）的前提条件。水资源管理需要综合自然系统的组分（地表水、地下水、质量和数量、土地和水管理等）和上下游与水相关的需求或利益。水资源计划在流域尺度上日益增多。例如，欧洲水框架指示，在欧洲加强流域计划的发展，迫使滨河国家一起工作来开发和管理他们的流域。

这一章的讨论仅限于对水量的管理。显然，水流形态、流速、水量和其他的水量特征也将影响水质。此外，从水资源管理的数量和质量方面出发的观点应该结合起来考虑。然而，除非水量管理策略是基于对水质的需求，比如污染的稀释，否则水质一般不会受水量的影响。由于这个原因：通常是从那些对水质管理的分析方法中分离出水量管理的。然而，当试图预测任何管理政策对水质和水量的影响时，都需要用到水质和水量模型。

2.1.2　流域过程的尺度

构建多流域过程的综合模型中的一个挑战是描述这些过程的特征具有相当宽的时间和空间尺度。事实上，降雨是水文循环中的所有淡水的来源，是典型的高度变化的，且它在时间和空间分布上不均匀。类似地，蒸发和蒸发速率相当大程度上是根据气候和地面覆盖条件所决定的。相当数量的流动是和水文循环的单个组分相连的，比如蒸发量，甚至在小的空间尺度上都可能是差别很大的，就像一个购物商场、一块农地和一片林地之间。在以季节为时间步长的单一尺度模型中，利用质量平衡原理模拟那些管理供水、航行、水电生产、娱乐和水质，这些方面对于表面的流动条件感兴趣。另一方面，洪水的流动条件需要更高维度的模型和更小的时间步长。然而，地下水的流动能用比地表水流动更长的时间步长来模拟，如果地表水和地下水体相互作用，就不得不开发一些方法来使得这些不同的时间尺度相兼容。

图 2-1 试图鉴别空间和时间尺度的范围，这通常被那些模拟这些不同组分和过程的人所考虑。然而，许多仅是依靠什么影响将会被鉴别和哪些变量被认为是未知的以及哪些被假定是已知的。比如，通常以月甚至季节为时间步长尺度的模拟水供应系统包括水库和向水消费者的转移。然而，如果说获得娱乐或水电站的水库储量的月内变化是重要的，则在那些月内或季节中的储量变化更小的时间步长可能是必须的。如果正在评估水质影响，可能需要一天或更短的时间步长，依赖于详细的或精确的期望。一些流域过程，如果有足够的数据来校正那些短时间的步长，比如侵蚀和蒸发量已经可以以 1h 为基础很好的模拟了。然而，其他的流域过程，比如所有权的改变和土地的覆盖可能用 10 年或更长的步长来模拟。更多地是依靠气象和水文输入(气温，辐射，降水和水流)输出(需求)的可变性。如果在一个特殊季节中没有大的变化，它可能就不需要定义那个季节内的更短的时间间隔了。

图 2-1 表明，当模拟过程发生在 3 个主要的流域组分：集水区、地表水体和地下水储水层中时通常考虑的空间和时间尺度的范围。这里也有例外。在图 2-1 中显示的每个区域的边界并没有达到图中想要表达出的那么清楚的定义。

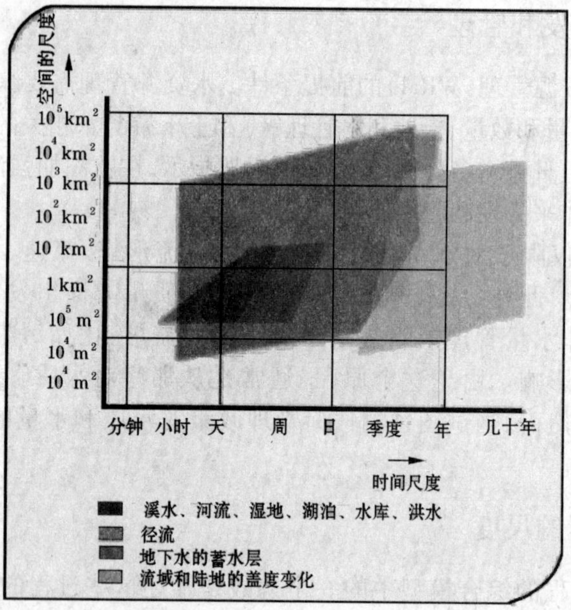

图 2-1 不同流域过程的模型的共同的空间和时间尺度

为了提供一些河流和它们的流域的一些空间范围的观察，表 2-1 列出了世界少数的主要河流和它们的流域的面积和长度。

表 2-1 一些世界上的主要河流和他们的空间特征

河流	大洲	面积 ($\times 10^3 km^2$)	长度 (km)	河流	大洲	面积 ($\times 10^3 km^2$)	长度 (km)
亚马逊河	南美洲	6 915.0	6 280	哥伦比亚河	北美洲	668.0	1 950
刚果河	非洲	3 680.0	4 370	科累马河	亚洲	647.0	2 130
拉普拉多河	南美洲	3 100.0	4 700	旧金山河	南美洲	623.0	2 800
鄂毕湾河	亚洲	2 990.0	3 650	第聂伯河	欧洲	504.0	2 200
密西西比河	北美洲	2 980.0	6 420	库兹尹河	亚洲	437.0	2 130
尼罗河	非洲	2 870.0	6 670	印迪吉尔卡河	亚洲	360.0	1 726
叶尼塞河	亚洲	2 580.0	3 490	德维纳河	欧洲	357.0	744
莉娜河	亚洲	2 490.0	4 400	伯朝拉河	欧洲	322.0	1 810
尼日尔河	非洲	2 090.0	4 160	哥达瓦里河	亚洲	314.0	1 500
阿穆尔河	亚洲	1 855.0	2 820	涅瓦河	欧洲	281.0	74
长江	亚洲	1 800.0	6 300	马格达莱纳河	南美洲	260.0	1 530
麦肯齐河	北美洲	1 790.0	5 472	克利须那河	亚洲	256.0	1 290
恒河	亚洲	1 730.0	3 000	佛拉塞洛河	北美洲	233.0	1 370
伏尔加河	欧洲	1 380.0	3 350	奥戈韦河	非洲	210.0	850
赞比西河	非洲	1 330.0	2 660	埃塞奎博河	南美洲	155.0	970
圣劳伦斯河	北美洲	1 030.0	3 060	塞内加河	非洲	135.0	860
奥里诺科河	南美洲	1 000.0	2 740	纳尔默达河	亚洲	102.0	1 300
印度西北部河流	亚洲	960.0	3 180	莱茵河	欧洲	99.0	810
育空河	北美洲	850.0	3 000	埃布罗河	欧洲	86.8	930
多瑙河	欧洲	817.0	2 860	阿特拉托河	南美洲	32.2	644
湄公河	亚洲	810.0	4 500	圣胡安河	南美洲	21.5	430
黄河	亚洲	745.0	5 464				

2.1.3 分析的时间周期

当分析和评价不同的水管理计划时,这些计划是以在时间和空间上分配自然无规则流动为目的而设计出的,通常是在不连续的时段内充分考虑其平均条件。一般地,在流域模拟中每周的、每月的或季节的流动被看做是与每天的流动相反的。通常在计划分析的模型开发中考虑到的最短周期的持续时间不少于水从可利用流域的始端流动到流域的最低末端所花费的时间。在这个案例中溪水和河流的流动能通过简单的质量平衡或连续方程来定义。对于更短的持续时间周期,可能需要一些类型的流动路线。在一个模型中实际的每个年内周期长度可能存在周期间变化。模拟时间周期合适的数量和持续时间将部分地取决于自然流动供应的变化和水流或储水容积需求的变化。

在决策制定过程中的另一个需要考虑的重要因素是包含在任何模型中的数量和持续时间的周期,它的目的是为了让模型能被利用。一些分析仅考虑了对期望的设计作出鉴别并实施不同工程项目的政策,这些政策是为了将来在一些固定的时间(比方说一个典型的年份)管理水资源。模拟多年的水文记录以获得对一个系统在将来的时间周期中可能如何更好地完成任务作出一个估计,至少用一个统计的意义。年内时间周期能对那些执行指标的价值和年际的评估以及年内可能需要的储量需求有影响 。这些静态的分析并没有涉及投资项目的时间安排或是先后顺序。动态的计划模型包括正在变化的经济、环境和其他的目标以及随时间过去的设计和运行参数。结果,动态的模型一般比静态的模型跨越了更多的年份,但是它们可能有更少的年内周期。

2.2 系统方法的基本概念与定义

水资源规划采取的方法包括许多和计划、管理、系统分析角色有关的名词和概念。这些名词和概念通常用在水资源规划中,但是具有不同的含义。为了避免混淆,我们通过标志我们的意思是什么、什么时候用这些名词和概念来作为本节的开始。

2.2.1 水资源系统

一个水资源系统(WRS)能被看做由下面所述组成。

(1)自然资源系统(NRS)的含义是:

——河流、溪流、湖泊及其堤防、河床和地下水的蓄水层的自然资源系统;

——基础设施子系统,如运河、水库、大坝、堰、水闸、水井、泵站和废水处理厂,包括这个子系统元素的操作规则;

——水本身,包括它的地上和土壤中的物理、化学和生物的组分,时常作为"ABC"组分而引用:无生命的或物理的,生物的和化学的。

(2)社会经济系统。水的利用和与水相关的人类活动。

(3)行政和制度系统。行政,法律和规则系统包括对水资源系统的管理和对法律和规则执行的权威响应。

水资源系统的定义涵盖了许多方面,这些方面对自然资源管理、资源的供给、需求和控制来说是必要的。自然资源系统涉及到系统的供应和社会经济系统对系统的需求方面。对资源的供给和需求的控制由行政和制度系统来提供。

水资源系统的外部自然边界通常由流域的分水线、属于这个流域地下水储水层的边界和河流或运河排放到大海的点组成。在后者的点以外,人们通常就称为海洋水了。在两个系统之间存在一个(有咸味的)过渡区域。当水的排放量很大时,有咸味的水区域就向大海移动。这依赖于涉及的利益、遇到的问题和要达到的管理目标。在这些程度上,水资源系统中明确地包含了有咸味的水区域。

社会经济系统和行政制度系统的地理边界的改变依赖于社会经济系统的什么部分,被看做是对管理和评估水资源系统的影响是必要的。比如,如果人们分析一个水资源系统和一个开放经济区域间的关系,他将不得不调查这个区域和区域外部的经济制度状况的关系,目的是为了顾及这个区域将来的发展。

2.2.2 水资源系统的功能

在表 2-2 中表述了一个普通的功能框架。分级区分切实的和不切实的功能和利用。切实的功能可能被分配一个货币价值,比如,水电生产或城市的供水。自然保护是个典型的不切实价值的例子。在它们之间是环境的功能,可能会通过利用影子价格或其他的价值方法赋予一个直接的价值,而其他的是间接的,比如,一个河流的自净过程可能通过把这个“自然界完成的工作”与建造和运行一个污水收集和处理系统的成本比较而被分配了一个影子价格。表 2-2 进一步解释了这个功能。

表 2-2 水资源系统的功能

功能	描述	例子
生存功能	当地的商业用水和非市场的基于水的产品	·当地饮用水的供给 ·传统的渔业 ·农作物的灌溉
商业功能	公共或私人企业利用市场的或给定货币价值的水和基于水的产品	·城市饮用水的供给 ·工业用水的供给 ·灌溉 ·水电站 ·商业性的渔业 ·运输
环境功能	调节功能,非消耗性利用	·净化能力 ·阻止咸水的入侵 ·娱乐和旅游
生态价值	水资源系统的价值作为一个生态系统	·整合性 ·基因库、生物多样性 ·自然保护的价值

2.2.2.1 **生存功能**

当地居民在很大程度上依靠周围的水资源来进行家庭生活利用和灌溉私家花园及村庄的农地。他们也可能利用河流、稻田、池塘和湖泊来捕鱼。这些利用在自然经济核算中时常被忽略,原因是它们不是市场的或没有给它们赋予一个货币价值。然而,水资源提供这些产品的能力的丢失可能会在经济损失中被考虑到,这是由于依靠这些产品的人们不得不买它们。一个例子是纯净饮用水的提供,因为恶化了的水质阻止了水的直接利用。

2.2.2.2 **商业功能**

在国家经济核算中反映出了水资源的商业用途,因为它们是市场的或是给定了一个货币价值(如国内水供给的价格支付)。通过个人和商业企业的捕鱼市场就是个例子。这些利用存在商业价值且许多在自然中也是消耗性的。

“非消耗利用”的含义应该被看做是某种保留。非消耗的水利用可能以一种以至于限制或增加其他人的使用成本的方式来改变水资源系统的性能。水电生产是个部分非消耗利用的例子。为了水力发电而建造水库增加了蒸发损失且因此减少下游用户可利用的水量。其次,为生产“最高电量”而运行水库可能改变了下游区域的流动,且这能反过来影响下游的生态和用户。最后,与水库有关的水质问题可能严重影响水库生态系统的上、下游。

部分非消耗利用的另一个例子是内河的运输。运输活动引起的油类和化学的污染,相反地,能影响其他的用户并对依靠这些资源的生态系统产生影响。内河水运可能导致一个真正的消耗性的水需求。如果为了航行的目的使水的深度维持在一个特定的水平,可能需要从水库中释放水,这个做法对其他的水用户没有价值。一个例子是尼罗河下游系统,在这里把冬季关闸储蓄的水从纳赛尔河释放使得其能够通航。否则,这些水就仍然储存起来以便在生长季节给农业利用。

2.2.2.3 **环境功能**

一条河的排水区完成了一系列不需要人为干预的功能,如不需要调整系统。这些环境的功能包括水系统的自净能力、娱乐和旅游利用。环境的功能有时很难给出一个价值。它们的价值可能是通过利用影子价格来估算的,这是通过以其他方式提供相似功能的成本来计算的(如附加的污水处理成本)。娱乐和旅游价值可能通过评估经济利益来决定,这些经济利益来自利用旅游设施(如宾馆)或发放捕鱼许可证的收入。

2.2.3.4 **生态价值**

水是生命的必需物质。除了给水生物种提供一个环境外,河流、溪流和湖泊通常和湿地交界,比如芦苇荡、河滩地和湿地。这些水、陆过渡区(两个邻近的生态群落的过渡区域)使海港成为物种的一个丰富集合区。此外,过渡区的重要性对邻近生态群落的多样性也是具有重要意义的。这些生态实体本身有一种价值,不管人类实际或是潜在的利用,都具有一个内在的生态价值。有许多描述这个生态价值的概念和表达:遗产价值,美学价值、自然价值、选择价值、存在价值等。

环境的功能涉及自然环境对人类的利益,生态环境涉及自然的内在价值。考虑到对可持续性强调的增加,在水资源规划和管理中这个区分是有用的。它清楚地指向连续关注我们星球的自然条件的需求,并把环境质量维持在一个可接受的和持续的水平。

2.2.3 政策、策略、措施和情境

在规划中,政策、目标、策略、措施和情境是经常用到的词语。在大众的利用中它们通常被看做是能被混淆的可互换的词语。在方框 2-1 中,用到了以下的含义。

> 方框 2-1
>
> **政策目标**:我们想往哪里去;
>
> **策略**:我们如何到达我们想去的地方;
>
> **措施**:我们将要做的是什么;
>
> **情景**:外部发展,影响我们的策略

政策目标就是对需求进行鉴别,区分问题的优先秩序和设定部门或区域的目标。政策目标自身不能包括具体的行为,它仅是目标和行动(水平,时间和预算)的约束条件的集合。政策也可能用普通的词语来规定一个特定的目标应该如何达到,如通过应用用户导向的需求管理措施而不是依靠大尺度的供水基础设施的发展。在规定目标应该如何达到中,其他的政策如关于外贸、财政、税收政策或环境控制政策也被公认了。政策通常被看做是对水资源系统研究的假定,但是研究的结果能导致对新的政府政策的适应。

策略被定义为能对水资源系统的问题提供一个解决方案的单个措施或决策的一个逻辑结合。如,一个水库的建设加上运河下游的加宽和灌溉系统引入量的增加合起来,这些措施将减少干旱对农业部分的损失的危害。一个可选的策略可能用在干旱受威胁区域来执行一个应用更少水的种植类型。

措施是一个单个管理行为或决策,其差别在于:

• 技术(或工程)措施——水资源基础设施的修正:运河、泵站、水库、鱼阶或鱼梯等。基础措施通常包括下面描述的管理措施。

• 管理措施——措施是用来提高系统的(日常)运作,比如基础设施(水库,大门,堰,水闸)的其他运作;

• 生态(非工程的)措施——措施是用来提高生态系统的功能,比如通过引进大的草食动物或在产卵区投放鱼苗;

• 经济刺激——包括水用户通过改变资源利用的价格,以一种社会期望的形式来利用水资源(通过收费、税收、补贴金);

• 调整措施——为了限制不可控制的水资源的利用(通过土地利用的区划、许可、污染控制和其他限制性的法律形式);

• 制度上的安排——明确水资源系统的哪部分功能由哪个政府机构负责,并对涉及到的公众和私人部门之间的必要的相互作用具体化。

情景被定义为对正在考虑的水系统的外因的发展。例如,在系统中涉及到的不能被决策制定者所控制的发展。情境变量的例子是气候、气候变化、人口统计学的趋势和变化、经济增长。什么应该被看做是个情景,什么应该被看做是个措施,这可能要取决于所设定的系统边界。在真实的综合水资源管理中研究人口和经济发展的限制可能是潜在的行为。在这种情况下,它们不再是情景变量而应该被看做是措施。

上面的定义中最常见(也是最易混淆的)背离,是在实际中应该用“策略”这个词但是却运用了“情景”这个词。同样,“政策”这个词也时常被看做是“策略”的同义词。政策预示着我们想要去的是什么地方,我们想完成的是什么,而策略描述了如何到达我们想去的地方或我们如何想方设法去完成它。

2.2.4 系统分析

与系统方法相比,计划文献中时常强调把数学技术作为这个方法的核心来利用,然而利用数学工具本身并不能组成一个系统方法。特别为具有许多相互依赖的组分的复杂系统设计的方法,包括:

• 建立可预测模型来解释系统的行为;

• 结合运用模型和见多识广的观察判断来设计行动(策略)路线;

• 比较决策制定者可利用的和可选择的行为路线;

• 以有意义的方式交流决策制定者得出的结果;

• 基于提供的信息来推荐和制定决策;

• 监测和评价所执行的策略的结果。

系统分析和政策分析通常被看做是一个分析或是相同的行为。如果要做出区分,人们能把系统分析定义为仅仅不能应用到政策问题的一个行为。它能应用到任何原因引起的人们想分析的任何系统中去。在系统分析中一个重要的工具是系统图表或概念模型的利用。一个系统图表代表整个系统的因素或子系统间的因果关系。图 2-2 描述了一个在分析水资源问题中的系统图表的利用的例子。

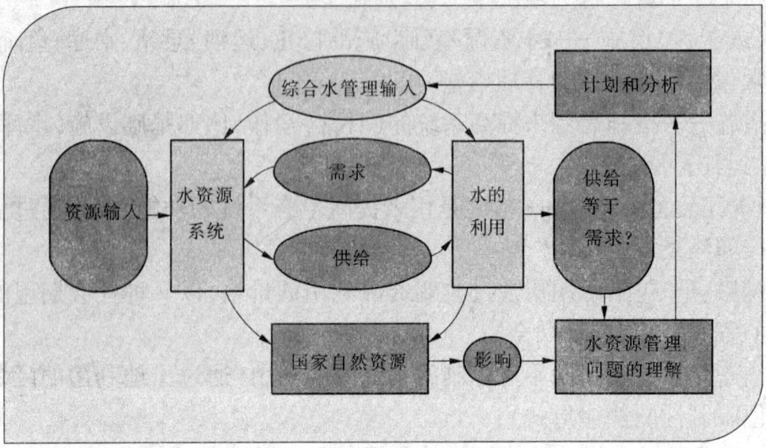

图 2-2　一个水资源管理问题的鉴别

如图 2-2 所示，水资源利用活动引起两个问题：①量的需求超过供给；②自然系统结果（如活动或水位产生的污染）的状态具有不受欢迎的影响。这些问题的理解能引起分析和计划活动，当轮到这些活动时又能引起管理（水资源管理）活动。图中表明了能以两种方式强调问题：①通过执行以需求为导向的措施（强调水资源利用，如社会经济系统）；②通过水资源的开发（如自然资源系统）。以需求为导向的措施，目的是减少水消耗和污水排放的单位含量；另一方面，以供给为导向的措施，其目标是通过增加水供给来减少水的短缺或是增加水体的同化能力（如水路的冲刷）。哪个措施或联合措施是最有效的，这取决于权威的执行机构所使用的标准。

系统因素间的联系能转化成数学表达式。系统图是个用来分析系统性能的计算框架的大纲。

2.3　水资源管理系统分析

水资源管理是一项把水资源系统（或社会经济系统，SES）的用户和自然资源系统（NRS）相匹配的活动。这个匹配基于一个普通的观念，那就是社会应该以一种“最佳的”方式利用稀少资源。由那些做决策的人来决定什么是最佳的。资源的利用和可利用性之间的相互作用是由行政和制度系统（AIS）来控制的，这个管理通过行政和管理系统来执行。图 2-3 描述了这 3 个“实体”。

行政制度系统“管理”其他两个实体，利用每个系统当前的和期望的将来状态的信息。这个系统的管理行为用单箭头指向两个相互作用的系统来描述：通过自然资源系统

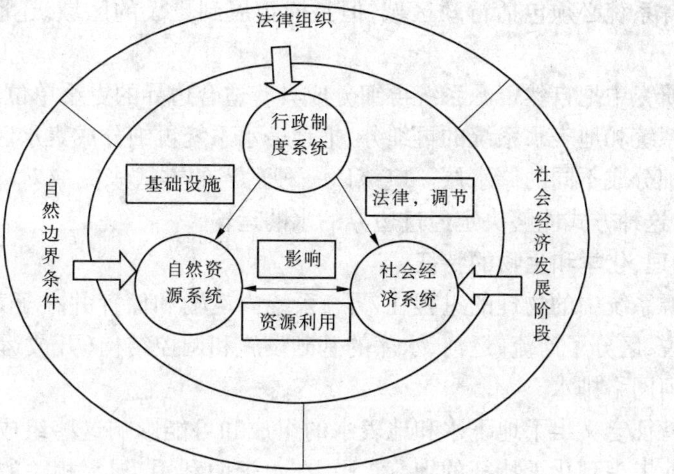

图 2-3　水资源计划的内容及相互关系

的供给导向的措施(相关的基础设施)和社会经济系统需求导向的措施。单箭头并不表示自然资源系统和社会经济系统对行政制度系统没有反馈。有一种以这两个系统的状态(性能)方面的信息作为形式的反馈,否则就不可能有效的管理。图 2-3 中的箭头仅表示行为,而不表示信息流。社会经济系统和自然资源系统间的相互作用是物理的,通过这两个系统间的双箭头来描述。利用自然资源系统提供的资源来支持社会经济系统,且社会经济系统对自然资源系统有物理的影响。

这三个系统中的每一个都被埋藏在它们自己的环境中。自然资源系统受气候和(地理的)物理条件的限制;社会经济系统由周边经济的地形、社会和经济的条件所形成;行政制度系统由宪法、,法律和政治的系统所组成且受其限制。分析这些边界条件是重要的。边界条件通常被看做是固定的。有时这些条件并不像它们可能出现的那样严格。比如,气候条件几乎被看做是固定的,并且分析的执行是基于降水和气温等的历史信息。这些条件由于全球变暖而被认为是会发生改变的。应该在分析刚开始时就决定是否应该在水管理问题的任何分析中考虑这个可能性。

经济的增长是另一个边界条件的例子,这个边界通常被看做是固定的。然而,如果资源系统不能维持这些可预见的发展(或是仅在一个非常高的成本),它就能考虑这个固定的条件。通过显示这些无条件增长的结果,计划机构能询问这个在更高的(通常的)国家计划水平的增长的愿望。在图 2-3 中通过社会经济发展计划的边界框架来描述它。事实上,向内指向社会经济系统的箭头在这种情况下是相反的:分析给一个更高计划水平提供了信息,这个水平决定了(初始)边界条件。

2.3.1　自然资源系统的系统特征

2.3.1.1　系统边界

研究区域通常和一个行政管理单位(区域,地区,省等)相一致,因为行政系统通常需要在它的行政边界内分析水资源的功能。然而,自然资源系统的边界取决于它的物理特征。自然资源系统必须包括行政区域，但是能扩展到更大的区域，还取决于其物理的边界。

在许多研究中把自然资源系统再细分成具有适合边界的更小单位是有用的。例子就是对地下水系统和地表水系统的再细分，把地表水系统再细分成集水区或子集水区；把地下水系统再细分成不同的储水层。应该以一种适当的方式来完成对（子）系统和它们的边界的定义，这种方式能够决定经过边界的水的运输。

2.3.1.2 物理、化学和生物的特征

自然资源系统中的物理的过程在（子）系统内运输和储存并在子系统间运输。对地表水系统来说，区分了河流、运河、水库的基础设施和调控结构（开放运河网络）以及集水区向开放运河网络排水。

化学的特征定义出了地下水和地表水的组成和可能影响这些组成的过程。如运输、降解和吸收。考虑到化学特征的细节水平，在水资源利用，与水相关的活动中，不得不考虑制度上的许可和可能的措施的需求相一致的问题。

描述生物特征的有用的概念是生态系统。生态系统是个相互影响的非生物因素和生物因素的结合。一个生态系统包括给定区域的所有的有机体及它们相互作用的物理环境，以使一个能量流会使系统内的营养结构、生物多样性和物质循环被清晰的定义。系统内的能量和物质流的主要驱动力根本上是来自太阳的能量。通常，通过一个复杂的步骤序列，利用太阳能来生产和再生产、消费和分解、继承和再转移。生态系统不是静态的或机器的机械论类型。与此相反，它们是相互关联部分的动态网络，当一些部分丢失后能在某种程度上自我修复。进化论证明自然界的这个动态的特征是必要的，因为它在处理物理性干扰方面表现出了巨大的弹性，如火山爆发和全球气候变暖。关于水资源的可持续发展，生态系统的动态特征保证了人类活动能够与环境相平衡，虽然在物种多样性和类似的方面消耗了定性的生态系统。

在生态系统中水域与陆地水子系统间的区分：

• 水资源系统可能被定义为所有的永久性水体，如湖泊、河流、溪水、水库和池塘等。例如，一个生态的特征参数是流速。

• 陆地子系统可能被定义为主要在干旱的区域且仅接受来自降水和地下水的水。土壤特性、海拔、坡度和气候是生存条件的主要参数。

• 陆地水子系统（湿地）是水域和陆地子系统之间的边界，且具有一个高度动态的环境特征，主要是因为水的水位的频繁（通常是季节的，也有日的和年的）变化。例子为沿着河流的洪积平原、芦苇带散射的湖泊和溪流、潮间区域（红树林），盐沼泽等。

除了把它们粗分为 3 个子系统之外，通常还要适当地区分不同的地形或植被单元，就像生活环境一样。作为一个最初的近似值，能够基于同质的植被结构来鉴别不同的生活环境类型。一旦研究区域被分成一系列的子系统、生活环境或其他生态系统种类，那么评估这些子系统之间的空间相关关系的重要性是重要的。生态系统之间很少是完全孤立的，而是通过物质的运移过程（如水和土壤的运输）与营养的路径和移植式样相联系的。

2.3.1.3 控制变量——可能的措施

上面描述的一些生态系统参数能用来调节该系统。通过添加或改变系统参数，向水

资源管理者期望的一个方向来改变自然资源系统的状态。一个例子是描述水库运行的规则曲线(什么时候放水、放多少水、什么目的);另一个例子是运河入口段的尺寸,通过增加这些运河的尺寸来增加分配给农户的水。控制变量能改变物理条件或现存的水资源系统的运行。一个改变生物系统状态的非物理控制的例子是在水库中释放食鱼动物,目的是在生态系统中达到一个期望的物种平衡。

2.3.2 社会经济系统的系统特征

2.3.2.1 系统边界

通常经济系统没有类似于自然系统的物理性边界。如流域中的活动通过物品和服务的交换与周围的环境相联系。从社会的观点出发,两个系统的边界几乎完全不同。

这些决定研究区现在和将来的社会经济活动的因素通常应该在被分析的问题的背景中分析。这些能涉及更大的系统,如国家经济或者甚至是国际经济(例如,当国际市场的价值对地方农业活动重要的时候)。社会经济系统的边界条件是那些决策制定者控制范围之外的因素。像世界经济、美国美元的价值或石油的价格的状态等都属于这类边界条件。

2.3.2.2 系统因素和系统参数

水资源系统的社会经济部分被定义为对主要水资源利用和与水相关的活动、研究区域内的期望的发展和决定这些发展的参数的鉴定。可能相关的活动或经济部分和必须获得的能够描述社会经济系统的信息类型的因素如下。

- 农业和渔业。当前的实践、灌溉农业的位置和面积、期望的和潜在的发展、水利用的效率等。
- 能量生产。现存的和计划的水库和水电站、运行和承载力、电力能量需求的发展。
- 公共供水。人口和工业活动中心的位置、期望的增长、可选择的资源。
- 娱乐。自然和位置、预期的和期望的发展、水质条件。
- 航行。在(部分)开放运河系统中的水的深度的条件。
- 自然保护。有价值的和脆弱地区的位置,和它们对水质和水量的依赖。

社会经济系统的重要系统参数有:人口的动态(寿命、出生率、死亡率等)、劳动力和工资等级、与国内(际)市场有关的价格水平、补助金、生产和水利用效率及收入分配。

当在研究区域内对活动进行鉴定和分析时,考虑个人参与者和他们所代表的意见之间的可能分歧是重要的。如个体农户的计划与官方农业机构建议的计划相比可能有不同的利益。

2.3.2.3 控制变量——可能的措施

社会经济系统的功能会受法律和调节措施的影响。特别是在决定需要多少水时,水的价格可能是个非常重要的因素。这个价格会受到水资源管理者的影响并能作为一个控制变量来利用。当水利用的成本仅代表活动的总成本的一小部分时,水价格的增加可能对水资源的利用没有任何影响。在这种情况下,无论成本多高,水资源的利用都是生命所必需的。在这类案例中,水的价格(或是废水排放的税收)并不是个合适的控制变量。

2.3.3 行政和制度系统的系统特征

2.3.3.1 系统元素

为了表征水资源管理的行政和制度设置,需要鉴别对国家、区域和地方层次负有责任的机构。在许多国家中,以下的机构框架中的元素能被区分。

- 中央政府。分成了各个部门,如公共建筑工程、灌溉、农业、林业、环境、住宿、工业、矿业、运输。
- 协调实体。如一个国家级的水利部门,通过政府的不同部门来协调行动。
- 基于正常的行政细分的区域实体。如省、地区、市、村等。
- 基于与区域物理特征相一致划分的区域实体。如流域管理机构。
- 水用户的组织。代表了直接涉及的用户的利益,如在灌溉系统中。

以下的信息也是可用的:

- 哪个部门和协调实体对相关的水资源管理有权利和义务;
- 哪个机构涉及到水资源开发计划的准备;
- 哪个国家和区域的水资源开发计划是可用的;
- 哪个权威机构对执行这些计划负责任(基础设施工作的规章、构建和运行);
- 涉及到水权、水资源分配、水质控制和水资源管理的财务方面的现存法律法规有哪些。

此外,其他水相关部门的政策文件和计划,例如环境、农业、经济、运输、物理能量的计划,也能提供关于水资源管理的行政和法律设置的信息。

2.3.3.2 控制变量——可能的措施

从一个系统观点出发,行政和制度系统中的决策或控制变量比在自然资源系统和社会经济系统案例中更不清楚。但是,在行政制度系统案例中,能采取措施来提高系统的功能,如通过建立协调实体,把责任转移给政府的下级,私人企业等。

2.4 水资源供给和需求的平衡

前面的部分讨论了水的不同利用:农业、饮用水的利用(包括城市的和工业的)及其本质。所有的这些利用能转换成一个具体的需求。通常,由于人口增长和经济的发展而使需求增长。可利用的水资源也一样 ,尽管气候的变化能长期地影响它。

可以用不同的名词用来描述水的缺乏:

- 干旱;
- 水缺乏;
- 水短缺;
- 水患。

2.4.1 干旱

干旱这个词通常被用来描述地表水的低流动现象,且是否出现干旱可能被用来作为是否采取特别措施的判别条件。通常,当由于缺水而不能维持水资源利用的正常水平时,才认为是发生了干旱。然而,干旱是个相对的概念,它是通过社团的考察来定义的。官方宣称的干旱可能也被用来引发其他的措施而不是供给水这类措施,如政府提供储存食物或补助金来维持种子的储备。

2.4.2 水缺乏

水缺乏能被定义成当前的需求不能得到满足的水平。虽然水缺乏的概念似乎可能对水的利用和可用性的定量水平的设置是有用的,但它是个相对的措施,这个措施定义了水的需求和水可用性之间的关系而不是它们中任何一个的具体的基准。随着时间的流逝,对于理解水需求和水交换的可用性是重要的,以至于曾经满足的需求可能不会在将来得到满足。实际上,虽然水的径流和流动是短期变化的,但随时间估计它的可用性的时期越长,估计的一致性就越多。另一方面,许多国家都期望水可随时间的增加而增加来满足可用性。根据这个定义,水在现代可能不缺乏但在将来的某个时间就会缺乏,这是由于水的利用和开发的扩展。

2.4.3 水短缺

水的短缺是指可利用的水不能满足被认为是必要的基本需求。基本的水需求不可能直截了当的来定义。为了这个目的,标准已经被制定。如粮农组织规定了人均 1 000m^3 作为水可用性的一个水平,低于这个水平就会对经济和环境价值产生严重的制约,且少于人均2 000m^3 就被考虑是被迫有了严重的限制。这些标准可能在人均水利用非常低的条件下是有用的,且可用性的轻微减少就会引发严重的困难。短缺可能被限制在普通年份内的某些时段和特别的年份。

2.4.4 水患

水患是水缺乏(Abrams, 1997 的联合国亚洲及太平洋经济社会委员会,以下简称“亚太经社会”, 2000)的结果。当在水的通路上发生冲突时,首先引发的就是水患,接下来导致作物的减产、不能满足国民的用水供给、工业生产受限等。如,在自然界中水患可能是生物物理的,水质的严重恶化是由于缺少流动、捕鱼或其他的河流生物的损失和河口的退化。因为地下水储量的减少导致的其他结果也可能发生水患。水患的概念通常被用在环境评价中,来表示破坏或对水生生态系统和河流内的动植物的严重恶化。如,鱼类储量的严重减少或鱼类健康受到影响,在一种环境的意义上水体可能被认为是有忧患的。

2.4.5 水平衡

不但水太少可能是有害的,而且水太多也是如此。土地上有太多的水将会危害作物。洪水的负面影响已经得到普遍的理解了。一个更近期的认识现象是自然流动规律对维持生态系统的重要性。不仅是更低的排放,而且超过自然流动的规律也将会导致生态系统的变化。这方面重要的是大的水库。一般地,这些水库调控下游的水流,导致了高流速的减少和低流速的增加。虽然人们不能说那里缺少水,这儿却有个明确的供给和需求间的冲突。

在一项综合水资源管理研究中的任务，首先是分析当前的供给在什么程度上能满足这些需求，且如果不能，如何分配可利用的水并分发短缺。

这样的分析需要以下步骤：

- 水供给的评估；
- 水需求的评估；
- 供给和需求间的冲突分析；
- 在供给和需求冲突发生的情况下分配原则的确定。

2.4.6 水的可用性(供给)

2.4.6.1 **来源**

通过评价水的所有来源和自然的损失(如与需求部门的水利用无关的损失)来完成水供给的评估。为了完全地理解水的可用性，测量或评价水循环的不同因素是必要的。它们包括：

- 降水。包括降到地面或水体的所有水。它能以降雨、雪、冰雹或雨夹雪的形式来临。降水是用一个量筒来测量并用降水深度来表达的。
- 径流和流速。由于部分降水不能进入土壤里面。随着水变成一个单一的水流并形成溪流，它就用流速来测量。通常在设定的位置测量出随时间变化的水的高度。然后，再用一个高度和流速的关系来转化并确定出一个水位图。
- 蒸发和蒸腾。蒸发是指水的蒸发；蒸腾是作物把水从土壤中移出并释放到空气中去的过程。二者组合的过程称作蒸发蒸腾，其特征是向大气层返还部分的水分。降落到地球的水的一多半通过蒸发蒸腾返回了大气层。在更高温度和更小大气湿度的气候区的蒸发更大。这对水的利用和用户需求的类型产生主要的影响。
- 渗透。渗透是指通过土壤表面并进入土壤的水的运动。渗透对维持溪水的稳定流动是十分重要的，因为水以稳定和缓慢的速率通过土壤和下土层并到达河床。渗透的减少将引起径流，并使径流在更低流速、更长时间的流动之后以更高的初速度流动。
- 回补。对一个蓄水层来说，回补是渗透达到蓄水层的比例。

为了评估当前的和将来可能的水的可利用性，测量或估计上面列出的所有因素是必要的。对可能的未来条件的预测包括收集和分析尽可能长的时间周期的信息。

流域中的土地特征的变化能改变水文循环。当植被和土地表面特性改变时就会发生流域退化，通过植被的移出和创立坚硬的地表替代多孔渗水的土壤表面。由于植被减缓了降水后的径流流速，且增加了更大的渗透，植被的缺少导致了径流的增加和流速的加快，引起了时间更短但流速更高的流动事件。这个结果增加了更短期的洪水事件的次数。渗透的减少意味着从下土层和蓄水层进入到溪水的总的水的回补减少了；更小或无流动期的频率和持续时间增加了。这个最终的结果是更大的流动或无流动。以这种方式，植被的清除、农业和市区的发展能改变流域的水文特征且因此改变流速的特征。

2.4.6.2 **影响供给**

需要基础设施来满足用户实际上可利用水。通过在地表水或地下蓄水池中储存水能增加供给。通过对海水的淡化可以利用高成本的额外水。在灌溉运河中减小运输损失的措施对供给也有贡献。

2.4.7 需求

2.4.7.1 需求部门

在前面的章节中已经讨论了主要的水需求部门:农业、家庭的水利用及其特性。其他的用水部门是水电站和航运。这些部门中的每个的需求都有它们自己的特征。

表 2-3 不同水需求部门的需求特征

需求部门	特征
农业	在种植作物季节中水的一定体积
家庭、城市和工业	每年的固定容积,连续供给
生态系统	在自然流动区域生态系统独特的特征,代表年内的和年际的变化
水力发电	在水库中的持续水平
航运	根据船只尺寸在河中航行所需的最小深度

2.4.7.2 影响需求

当供给不能满足需求时,一个解决的方法是试着减少需求。通过了解一些提倡水利用限制的项目可能会减少家庭、城市和工业的需求。通过转向种植其他作物能减少农业水需求。减少需求的极端的措施是减少种植面积或接受生态系统的退化。

2.4.8 水平衡分析

应通过进行需求和供给比较来判定其瓶颈。在初始阶段这能通过一个水文年的一个简单的水平衡来完成。要想对主要水资源和水需求有一个总体思路,获得判断问题是否普遍发生和采取什么措施是最可能的方向的洞察力是必需的。

然而,每年的平衡没有表明在需求时刻水是否是可用的,也不能表明非消耗性的需求。这些问题需要更复杂的平衡,它们能利用水平衡模型,如 Ribasim、MikeBasin 或 WEAP (见第 3 章)这些模型来整合水需求和供给及不同的管理(分配)规则。

为了分析不同水文条件下供给的可靠性,要利用更适合的多年(>20 年)组成的系列的水文数据。用这些数据来分析一个可选年份的需求、基础设施和管理策略。通常,在初期,为了当前情形而执行这样一个分析,接下来为了未来的情形而考虑人口的增长和基础设施的发展。由于多年的自然变化的结论,能够估计出可靠的供给,这在农业经济效率评价中是一个重要的因素。

2.4.9 水分配

2.4.9.1 定义

一旦获得了如何影响供给和需求的洞察力的措施,并获得减少两者间差距的洞察力,就需要决定哪个策略更受欢迎。供给增加和需求减少的措施可能会缩小差距,但是将需要投资。然而，在许多情形下不可能弥合差距，并需要做出关于多少水什么时候分配给谁的选择。

亚太经社组织(2000)对水分配提供了以下的定义：水分配是指在各种水利用行为之间共享水资源，包括解决用户间的冲突和水用户与其他水需求之间冲突。

水分配是管理机构的责任且不能通过单独的技术分析来解决。然而，技术性的水平衡分析将提供做出这些选择时所需要的信息。全球水伙伴(2000)鉴定了当制定水分配决策的时候水资源管理者应该考虑的三个关键标准：

- 经济效率；
- 社会公平性；
- 环境的可持续性。

根据哪个标准被看做是更重要的，就会更倾向于不同的策略。这里提到的三个标准是非常普遍的，在每个具体的案例中，应该定义实施的标准和水资源系统的目标相一致。水资源系统的分析应该和这些标准联系起来。因此，为了促进决策的制定，水平衡分析不应该只朝向满足需求的范围，也要朝向根据制定决策的相关标准规定的这些需求具有的利益范围。这需要评估农业的产量、生态系统的物品和服务，资金持有者从每个需求部门得到的良好机能的利益。如不仅通过农业对区域经济的贡献，也通过渔业对生态系统贡献。农业给农户提供收入，渔业给渔人提供收入。通过存在的生态系统和整个人口的利益来调节气候。通过水和价值间的连接，能够澄清来自水分配策略的利益。在 Emerton (2004)给出了生态系统物品和服务的经济价值评价的综述。

2.4.9.2 决策的制定

利用不同的水平衡工具来分析水资源管理策略对鉴别标准的影响。这提供了大量的在得分卡上显示最好的信息(参见第 4.4 节并见图 4-11)。这样一个结合了决策制定的所有相关信息的得分卡给出了每个策略的优缺点的一个直观的印象。

在许多案例中，它将迅速变得清楚以至于不存在不理想的决策。同时，一个决策在经济效率上有好的得分，却可能在环境可持续上或其他的方面有坏的得分。标准的权衡将是困难的，因为一个权威机构不能单独做出更受欢迎的决策是什么的决定。通常需要资金持有者的参与和可选择性的协商来找到一个所有人都能接受的解决方案。

水平衡模型是个技术实践，能提供信息但是不能提供一个复杂水资源问题的明确答案，对这些的认识是重要的。

2.4.10 执行水分配

为了执行期望的分配，可利用不同的工具，法律、经济的刺激，水市场和水价格可能是最普通的工具。

Dinar、Rosegrant 和 MeinzenDick (1997)确定了许多能被用来决定更好的水分配执行机制的标准。

- 供给分配中的适应性。由于需求的变化，资源能在利用和利用之间、地方和地方之间转换，以用最少的成本在许多利用之间使边际价值相等成为可能。
- 确定的用户的安全使用期限。用户将采取必要的措施来有效地利用资源，只要有可用的资源储备来满足不可预见的需求安全性且不和适应性相冲突。

• 用户支付的提供资源的真实机会成本。为了使其他需求或外部影响成为主观的。这允许分配来解决无市场价值的环境的利用(如给野生生物提供生境)。这也指导了以最高的选择价值来利用资源进行活动。

• 分配过程的可预言的结果。为了使物化最好的分配且最小化其不确定性(特别对交易成本)。

• 应该通过预期的用户来认识分配过程的公平性。从资源利用到每个潜在的用户中得到平等的机会。

• 政治和公众的可接受性。为的是分配服务价值和目标,并因此在社会中被不同的部门所接受。

• 效率。为了使分配的方式改变现存的不利的情况,如地下水的损耗、水污染,指向获取期望的政策目标的驱动力。

• 行政的可行性和可持续性。为了能执行分配机制,并允许一个连续的和增长的政策影响。

2.4.11 结论

供给和需求的平衡意味着利益的平衡。这个利益的平衡是整合水资源管理的关键。水平衡分析是了解水资源系统和这个系统的影响变化的方法之一。然而,整合水资源管理并不是个产生理想解决方案的技术训练。需要做出选择,且由于涉及不同的利益,常常需要谈判。

第3章　水资源开发与管理的计算分析工具

计算分析工具(如模型、数据库、地理信息系统等)在水资源开发和水资源管理方面的应用对于计算分析本身来说也是一种发展方向。本书的框架仅涉及了一些普遍的理论。本章主要介绍了世界范围内应用的综合水资源管理模型。其中,第3.1节描述了为什么要建立模型,“模型”一词被应用于很多种情况;第3.2节介绍了关于建立模型的不同观点和一些专业术语;第3.3节讨论了一些定量模型的技术细节问题;第3.4节针对具体水资源,再次探讨了水资源系统内的各种控制方法和建模方法,除此之外,该节还介绍了模型在不同领域的应用;第3.5节提出了水资源综合管理模型的一些进展;第3.6节主要介绍了流域模型;第3.7节主要介绍了决策支持系统。

3.1　建立模型的原因

很多情况下,除了需要从定量的角度知道发生了什么之外,我们还需要知道事件进展的程度。对于我们人类来讲,由于系统的复杂性,因此从细节上全部掌握是非常困难的。比较典型的做法是我们对模型进行简化,但是对于一个复杂的系统来说,对全部的属性指标和事件的目标进行量化仍是非常困难甚至是不可能的。对系统的属性、行为和目标进行量化可以采用观测、结算的计算方法或两者的结合。在很多情况下,定量观察资料是不足的,或者由于知识所限,对这些观察资料缺乏合理的阐释。实际的实验不失为获得定量结果的好方法。但是,我们不可能实时地完全控制这些实验,主要原因如下:

- (高)成本;
- 实施或社会风险;
- 受选择所限,不能为实验创造合适的条件;
- 不能针对同样条件的实验进行重复操作;
- 不能中止或者介入实验;
- 观察错误;
- 实验精度;
- 根本没办法进行实验。

在这些情况下,模型可以帮助我们获得深层次的认识。模型可被认为是一个关于真实世界体系的实验室,并使得我们可以概化特定系统的特征,而系统的特征并不能总是通过观察真实的情景来得到研究。通过获得对基本特征具体的认识,可以基于有限的观察做出更为普遍的判断。

3.2　关于建立模型的不同观点

3.2.1　引言

尽管模型的定义被认为是一种为了特定的目的对事实或者部分事实进行理想化的描述,(比如说一个实体或一个事件的状态),这种定义对科学和技术研究来说,却是有用的,并且当人们谈及模型的时候,经常会有不同的观点。模型的共性实际上是为了一个目的而服务的,而且这个目的实际上只是整个真实情况的一个部分。因此,模型通常只能集中在几个很少的方面,而事实上,它们通常受时间和空间的限制。尽管人们关注的问题从系统反应(系统干扰)、系统控制(事件起因)到达成目标或者解决设计的问题而有所不同,但建模的目的通常是为了获得对系统的风险和行为深层次的认识。

模型的另外一个共性是模型所代表的自然界是不完善的。作为典型的事实,由于太复杂而难以在一个模型中被完全地展示出来。为了方便处理,一个模型应该仅包括基本要素,并赋予其他相对不重要的要素较少的重视或者完全排除。对基本要素的这种提取可称之为概化。建模的技巧在于发现一种合适的、明显的并且简单的方法来解决概化的系统,由于这种概化,当涉及到不确定性的应用时(如特征抽取的假设),模型的有效性是受限的。尽管模型看上去有很多共性,但事实上不同的研究人员可以对模型的意义有不同的解释。比如说, GIS 研究人员集中抽取一些实体(如道路、房屋、河流等),以及它们的空间联系(如 x 房间与 N311 道路相邻);对于社会科学研究者来说,他们建立模型的时候,对建立人类和人类行为的关系感兴趣;水资源的工程师主要集中在物理目标方面,因为空间分布的重要性是很小的,如果没有合适的方程式来表述这种物理目标,或者由于太困难或者太昂贵而不能求解该方程式,人们将会应用经验关系来建模及求解。经验经常被应用在形态学模型和侵蚀模型中。

对于水资源模型来说,将一些输入变量(如边界条件等)转化为输出变量(如洪水的概率),这主要视模型应用者的要求来定。在模型的应用中,为了解决模型队列的问题,输入数据和结果数据在模型执行之前和之后都是必需的(见图 3-1)。

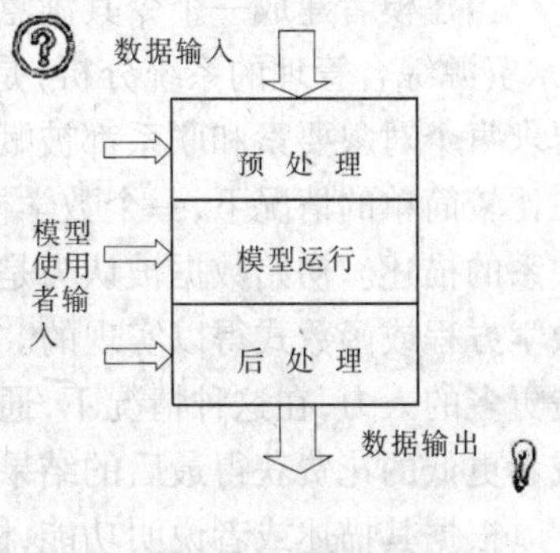

图 3-1　模型的问题从提出到解决

在某些情况(如生态学、社会经济学等)下,系统及其进程太复杂,以至于其描述变得非常困难,尤其是在系统的行为不能用一般的平衡原理,如物理平衡原理(质量平衡原理、能量平衡原理,动力平衡原理)等进行分析的时候。科学家通过对模型的行为进行细致的分析(如利用进化原理或者基于代理的模型),或者通过改变人为对系统直接介入程度的适宜性评价分析,进而对这些主题进行分析。在这些领域,科学家可利用纯数学技术(如统计、回归分析和多变量分析等)。对于水资源综合管理的系统分析领域来说,人们必须清楚地知道概念型(对象)模型和数学模型的区别。

3.2.2 概念型模型(面向对象建模)

面向对象建模者对描述事物特性的抽象概念具有浓烈的兴趣。换言之,面向对象建模的关键在于从真实世界向具有合适定义系统的有效转化。该系统由一系列的要素和联系构成。每个要素代表一个实体,并通过系统间的联系与其他要素发生相互联系。这种系统要素的一个重要特征是分层组织,分层组织主要是针对一些简单的子要素中的某个特定要素的结构而言。当要素代表系统的行为时,对每一个要素进行分层是没有必要的。相反地,通过对其整体性能的测量,较大系统中的个体要素可以被合宜地显示出来。通过这种方式,可以获得在系统重要方面的明显而精确的答案,并同时可以避免对不重要的细节进行精确的处理。见方框 3-1。

方框 3-1

关于对象和联系的例子

一个水处理厂、一段河流、一个富有营养的食物链等均可做为一个特定实体的代表因素。对于这些要素来说,联系可从一个发电厂流向另外一个发电厂并在不同的营养水平之间进行能量的交换。分层组织可在一个由一系列水力发电厂构成的水力发电系统中得到体现。每个水力发电厂均可视为其自身的一个系统,或者是一个大的水力发电系统中的子系统。

典型的面向对象模型主要针对以下要素进行识别:

- 对象及特性(描述物体及状态的变量);
- 对象间的联系(对象或者控制的分层)
- 对象行为(互相联系(响应))

只有利用后面介绍的途径对对象的行为进行细致地划分,对象的行为才能自然地量化,否则就会出现失真的情况(如 A 的增加是 B 的减小所产生的响应)。

3.2.3 数学模型

当建模者建成一个令其满意的系统的概念型模型时,便停止建模,接下来的典型步骤(水资源综合管理的系统分析)是将其转化为数学形式,比如说开发一个数学模型。这就要求每个对象要素和联系都被赋予数学定义。此时,模型转化为一系列数学关系的组合。在比较简单的情况下,一个数学模型实际上是将一系列信息或者数据转化为精确的数学关系的描述。初始数据被认为是输入,结果被认为是输出。这种转化有时是通过精确的数学方程或函数式得以实现的。当函数表达式 $y = f(x)$ 变得越来越复杂,很明显地将花费更多的人力,在这种情况下,通过编写一系列指令或计算机程序可以以更高效、更迅捷或者更低的花费获得最后的结果。

根据其描述或者说明功能,模型间有所区别。描述型模型是通过描述系统的工作方式以理解系统的行为,传统的物理学模型属于该范畴。

3.2.4 模型术语的阐述

为了避免对与模型相关的术语产生误解,《Good Modeling Practice》(Waveren et al.,1999)一书中介绍了相关的术语,如图 3-2 所示。

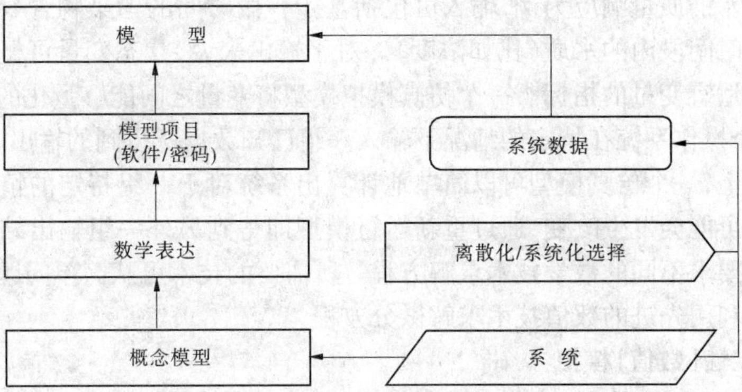

来源：Handbook GMP

图 3-2　与模型相关的习语的解释

在建模的过程中,系统控制的范围在一个概念型模型中得到体现。这种概念通过数学模型得到转化,并通过分析技术或者数值技术得到求解。人们结合数学公式在程序(也就是软件代码)中进行模型求解;若采用数值方法进行求解,系统可细分为更小的一些系统实体,也就是将其在时间上和空间上进行离散化。在过程的响应特性基础上,通过分析时间要素,并采用数值技术和数据进行求解。一般情况下,模型主要是模型程序和系统输入数据的结合。

3.3　建立模型的技术

关于如何建模,已经有很多范例。每一个范例都有其特定的技术范围。水资源综合管理模型的系统分析中应用的典型技术如下:

- 基于解析的仿真技术;
- 基于解析的最优化技术(数学规划);
- 经验技术;
- 数据技术(回归进化技术)。

3.3.1　用以解释系统进程和行为的仿真知识驱动模型

过程仿真模型(也叫做知识驱动模型或者说明型模型)实质上是说明性的模型,并试图解释一个系统的进程和行为。通常,这些模型根据事件发生的时间顺序描述系统的进程,并测试系统在特定的时间间隔内的响应。传统的物理科学模型属于这个范畴。为了描述进程和系统间的相互联系,一些普遍的平衡原理(如质量平衡原理、能量平衡原理、动力平衡原理)被应用,并通过微分或微分方程得以体现。如果不能得到分析性的求解,人们便采用系统动力学或者数值技术来求解这些等式并对子系统或对象的状态或者行为进行仿真,通常采用的方法为确定性方法、随机性方法或者概率论方法。当对基于时间的一系列事件进行仿真的时候,采用中间变量来描述系统在某个特定时间点上的状态。因此,中间变量通常被称为是状态变量。

以分析河水的质量响应为例,输入可包括基于一段时间的污染物含量。状态变量代表河流在某个时间段内的水质(比如浓度)。对于输出来说,状态变量可概化为产生平均水质的条件和适宜变量的指标。一个仿真模拟模型将变量之间能够量化的关系组合在一起,并描述一个操作系统在特定的情况下输入一组已知数据所得到的输出。换言之,在已知方程的基础上,一个仿真模型可以简单地计算出系统对于一组特定的情景的响应。系统所处的情景可能会发生改变,通过重新运行模型即得到另外一组输出结果。不同目标的公式可能会要求不同的数学技术求解方程。所需要的技术可从简单问题或者稳定状态的解析求解到利用先进的数值技术求解微分方程。

3.3.1.1 确定性(数值)模拟

自然进程的确定性模拟模型主要由一组微分方程组成。在这种模型中,操作系统的输出结果可通过模型得到充分的预测,因此模型的精度仅受实际结果的约束。

3.3.1.2 随机模拟

随机模拟模型试图在模型中包含外在的不确定性因素,并充分利用事件的分布概率或者参数值。分布概率是建立在历史数据或者科学家有根据的猜测的基础之上的,结果通常表现为平均值和具有间隔可靠性。最普遍的一个求解随机模型的方法是 Monte Carlo 方法,它要求对模型进行大量的运用。

3.3.1.3 系统动力学

系统动力学是一种特殊的模拟技术。一些系统动力学的范例通过相互影响的反馈回路的聚集来描述事实。通过利用非线性方程和时间延迟,大量的原始数据和信息在系统内流动。当数据不足时,系统动力学的主要工作集中在模型结构方面,并将非常少的工作集中在参数的估计和变量方面。对于大部分的系统动力学模型来说,其主要的目的仍是研究系统长期的行为。

3.3.1.4 细胞式自动机

细胞式自动机是非常简单的处于某种状态下的系统动力学的空间系统。在该种状态下,排列的每个细胞主要取决于细胞在其临近细胞的区域内的先前状态。一种自动转化规则通过迭代决定了细胞的命运。相反的是,对于偏微分方程的古典模型来说,细胞式自动机支持规律化的要素,这些要素在其邻域内允许不连续和间断。细胞式自动机在社会经济和生态系统的行为模型中得以广泛的应用。

3.3.1.5 基于代理的模型

一个代理主要是指利用计算机程序描述一个观测目标系统的角色(这里指利益相关者)。通过对潜在的理论框架(这里指社会心理学)应用一组规律,代理可被赋予感知信号和反应的能力,并作出决策。一个基于代理的模型是一组能够相互影响并能影响环境的自动代理。这种基于代理模型方法的一个例子是由社会心理学发展而来的感知代理方法。感知代理的内部结构由主要的目标和信念组成。当信念代表了代理特定的观点或者世界观时对代理行为的假设,此时,目标是代理要求的特定世界的状态。在说明的帮助下,通过指定每个代理的规则来实现代理属性。这种由此至彼的代理结构是对计划策略和包含副作用的政策措施的一种协调的过程。

3.3.2 优化——数学规划以求得“最优解”

最优化指达到最优的行为。一个最优化模型的输出是对完成特定目标的最好路径的阐述。最优化技术主要用来从一系列清晰定义的可选项中选出最优决策。任何政策上的问题都可以分为三个概念上的要素:政策的对象、为达到目标可行的行为和行为发生的限制条件。最优化模型通常是标准化的(或者是说明性的)、线性的、动态或者静止的。最优化、更为普遍的运筹学以及数学规划技术在决策过程中,尤其是在条件符合的产业(如一个可描述的目标和系统行为清晰的限制条件)中得到广泛的应用。采用最优化时,要求问题能用一个简单的固定的公式来表达:在一定的控制条件下,通过对象的控制决策变量来求解最大值或者最小值。系统的偏离主要取决于路径的选择,并可用术语“花费”来进行表示。对问题以确切的方程进行定义后,通过在适宜的区域内找寻最好的点进行求解。求解取决于对象功能的反响形态、初始状态和采用的搜索策略,并且求解者可发现全局最优。搜索步骤在数学上来讲是极其困难的,因此人们通常线性地简化对象功能和限制条件。除此之外,反馈的信息和动力的缺乏通常需要通过利用最优化工具来简化。最优化的另外一个约束是:在真实的问题中指定对象的功能是非常困难的。对象功能的具体体现为值和参数的选择,但是问题在于是哪个值,谁的变量?无形的变量怎样才能结合到系统功能中?因此,标准化的路径在指定求解问题的公式时便产生了问题,数学结果的限制条件表现为问题的简化。在决定如何控制的时候,一个理想的系统包含以下三个步骤。

(1)对系统进行准确和定量的描述。若一个系统不能对系统内部正在发生的事件进行描述,那么对这个系统进行最优化几乎是没有意义的。因此,对于实际的最优化而言,大部分人都致力于系统的理解及定量描述方法的研究方面。

(2)在决策变量方面,一个系统有效性的单独的指标必须是可表现的。事实上,人们通常得到不重要且简单的指标,或者根本就不可能得到系统有效的指标。

(3)发现决策变量的值并进而对系统的有效性进行优化。在步骤(1)和步骤(2)的基础上,步骤(3)仅仅是一个数学训练。步骤(1)可能已经很接近仿真模型的公式,因为模型需要表现系统的行为。一般来讲,人们采用运筹学技术讨论各种选择(也就是步骤(3)),并最终得到一个最优解。运筹学的主要技术如下:

- 线性规划——LP,利用线性模型;
- 动态规划——DP,利用回归模型;
- 非线性规划——NLP,利用非线性模型;
- 网络规划——NP,利用线性的网络流模型。

不经常用,或者与上述技术一起采用运筹学的技术如下:

- 混合整数规划——MIP,利用0和1合并入离散变量或者控制之内(或之外)的条目,通常结合LP进行应用;
- 二次规划——QP,利用二次的目标函数式及数学最优化技术。

其他基于进化理论的技术也逐渐得到应用(见第3.3.5.5部分数据驱动模型中的遗传算法)

寻求仿真

最终,通过结合描述的仿真模型(非彻底的简化和近似模型),并利用数学规划技术的优势，可识别寻求仿真的路径。通过利用不同的输入和参数多次运行仿真模型，输出结果可描述系统对不同输入和参数的响应。如果仿真模型包括一个对象函数，则对对象的值进行多次运算可产生一个由输出结果形成的表面响应。此时，模型通过结合搜索技术在输出结果所形成的表面响应上寻求就近最优解。

3.3.3 优化与仿真

在水资源管理领域，优化和仿真都是广泛应用的技术。当决定采用哪种技术时，以下几个因素必须得到充分的考虑。优化和仿真模型有一个主要的区别。事实上，人们不应该说仿真与优化模型相对，因为优化模型事实上也是仿真模型的一种，在这种意义上来讲，人们经常描述某个系统的活动。理论上讲，说数学规划仿真（优化）和寻求仿真（仿真）更为确切一些。因为人们越应用最优化，越会应用仿真。一个仿真模型仅仅对某些特定情况下的系统计算其响应输出结果。情况有可能会发生变化，因此系统另外一组的输出结果就可以获得。相反地，最优化模型是通过改变基本的输入来获得一个最优的输出结果。在对寻找仿真和优化（数学规划仿真）模型的有效性进行选择的时候，应该考虑几个因素。每一个优化模型都包括仿真的基本要素。但是，对某个特定的优化模型的限制来说，仿真模型仍可能被包含在内。因此，仿真模型有更多的机会提供更全面、详细和准确的响应。

3.3.4 经验驱动模型

当自然资源的很多进程表示为资源保护模型时，知识或数据不足的情况经常发生。为了解决这个问题，工程学知识也就是所谓的经验模型得到应用。对于以经验模型为基础的领域来说，如泥沙运移和形态学、水文学模型（瞬时单位线模型，Nash），人们经常运用经验驱动模型。

3.3.5 数据驱动模型

对于对数学和统计有强烈兴趣的建模者来说，他们在开始建模时，通常探索能量化的数据并利用信息对重要的对象及其特征和行为进行抽象。这些所谓的数据驱动模型通常建立在对模型进程有限的认识的基础之上，并取决于数据输入和输出特征。除了传统的数学技术，如统计学、多变量分析、回归分析等，这些模型很大程度上借鉴了人工智能技术以获得进程的抽象和概化。数据驱动建模利用各领域交叉的数据整合成果，如人工神经网络、专家系统、模糊逻辑概念、规则推理和机器学习系统等。数据驱动模型经常对物理模型起辅助作用，二者结合的模型为混合模型。

3.3.5.1 传统统计技术和回归技术

统计技术是一组包含诸如多变量分析、统计推论和决策理论等方法论的集合。这些方法从本质上讲是描述性的。尽管如此，在涉及到选择合适要素、数据和功能以描述一个系统时，在决策意义上，很多技术仍然具有说明性的特征。多变量分析技术，包括因素、基本组成部分和判别分析等，已经在水资源规划领域得到非常广泛的应用，主要体现为描述流域或水体的水文学现象或者径流问题。

数据驱动模型纯粹是建立在输入变量 x 和输出变量 y 的关系的基础上的，而不是建立在 x 和 y 的关系上的。回归模型是一个简单的数据驱动模型的例子。一个线性回归模型的系数在现有数据的基础上确定，然后对独立的输入变量给出一个新的值，并进而对输出给出一个近似值。

3.3.5.2 人工智能技术

更为复杂的数据驱动模型是非线性的，并允许更多的输入和输出。模型需要大量的历史数据以进行训练，如果训练合适，它们不仅能非常接近任何一个给予的函数，还能对其进行概化，并对先前不可见的输入提供正确的输出。对于人工神经网络来说，更多的参数需要训练，但是即便如此，它仍可能造成一个非线性的多变量的关系。除函数逼近和回归分析外，数据驱动技术，在解决分类问题方面得到了广泛的应用。其学习方法经常结合自组织特征，对现有的输入数据发现其未知的规律及有意义的分类。监督学习可使得训练者能够将新数据归纳到已知的分类中。

3.3.5.3 复杂自适应系统

复杂自适应系统包含一系列的作用，并考虑到系统的变化及对系统的组成部分进行组织以使自己适应周身环境所提出的问题。因为其路径主要针对描述结构和动力变化，所以利用这类模型进行预测并不是主要目的。它有可能对复杂非线性系统的行为提供深层次的认识。

3.3.5.4 人工神经网络

人工神经网络(ANN)，主要是一种通过模仿生物神经元的工作方式和连通来粗略地复制人脑行为的信息处理系统。从数学的角度出发，ANN 是一个复杂的具有很多可调节、可校准或训练的参数非线性方程，并通过这些方程，ANN 的输出和已知数据的输出是相似的。ANN 依赖于网络的结构，通常来讲，一系列神经元的权系数不断被调节以适应一系列输入对其他系列输出的关系。当某个神经元的权重得到更新时，我们说神经元在学习。训练的过程即是神经网络学习的过程。一旦训练被执行，确认是非常迅速的。因为连接权重与其他物理特性无关，其途径可视为一个黑箱模型。ANN 的适应性、可靠性和鲁棒性取决于数据组的来源、范围、数量和质量。训练有效性的范围对于神经网络模型的应用具有非常重要的作用。对于网络没有得到的情况来说，如训练系统超出范围或者超过负荷，此时训练应该中止。如果水资源系统发生了改变，系统将不得不对一个新的训练组重新进行训练。

3.3.5.5 遗传算法

遗传算法是一种通过对自然选择和遗传进行模拟的随机搜索的算法。遗传算法通过选择大量的可能决策变量，并将其应用在一个仿真模型中以产生一组新的决策变量。每一组决策变量都称之为独立结构。每一个新的独立结构通过结合那些最有可能成功的变量(这个过程叫做杂交)再次产生新的决策变量。这个算法使得大量的个体通过特定的选择规律得到进化。每个个体结构都被分配了一个等级，称之为“适宜度”。最适宜的个体被保留，并淘汰其他的个体。经过大量的反复训练，该方法将收敛于最优解，但是，不能保证该最优解是全局最优的。

3.3.5.6 遗传程序设计

遗传程序设计是另外一种基于基因突变和杂交的进化理论的数据驱动搜索方法。但是,它的目标却起源于一个可靠的可以用来解释和分析系统进程风险的数学等式。

3.3.5.7 数据挖掘

数据挖掘面向大数据组的变量,并发现其类型和依赖性。在与水资源相关的水质水平、水质浓度和排放量等方面,数据挖掘技术可以成功地用来对数据进行分析。从这种意义上来讲,所谓的数据驱动系统可以建立并作为物理模型的补充或替代。数据挖掘技术将多种具有悠久历史的方法融合在一起,其在20世纪70年代和80年代被视为是数据分析(统计的高级方法,自动分类和自动识别)的一个部分。其他数据处理方法逐渐被添加进来,如人工神经网络和一定程度的模糊逻辑、非线性动力学(噪音理论)等。在20世纪80年代末期和90年代早期,数据分析已经被广泛地认为是数据挖掘了。建立在小波理论基础上的数据分析技术也被包含在数据挖掘技术中。数据挖掘技术经常作为数据库中的知识发现(KDD)的一个较大的部分被提及。数据挖掘和KDD的重要的应用是在银行,金融服务和市场营销中。

3.3.5.8 模糊逻辑

模糊逻辑基本上是一个允许在传统变量,如在是否之间、对错之间、黑白之间等进行定义的多值逻辑。布尔逻辑现在被用在进一步地处理片面真理的概念上,也就是说当真相介于绝对真实(1)和绝对错误(0)之间的时候。比如说,在语言学上,片面真理在表达"不是太对"、"或多或少的错了"、"相当热、相当冷"方面具有意义。模糊逻辑的途径通常是一种用来处理具备不确定性和不精确信息的复杂系统的更好的工具。尽管如此,我们仍要区别由于随机所导致的不确定性和由信息的不精确所导致的不确定性。不精确性是系统缺乏明显的边界和精确的信息,而随机性是针对事件本身的发生而言的。模糊逻辑的一个重要的应用是系统控制。与传统的控制者不同,模糊逻辑工作者采用专业知识而不是微分方程来描述一个系统。这种知识可以通过语言变量非常自然的表达,而语言变量则通过一组逻辑得到表达。

逻辑控制技术是有用的:

- 可用于没有简单数学模型的复杂系统;
- 高度非线性的过程;
- 如果专家知识的处理得到执行,模糊逻辑的运用不再是一个好的主意;
- 传统的控制理论产生一个令人满意的结果;
- 已经存在一个容易解决的和充分的数据模型;
- 问题没办法得到解决。

模糊逻辑另一个广泛的应用场所是在水资源领域(居住地)的适宜性评价,在该评价中,住所、食物、网络等因素决定了某些特定物种而言的生态系统适宜度。

3.3.6 其他建模技术

3.3.6.1 概率论技术

概率论技术是包含并建立在一些采用确切的随机参数来描述随机系统元素的基本技术之上的。它几乎包含了系统随机方面采用的全部说明性技术。概率论技术中重要的理论包括排队论、库存论、以及与排队论和库存论相联系的理论。这些研究与服务和库存的决策紧密联系。排队理论是严格的描述性理论;它并不产生决策的解决方案,相反地,通过预测(比如说等待意味着不同的进程是变化的)为信息决策提供所需要的重要信息。通常排队模型结合最优化方法并利用仿真搜索路径。这些技术的结合是说明性的。许多水库问题可被视为是库存问题,其中的很多已经通过综合各种技术得以解决。

3.3.6.2 计量经济学

计量经济学倾向于考虑联立方程、线性关系、很多外生变量和可视统计等。在确定模型参数方面,历史数据有非常大的局限性,因此人们将较少的时间花费在概化模型结构方面。模型的结构受数学条件及其评价步骤的制约。模型的有效性是通过一系列统计进行评价的。大部分计量经济学模型的目的是为近期内的经济变量提供精确的预报。

3.4 模型的系统领域和应用领域

3.4.1 水资源系统的分解

图3-3阐述了水资源领域一般框架中的分解。这类框架的水资源分解主要在于识别系统内相互影响的要素之间的明显分界面。建立在可定义的交互作用上,仿真模型可与其联系以开发复杂的综合管理系统。分解是以水资源综合管理的物理特性做为起始点的。综合水资源管理的物理特性包含水文循环模型的描述。一个独立的系统可分为:人、大气、土地和水几个子系统,每个子系统有其独自的进程。信息或相互作用的转化在其间发生。土地系统可进一步地被划分为一个饱和带、非饱和带和陆地生态系统。水系统可进一步划分为地表水和水生生态系统。

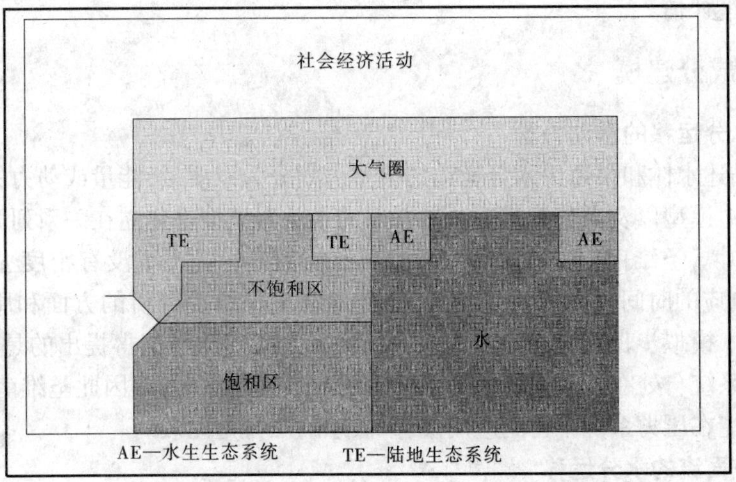

图3-3 水资源综合管理建模的分解领域

水和物质的自然循环在水资源管理的物理途径中起着中心的作用。在该循环内,敞水、大气、土壤的生态区域代表了相互间有水交换的实体。地表水和大气之间以雨水和蒸发的形式进行水的交换,与此同时敞水和土壤组分通过渗透和渗流进行水和物质的交换。

水资源综合管理模型的规划是多种多样的,因为对于水分运移、水质、形态学、生态学、经济学和用户功能等的规划是不同的。每个规划都描述了一种物理事实。

- 自然资源系统——水体与渠道系统:
- ·在开放或封闭系统中的水动力运移、坡面漫流、水量分配、水文学路径;
- ·溶解物和沉积物的传输;
- ·形态学;
- ·水质和化学处理;
- ·水生生态系统。
- 自然资源系统——基于土地的系统:
- ·地下水(饱和带);
- ·非饱和带;
- ·降雨-径流;
- ·陆地生态系统;
- ·排放(污染);
- ·侵蚀。
- 社会经济系统的社会经济学行为和(经济)账目:
- ·压力释放和水需求;
- ·经济政策手段(水价和恢复成本);
- ·社会经济的增长和发展;
- ·方案评价和财政评估;
- ·投入-产出评估;
- ·多标准评估。

3.4.2 水成分建模

3.4.2.1 水分运移的水动力学

通常,描述水体和渠道中水分运动的模型可划分为以质量、能量或动力的平衡规律为基础的水动力模型以及水分配模型。最普遍的水动力模型是建立在一系列微分方程的基础上的,比如说,圣维南(St. Venant)一维微分方程(单层表于没有密度上的差别的水体)。系统响应的时间幅度可从秒到天,部分地取决于所要分析的方面和所包含细节的进程和水平。模拟步长的时间间隔也可从秒到天之间变化。值得提出的是,处在压力状态下封闭的系统与处在开放空气压力下的系统的表现是不同的,因此圣维南(St. Venant)微分方程不能在压力系统中得到应用,因为假想的压力是无效的。

3.4.2.2 坡面流的水分运移

坡面流,是从干旱地带流向湿润的地表的一种现象。在这种现象中,需要用另外一种方法求解平衡原理方程并获得稳定的数值结果。

3.4.2.3 水分运移的分配

水分配模型是典型的半静态或准静态的水平衡模型。分配算法不考虑运移时间,因为模型主要建立在水分从开始到最后所有运移时间的总和。实际上,一滴水运移的全部时间是小于仿真模型中的时间间隔的。系统响应时间通常是中间变量(天、周、月),部分地取决于所要分析的方面和所包含细节的进程和水平。模拟步长的时间间隔可从秒到天之间变化。

3.4.2.4 水分运移的水文学路径

很多情况下,原始数据的数量和类型并不符合利用圣维南(St. Venant)微分方程建立水分运移模型的要求。在这些情况下,流速及流量的传播是利用水文学路径的方法进行建模的。通常,水库路径(水库的波浪路径)、具有开放的渠道路径(利用 Muskingum 方法)和运动学路径是有不同的。

3.4.2.5 传输

溶解物和悬浮物的传输进程与水运移的进程有着密切的联系。通常,水运移的进程可延伸到水平对流的扩散要素。描述悬浮物的传输是水质模型中的一个重要组成部分,与此同时,形态也是重要的处理部分,比如说,淤泥颗粒的传输。

3.4.2.6 形态

形态演变,比如泥沙传输、沉积和河床侵蚀与流速有着密切的关系。因此,它们在链(如水位、运输、速度和形态)的末端建模,描述不确定性因素对这些链产生的全部后果。通常来讲,这些进程通常有一个比较慢的响应,并对仿真的范围要求较长的时间。形态演变进程模型与水运移进程模型紧密相关。传统地,进程描述通常有强烈的经验背景。近年来,关于分界面的新的领域已经出现,如经济形态学(经济学和形态学)和地形形态学(地形和形态学)。

3.4.2.7 水质进程

水质模型是化学物传输进程和生物反应进程的结合模型,在此模型内,一种物质可转化为另外一种物质。除了水质进程之外,水体的质量也取决于水体本身的水、淤泥运移以及来自陆地、人类和大气的排放物。

3.4.2.8 水生生态系统进程

水生生态系统进程模型与水质的关系就像事物对消费者的关系一样。某些情况下,整个食物网络可以为水生生态模型提供基础。

3.4.3 陆地组成的建模

3.4.3.1 地下水(饱和带)

地下水进程是建立在物理平衡原理(达西定律及连续性)上的典型的仿真系统。解不同的方程,数学方法(有限差分法、有限元法、解析法)和边界条件是不同的。与地表水运移相比,由于土壤的阻力,地下水系统的响应时间是相当慢的。

3.4.3.2 非饱和带

非饱和带的进程原理与在饱和带是一样的,即达西定律、连续性及理查德方程。尽管如此,用以描述非饱和带的模型所利用的这些等式方程通常采用集约化的资源数据或者计算,当问题存在不确定时,并不能总是要求太过细化的水平。因此,另外一些途径也被研究,如似稳态概念(将底部分为不同的间隔)、简单的质量平衡模型,其中后者利用两个“桶”分别代表上部和内部底部。除了土壤水分外,这些模型一般包含土壤蒸腾蒸发和中途拦截。

3.4.3.3 降雨(径流)

降雨径流的建模与普通的方法几乎没有共同之处。降雨径流的建模部分源于集水系统(城市、低地、上游集水区)的多样性、可获得的数据和模型目标(如洪水模型、连续流(底流)模型等)。各种模型的求解途径,如经验法(回归法)、概念法(单位水位线、Nash、Sacramento、HBV)和物理法(SHE 模型)等可以在离散化(集中模型、分布模型和半分布模型)的范围内应用。降水模型可将与一个非饱和带、地下水(基流)、坡面流和开放的渠道路径相关的进程联系到一起。

3.4.3.4 面源污染

除水文学要素之外,其他与地面水相关的进程,如面源污染模型也得到研究。该类模型可从简单的概念型模型到详细的寻求物质传输和反应的进程描述,在后者中,物质被传输到水体或者饱和带中。

3.4.3.5 侵蚀

在世界上的很多区域,对于肥沃的土地资源来说,土壤侵蚀是一个严重的威胁。土壤侵蚀模型实际上是简单的和基于经验的模型。通常,土壤侵蚀模型可由两个部分组成:源侵蚀(产生阶段)和传输侵蚀(传输阶段)。测定土壤侵蚀最普遍的方法是普遍土壤损失方程(USLE)。在传输侵蚀中典型的应用是对传输比率(用来计算可能流过的水量)、坡度和集水区下游物质沉积的可能性进行计算。

3.4.3.6 陆地生态

陆地生态是应用一系列建模方法的另外一个领域。当今最流行的似乎是对人类居住条件、饮食情况和适宜性区域(居住网络)分布的适宜性评价方法的研究。这些方法,通常在模糊的基础上,对一个建立在各种随时间变化的情景下(如水动力流,PH、BOD 等)的自然资源系统的组合吸引性进行评价。

3.4.4 社会经济学模型的行为和财政评估

3.4.4.1 压力释放和水需求

关于社会经济学模型,人们的看法很多。一个普遍的最符合与传统物理学模型相联系的途径是压力评价。比如说,将污染物荷载或者水需求作为系统的输出,潜在的压力为人类活动,如受土地利用类型的影响及人口增长和经济发展等因素影响的住房供给、工业、农业和商业活动等。应用最直接的计算方法是单位系数法,也就是说系统行为的单位系数代表了系统的规模。这种方法之所以广泛的应用是因为输入数据相对容易获得(由统计局获得活动的规模,由专家判断或者著作中获得单位系数)。

3.4.4.2 经济政策手段——水价和成本补偿的会计制度

另外一个问题是对水价,即对(家庭)用水或者污染物排放进行收费等经济措施的影响评价。在经济学范例中,人们采用弹性价格和供需平衡以获得更为精确的单位系数,并与价格政策相联系。由于关于弹性价格的信息比较难获得,因此实际的应用仅局限在很少的几个学术研究案例中。现今,研究已经由水价措施向成本补偿转移(比如说,受欧盟水资源框架指令激励),并向会计制度方向发展,这就在产生新的见解的时候也产生了问题:为了什么目的而支付?谁在支付?支付了多少?

3.4.4.3 社会经济的趋势——增长和发展促进资源需求

社会经济的趋势促进了对(水)资源的需求和污染物的产生。因此,对于流域规划来说,对过去趋势和目前的经济情况的评价是重要的。尽管如此,在说明不同经济部门的宏观经济联系时,水资源建模者很少建立或应用模型来计算某个区域的经济的发展或人口的增长。更为普遍的是应用现有的发展情景(如美国(世界银行))。在极少的情况下,基础设施规划和社会经济活动被考虑进去,以掌握更多的对水资源系统的外部驱动因素。

3.4.4.4 对象评价和财政评估

为了规划和设计,人们经常建立模型。在一些情况下,财政数字占据了重要的地位。因此,在涉及到投资和资金预算时,模型(会计学工具)经常被用来联系干涉属性和财政影响。有时,操作(如抽水)和维修费用也包含在评价中。

3.4.4.5 成本-效益评价

成本-效益评价是另外一种评价,在该评价中,模型(会计工具)被用来实现从物理系统响应(尤其是货币)到绩效指示器的转换。典型的应用领域是建立在洪水水位和洪水频率基础上的对减少的洪水灾害的评估,以及对由于缺水状况和水力发电所导致的粮食减产的评估。

3.4.4.6 多标准评价

尽管成本-效益评价主要集中在系统响应的经济学影响评价方面,但是并不是所有的响应都能用货币的形式表达出来。典型的例子如健康、风景和生态等。一系列被叫做多标准评价的方法被用来解决这些问题。这些方法的共性是它们试图将所有的影响综合到一个单独的绩效指示器中,比如说,对不同类型的指标分配给不同的权重。

3.4.5 应用领域

在水资源领域,模型被用来解决不同的问题,典型地,这些应用的领域可被分为以下几个部分:

- (战略)规划和政策分析;
- 操作管理;
- 工程设计;
- 科学(研究)。

典型的战略规划应用是致力于从几年到30年或者50年的规划问题。应用领域有洪水和洪水预防管理、水资源规划和分配、土地及土地利用、生态(地形)形态学等。虽然最优化技术在世界上的某些地方也有广泛的应用,但是大部分应用都是建立在仿真技术之上的。由于很多应用领域常常要求没有十分清晰定义的目标,因此对于采用最优化技术来讲,并不总是适宜的。

操作管理的时间水平往往从秒到年(最大)之间变化。这种类型的应用经常是真实的时间模型。也就是说,在该领域测量的基础上,人们不断地更新模型的状态,并在可干扰和控制的干涉的基础之上,预测系统将来的状态。典型的应用是早期洪水和干旱预警系统、灾害预警系统和可控制的操作系统等。其中,可控制的操作系统是通过对水资源系统的基础设施进行控制,从而干预(将来的)系统状态。除了仿真技术之外,数据驱动模型技术在预报系统中也是非常重要的，但是该技术不能对人类活动的干涉进行评价（如早期的预警系统）。在可控制的操作系统中，最优化技术是用来测定最优干涉的有用工具。因为可控制操作系统的目标在限制的解决领域内有可能被清晰的定义，并使得该研究领域变得更加可行。

工程和设计是应用最久的技术之一。它们的典型目的是在给定的设计条件和对象下，对（基础设施）系统进行优化。如，水资源系统的设计、水库的设计和操作控制规律等。这类应用是建立在最优化技术和操作研究技术之上的，因为系统的目标和限制条件都能被很好的定义。

科学和研究主要是面向更深层次的系统行为。它们事实上更为复杂，并在应用中几乎没有说明和指导，也就是说仅仅是针对专家（有时候是开发者）的。

3.5 影响预测和影响评价的模型开发

由于计算机技术的发展，各种各样的水资源仿真和优化模型的发展以及数据库和友好的人机交互界面的发展，规划的发展在过去的几十年已经经历了一个显著的变化。当今的规划极大地依靠基于计算机的影响预测模型。这些模型在满足规划和管理对象要求的选择中起辅助的鉴定和评价作用。在可选择的设计和操作政策下，这些模型为分析时空数据提供了一个有效的方法，以预测流域内各要素的随时间和空间变化的干涉和影响。

很多系统分析方法和模型一直是规划和管理进程的核心。模型的有效性直接取决于数据的质量和应用的模型本身。模型能进行不同程度的辅助设计和管理。一些模型被用于早期可选择方案和政策的放映，因为这种模型不需要主要数据的收集工作。放映模型也可以被用来估计决策中的某些数据的重要性，因此可以帮助指导额外数据的收集活动。对于规划和频谱管理的末期来说，更多细节化的模型可以被用来进行工程设计。这些更复杂的数据要求更详细的数据并对目标提出了更高的要求。模型技术的整体对规划和管理模型中的社会政治要素进行处理，并因此提高其进程，这对规划和设计的建模者来说仍是一个主要的挑战。在通用的交互式规划或者“壳”中，感兴趣的投资者可以介入系统，并在要求的细节水平之下进入他们的数据和操作规律，并进行仿真及发现假定选择和操作规律的影响。而目前在很多案例中，为建立及应用交互式规划或者“壳”所做的研究已经帮助这些投资者创造了一种共识。利益相关者及其交互式数据驱动模型介入到开发和实验中已经成为建立一个共识的有效途径。

共享模型

共享规划包含很多有争议性的管理。每个利益相关者、对其感兴趣的团体都有其各自的目标、兴趣和代理。其中的一些可能是冲突的。规划和管理进程是一种折中和协调，这可能会花费一些时间，但是却能充分考虑大部分参与者的决议。模型能够辅助人们在不同的利益相关者之间达成共识，尤其是当利益相关者参与到模型进程中的时候，是极有可能实现的。包含有利益相关者的模型可以达成很多事情，比如说使利益相关者有一种所有权的感受，并可以使他们更加清楚地了解他们的模型能够做什么、不能够做什么，并知道建造他们模型的假设。利益相关者参与联合模型的训练是一种了解各种假设方案的影响的方法。即便利益相关者不能在最好的假设方案方面达成共识,他们也可以认识到哪些假设方案是不好的。除此之外,众多利益相关者参与的模型发展的进程将会产生探讨,这些探讨将使得每个人的兴趣和关注的事情得到更好的理解。即便不能达到一个更好的理解,至少也能达成关于其系统如何运作的共识。

3.6 流域模型

3.6.1 模型合成

在实际应用中,每个被研究的模型要素都可以被合成到一个流域系统的模型中。一个这样的河流系统连同其感兴趣的利益相关者见图 1-7。对流域建模的第一个任务是为了确立实际和潜在的系统要素以及它们的相互依赖性。通过绘制某一特定细节下的系统示意图,任务可以变得简单。该特定细节着重于正在被讨论的主题和这些利益相关者所关注的方面。流域的示意图见图 3-4。无流域的示意图见图 3-5。

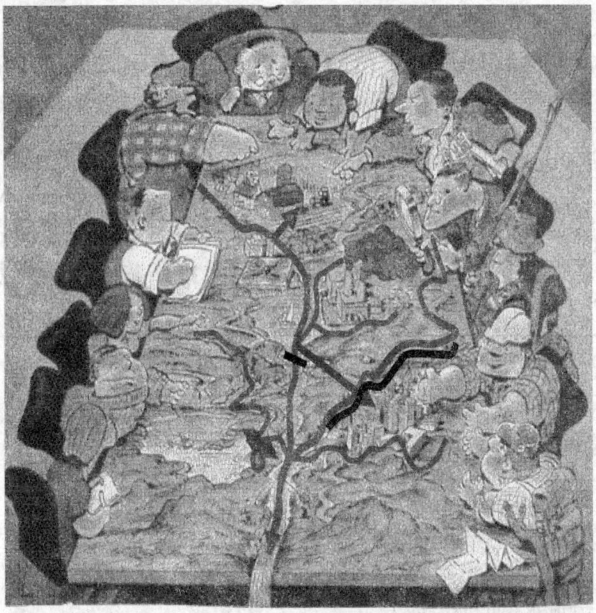

图 3-4 流域要素及其相互依赖性示意图

对于每个重要点的站点序号必须被指定。这些站点通常是需要做出决策的地方。质量平衡和其他限制条件在每一个站点都是需要的。如示意图 3-5 所示,该河流有一个流速流量测点、位于站点③和站点⑤的两个水库,位于站点②和站点③的两个引水渠、位于站点⑤的水力发电厂和位于站点④的以帮助市区抵御洪水的一个防洪堤。位于站点⑤的水库是抽水蓄能设施。位于站点③的上游水库用于娱乐、供水和蓄洪。下游的水库仅仅用于发电。在为该河流建立模型之前,模型中时间段的数量、每个年内时间段的长度都应该被确定。如果河流系统的水库对年际储水进行分配,称之为年际蓄水,此时,几年内的时间段都应该被包含在模型中。这使得丰水枯用。很多水库仅进行年内调节,本节仅针

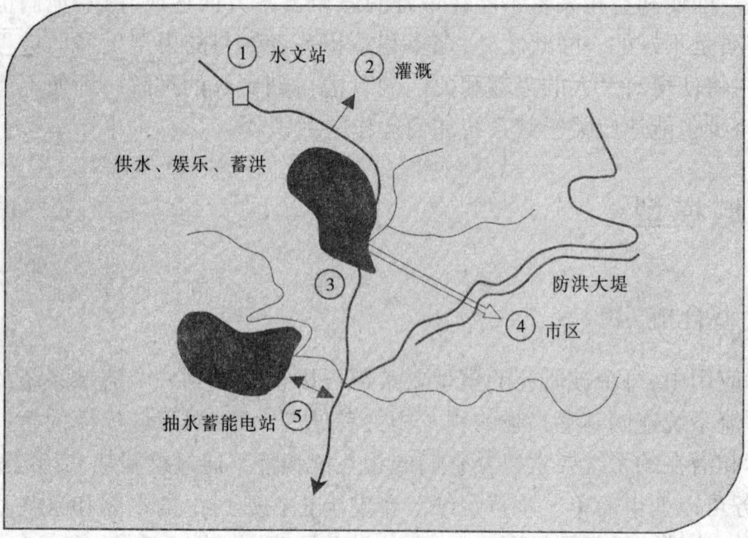

图 3-5　指定站点的河流系统要素示意图

对年内调节的水库。对于年内调节系统的模型来说，一年被划分为很多时间段。如前所述时间段的数目和每个时间段的长度取决于水文条件、水需求和特定对象的变化。

3.6.2　利用最优化求解模型

一旦时间段的数目和长度确定，每个站点的变量和函数必须被命名。为了方便起见，命名应该容易记住。命名例子见表 3-1。经济效益对象函数及要素的定义见表 3-2。

表 3-1　每个站点相关变量和函数名

站点	变量和参数的设计和操作
所有站点 s 和时间周期 t	自然的水流流动，基于在站点①的测量点流动，$Q^s(t)$
站点②	灌溉分配，$X^2(t)$ 针对所有周期 t； 每年灌溉目标的分配，T^2； 每个周期 t 已知的年灌溉目标的需求量，t^2； 分流水道的灌溉能力，X^2
站点③	每个周期 t 内的变动的初始储存容积，$S^3(t)$； 固定的储存容积，$K_d{}^3$； 每个周期 t 内水库向下游的释放量，$R^3(t)$； 娱乐的储存容积目标，T^3； 每个周期 t 的缺乏和盈余储存容积，$D^3(t)$ 和 $E^3(t)$； 洪水储存容积的能力大小，$K_f{}^3$； 水库总的储存容积的能力大小，K^3； 每个周期 t 内城市的分流，$X^3(t)$； 分流能力，X^3

续表 3-1

站点	变量和参数的设计和操作
站点④	运河洪水的流动能力,Q^4; 水供给的目标,T^4; 每个周期 t 内每年水供给目标中的已知的部分,t^4
站点⑤	每个周期 t 内变动的初始储存容积,$S^5(t)$; 固定的储存容积$K_D{}^5$; 每个周期 t 内通过涡轮水库释水量 $QO^5(t)$; 每个周期 t 内水用泵抽回到水库的水量 $QI^5(t)$; 每个周期 t 内的能量生产,$EP^5(t)$; 每个周期 t 内的能量消耗,$EC^5(t)$; 水库总的储存能力,K^5; 水电站(泵)的能力,P^5; 每个周期 t 内的储存水平的功能,$h(S^5(t))$; 每个周期 t 内的平均储存水平,$H^5(t)$

表 3-2　经济效益(净效益)最大化和目标组成

站点②	$NB^2 = IrrBenefit^2(T^2)\,Cost_D(X^2)$
站点③	$NB^3 = RecBenefit^3(T^3)\sum_t[LD^3(D^3(t)+LE^3(E^3(t)]+FBenefit^3(K_f{}^3)-Cost_K^3(K^3)$
站点④	$NB^4 = DivBenefit^4(T^4)\sum_t[LD^4(D^4(t)]+FBenefit^4(Q^4)-Cost_Q(Q^4)-Cost_D(X^4)$
站点⑤	$NB^5 = EnergyBenefit^5(EP^5(t))-EnergyCost^5(EC^5(t))-Cost_P{}^5(P^5)-Cost_K^5(K^5)$

表 3-2 所示的目标要素为经济目标效益。LD 为分配不足函数,LE 为损失函数与过剩相联系。这些函数和其他函数(其定义应该是不证自明的)也应该被了解。毫无疑问地,其他目标构成的函数也应该被定义。这些目标是为阐述一个河流系统是怎样构建而服务的。整体目标可能是其他各目标权重的结合,如

$$\text{Maximize}\sum_s w_s NB^s$$

这个目标函数并没有界定每个利益相关者能受益和付出多少。而是涉及了受益者及收益了多少,付出者及付出了多少。如果能知道每个站点分配给每个利益相关者 i 的净效益 NB_i^s,以及占总的净收入分配比例 s,那么 NB^s 便被包含在这个求最大的函数 $\text{Maximize}\sum_i w_i \sum_s NB_i^s$ 中。

其中,s 解决了权重的问题,w_s 或者 w_i 有利于区别有不同争议的目标或者利益相关者利益的权衡问题。模型的下一个步骤是在每个站点定义边界条件。从河流的最上游站点或者下游站点开始工作是非常方便的。附加变量或者附加函数也需要命名。这些限制条件将决策变量联系到一起并确定系统成分的相互依赖性。在这个例子中(见方框 3-2),上述目标方程界定了这个河流模型的一般结构。在模型被解决和实际函数被定义之前,若采用线性最优化的方法进行求解,模型必须转化为分段线性的。定义函数的过程中将有可能对模型添加其他变量和限制条件。对于位于不同时段 t 内的 T,每年的静止模型包

含在$14T+8$到$16T+5$之间,取决于灌溉季节和娱乐季节的时间分段数。这个时间分段数并不包括那些额外的为函数或者目标函数的限制条件的分段数。尽管模型是复杂的,或者说即便是一个相对简单的模型,也是通过线性算法进行求解的,因为非线性或动态规划(最优化)方法太难以至于不能被实施。见方框3-2。

方框3-2

站点①:不需要限制条件。

站点②:

- 在该站引水量$X^2(t)$不能超过流量$Q^2(t)$,有

$$Q^2(t) \geqslant X^2(t) \quad (\forall t \text{ 在灌溉季节})$$

- 引水量$X^2(t)$不能超出引水渠道容量X^2,有

$$X^2 \geqslant X^2(t) \quad (\forall t)$$

- 引水量$X^2(t)$必须满足灌溉目标的要求$\delta_t^2 T^2$,则有

$$X^2(t) \geqslant \delta_t^2 T^2 \quad (\forall t)$$

站点③:

- 容量或连续性遵守质量平衡,假设没有损失,则

$$S^3(t+1) = S^3(t) + Q^3(t) - X^3(t) - R^3(t) \quad (\forall t, T+1=1)$$

- 相对于娱乐目标T^3来说,定义储量不足为$D^3(t)$,储量超出为$E^3(t)$,有

$$S^3(t) = T^3 - D^3(t) + E^3(t) \quad (\forall t \text{ 在娱乐季节及其后季节})$$

- 引水量$X^3(t)$不能超出渠道容量X^3,有

$$X^3(t) \leqslant X^3 \quad (\forall t)$$

- 水库库容限制死库容$K^3{}_D$和洪水库容$K^3{}_F$,有

$$S^3(t) \leqslant K^3 - K_D{}^3 - K_F^3 \quad (\forall t \text{ 在洪水季节及其后季节})$$

$$S^3(t) \leqslant K^3 - K^3{}_D \quad (\text{对于其他时段})$$

站点④:

- 从站点③定义不足引水量为$D^4(t)$,并与目标联系,$\delta_t^4 T^4$,如果

$$X^3(t) = \delta_t^4 T^4 - D^4(t) \quad (\forall t)$$

- 对于特定回归时段T,河道容量Q^4,对于最大洪水径流$PQ_T{}^4$,有

$$Q^4 \geqslant P\,Q_T{}^4$$

站点⑤:

- 抽水量是连续的,包括入流量$QI^5(t)$和出流量$QO^5(t)$,并假设没有损失,则有

$$S^5(t+1) = S^5(t) + QI^5(t) - QO^5(t) \quad (\forall t)$$

- 有效库容包括死库容$K_D{}^5$,有

$$S^5(t) \leqslant K^5 - K_D{}^5 \quad (\forall t)$$

- 入流量不能超出取水口的可供水量(包括上游水库的泄水量$R^3(t)$和增加水量$Q^5(t)-Q^3(t)$,有

$$QI^5(t) \leqslant Q^5(t) - Q^3(t) + R^3(t) \quad (\forall t)$$

- 定义产生的能量为$EP^5(t)$,给定平均蓄水位为$H(t)$,涡轮流量为$QO^5(t)$和效率为e,有

$$EP^5(t) = (\text{const.})(H(t))(QO^5(t))e \quad (\forall t)$$

- 定义消耗的能量为$EC^5(t)$,给定抽取水量为$QI^5(t)$时,有

$$EC^5(t) = (\text{const.})(H(t))(Q^5I(t))/e \quad (\forall t)$$

- 产生的能量为$EP^5(t)$和消耗的能量为$EC^5(t)$,限制发电厂的发电能力为P^5,有

$$EP^5(t) \leqslant P^5(t \text{ 时段内用以发电的时间}) \quad (\forall t)$$

$$EC^5(t) \leqslant P^5(t \text{ 时段内用以抽水的时间}) \quad (\forall t)$$

- 在蓄水位函数$h(S^5(t)$的基础上定义平均蓄水位$H^5(t)$,有

$$H^5(t) = (h(S^5(t+1)) + h(S^5(t))/2 \quad (\forall t)$$

建立一个典型年的模型。在某些情况下,在这个模型框架中,将年际模型和质量平衡定律相结合将会使得模型更加适宜,产生它们各自的可靠性。源自河流系统最优化模型的信息,比如事实上,这并不是一个最后的结果,而仅仅是一系列系统设计的暗示和需要利用更多分析结果进行分析的操作政策。优化模型仅是消除较劣的选择而不能发现利益相关者所接受的最好的解决办法。

3.6.3 利用仿真求解模型

一个仿真模型的建立是基于水平衡方程和所给的约束条件的。在仿真的过程中,模型在多个决策(如转移决策的确定)值中确定具体的数值。这个最优值的确定要通过敏感性分析,即通过比较变量发生不同变化时模型输出量变化的大小来确定这些变量的取值。因此,仿真其实是一个"试错"方法。一个系统构成简单的仿真模型如图 3-5 所示,它可以用一个电子制表软件来进行改进。更为复杂的系统可以用如 RIBASIM (WL|Delft Hydraulics, 2004), MIKE BASIN(DHI, 2003)和 WEAP-21 (SEI, 2001)等专门用于模拟流域规划的计算机软件来进行仿真。仿真模型是一种建立在各节点之间相互联系的基础上并由包含这些节点的图示化程序所组成的模型,而上述这些流域仿真软件支持仿真模型的拓展。模型中的节点代表着水库、大坝、堰、井、水电站、用水点、水流输入点、人工或自然的水流分叉点、人工湖等。水流在各个节点之间流动,所以通过节点和它们之间的链接所构成的网络就可以很好地表示流域特征,而这对于流域规划和问题的解决具有重要的意义。可以对于所建立的网络进行调整,使其得以提供研究所需要的时间和空间上的细节。

整个流域可以通过由矢量图和栅格图的叠加所形成网络图来得以表示。图 3-6 给出了图 1-7 所示的简单流域系统的基于 RIBASIM 的网络图。

在每一个时间段,水量平衡方程由两个阶段组成:①目标建立阶段,在这一阶段,水的需求量是确定的(由具体的有关灌溉、DMI 等的模型确定,或直接由流量和泄洪量确定),计算地表水库的泄水量、含水层的出水量、堰与井点的分流量等;②水量分配阶段,在这一阶段,根据各个用户用水要求、供应条件和分水规则(如用水优先权)将水量逐一分配至用户。

降水量分配到用户有很多种方式。最简单的方式是遵循"先进先出"的原则,即遵循自然的流域分支。在此基础上可以通过一些别的分水原则对其进行调整,比如对一些特殊用户的用水优先权原则,或是一些别的要求的分水比例。

仿真模型中重要的决策变量是变化的,在此基础上,结合流域发展或策略的方向,将流域的特性通过分配用水量、用水短缺量、发电量、整个流域水平衡、种植面积、生产消耗等指标得以体现。

3.6.4 优化和仿真

在第 1 章图 1-9 所示的流域系统中,或是对于更为复杂的流域,为了确定最好的设计,选择最为合适的变量,将优化和仿真结合起来是极为有利的。就像前面所讨论的一样,优化通常是很有用的,不仅仅能够找到最好的解决方式,还可以将未来可能的损失降

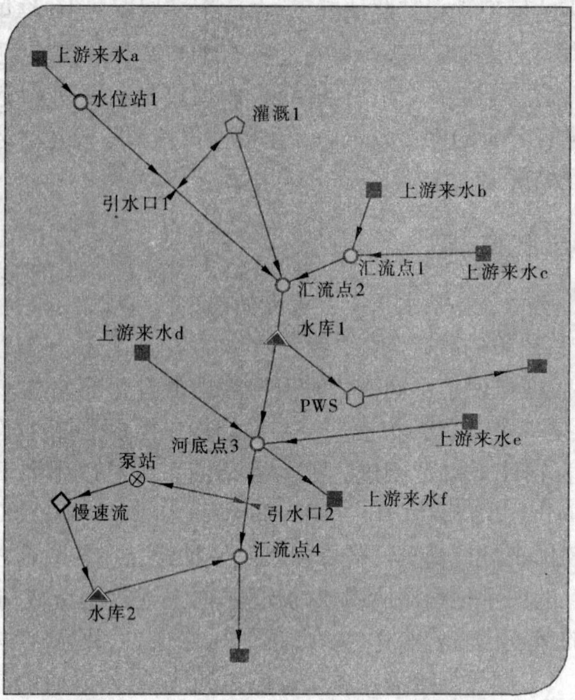

图 3-6　基于 RIBASIM 关于图 1-7 的流域风格

到最小。最终确定的方案可以通过仿真模型得到若干详细的信息,仿真自身的问题在于:模仿什么?优化自身的问题在于:这是最好的解决途径吗?将优化作为最初的探索、过滤工具是一种创举。

3.7　决策支持系统与工具

3.7.1　理论基础

自从决策支持系统(DSS)(在荷兰:Beslissings Ondersteunend Systeem ,或称为 BOS)的概念被 Scott Morto(1971)引入后,在管理与决策领域内,决策支持系统引起了广泛关注。Scott Morton 的定义“基于计算机的交互系统,能够帮助决策者有效地利用数据和模型来解决未构建的问题。”十分经典,留有足够的空间来解释。由 Simon(1960)引入的术语“构建”和“未构建””说明了这样一个事实,已经完全构建好的问题可以被自动地解决。因此,他们为推理技术,如实施研究和决策理论(数学规划和优化)在传统领域得到了应用。另外一些类型的推理技术,如分析和仿真经常用以支持非结构化的决策制定。在水资源的社会问题方面,与决策相关的管理和政策方面,一般被分为半结构化的或者非结构化的。由于人类无论是作为投资者(受某种目标的影响)还是作为决策者(潜在或实际的影响目标的输出)都起主要作用。考虑到问题十分复杂,人们经历了深层次见识的需求。这种情景可以被很好地描述为:决策支持系统是结合人类智能和计算机技术用于改善决策质量的一种方法。对于处理半结构化问题的决策者来说,它是一种基于计算机的支持系统(Keen 和 Scott Morton,1978)。讨论决策支持理论方面的著作是非常多的。Gijsbers(2001)的第 3 节介绍了简要的看法。

3.7.2 目的

虽然在决策支持系统的传统定义中,关键条目并没有改变,例如,交互式是指帮助决策者去应用数据和模型,但是今天,科技为我们提供的机会实现了这一定义,也正是这些机会导致了几乎所有的模型工具的“术语膨胀”。因此,这看起来更适合去证实是什么使 DSS 在关于典型的架构上的软件包中显得特别。通过努力,3 个 DSS 发展的细节的焦点可以被识别出来:

- 把知识、数据和各种各样的学科模型结合到一个系统;
- 改进对复杂动态系统的科学洞察力,这对当进入系统的复杂性的标准降低时更适宜;
- 加强决策者、利益相关者、专家之间的讨论。

3.7.2.1 把知识、数据和各种各样的学科模型综合到一个系统

在大多数决策系统的发展中,主要焦点都集中在知识的综合上,即涉及各种不同学科的数据和模型的综合。如果我们想测定整个水资源系统对外界的趋势和扰动(如气候的改变,人口或经济趋势)、或一些强烈的极端的事件、或对可能的干扰和可能遇到的问题起怎么样的反作用,那么知识的融合就显得很重要。从科学和技术的角度来说,知识的综合是一项很有挑战性和革命性的任务,因为它包括了对适应性复杂系统的学习深度和方法论的发展,并且需要用电脑工具来促进综合知识的行为。将要被讨论的科学问题正是在这不同领域的其他相互作用过程中产生的,硬科学(如物理学)和软科学(如人类行为)的结合在各种不同过程的空间关系中是很重要的,在这一方面对于环境系统来说是很典型的。

3.7.2.2 提高洞察力,降低入门标准

在过去的几十年里,科学家们已经研究出了许多提高复杂系统洞察力的方法。大多数方法都集中在输出端,例如分析和提取相关数据并将此给利益相关者和决策者呈现出一个可以理解的表格。这些方法适用于简单的图表和地图,它是通过把多色彩的图表(记分卡)输入到多标准的评估方法和高科技中,进行呈现和比较结果来实现的。在一些情况下,这种评估方法似乎没有给人们解释结果的机会,比如多目标优化技术需要对目标进行选择(这决定了相关最佳系统的输入),但大多数仿真预报方法需要对最合适的结果进行选择(给定一些可供选择的输入)。

在后来的过程(仿真和预报)中,仅仅有为数不多的方法允许把结果和可供选择的输入解释为实际的干扰。许多决策支持系统提供一个对话框,要求实际干扰如降低一个洪积平原或提高废物负担的费用,已经被用户解释成基本数学模型的术语(如河流交叉部分剖面的改动)。

3.7.2.3 促进讨论

决策支持系统的类型通常是基于交互式仿真的,但也不尽然,它们是角色扮演游戏。这些工具被用来刺激利益相关者、工程师和决策者之间的政策讨论和提升相互的意识。

其共同的目标是：

• 共同致力于政策评估；

• 加强对问题、难题的识别；

• 详细阐述可供选择的政策和方法；

• 政策选择的分析和影响说明。

在这种条件下，模拟技术的应用是基于这样的理论：通过来自不同地区有着不同背景的决策者和利益相关者们的讨论可以找到水问题的高效解决办法。因为一个水系统，如河流，有着多种功能，为那些决策者和投资者提供了广泛而多样的利益。模拟程序中的参与者来自不同的专业背景，他们各自扮演一个特定的角色并有具体的目标。这些不同的角色需要互相合作才能实现他们的目标。那些在他们工作中同样致力于这些问题的参与者们，可能会在紧迫的情况下被请来参与讨论解决这些问题的具有创造性的和动态的方法。扮演角色的参与者们则对各种各样可供选择的输入进行创造性的发展、探究和实验，这些选择的结果将作为他们是否有效的凭证。选择的过程可以同社会经济学的和自然指示剂（如洪水危机和水质参数）的使用进行比较。虽然技术对于包括那些一般的非技术专家来说很难理解，但是角色游戏可以吸引他们全面地参与并可能讨论相当复杂的问题。

现在通过划分不同应用软件的重点来把这 3 个目标结合起来，这种趋势在 DSS 开发者那里可以证实，而且不用获得一个完整系统的所有方面，相反，他们把一个完整的任务划分为各种不同（甚至更多）的部分。

• 知识产生。例如，专门的 DSS 应用软件或常用软件，利用它们的高科技来生成并结合知识应用于模型和数据中。

• 交流。例如，通过网络工具或者单独的与利益相关者进行信息沟通，这些信息是基于由专门的 DSS 应用软件产生的。

3.7.3 DSS 类型和应用

DSS 中一个重要的概念是类型，由 Sprague 和 Carlson 于 1982 年提出。每个技术层次在形态和目标的范围上变化，每个层面的技术都有自己特定的用户（见图 3-7）。

3.7.3.1 DSS 工具

Sprague 和 Carlson 于 1982 年引入了 DSS 工具层次概念来说明决策支持系统。随着当今软件构造模块的粒度由某一独立模型任务（比如说模型建立、陈述和管理）的较高水平的工具变为一种较小的组分或者是更小的目标，这层与第二层相混合，就是 DSS 生成器。与这个层次相关的水资源决策支持系统的例子为：

• 代尔夫特水力实验室的 Delft 工具；

• RIKS 的覆盖模数和分析模数；

• Geodan 的开放 DSS 工具；

• 技术层次虽然相似，却并不致力于 DSS 的发展；

• 由水资源和环境 DHI 提出的 Mike Zero（Mike）目标；

• ESRI 的弧形目标（仅对 GIS 目标）。

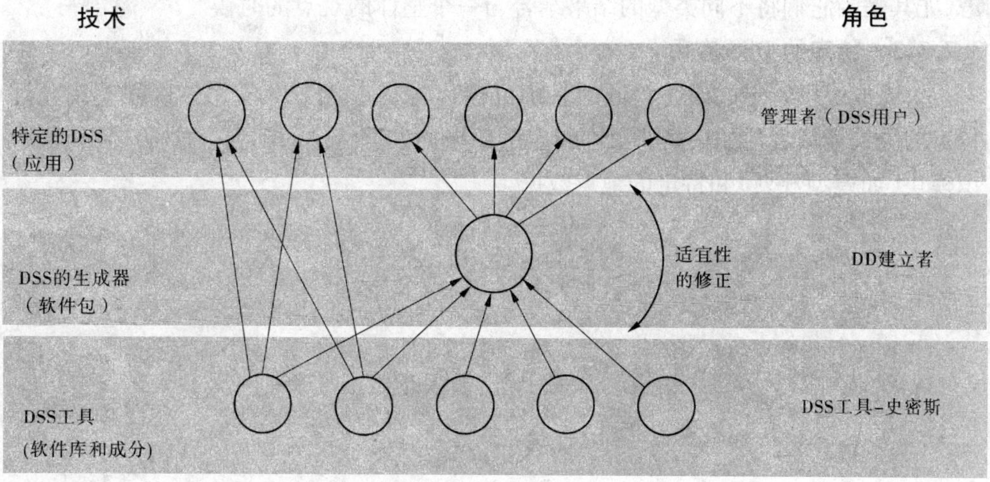

图 3-7 DSS 形态

3.7.3.2 DSS 生成器

Sprague 和 Carlson 于 1982 年将 DSS 生成器定义为快速和容易建立特定 DSS 的一个硬件(软件)包。当今,这个软件包倾向于由一系列目标或者成分构成,并为在或多或少受限制的领域内的新的 DSS 应用提供一个特定目的的软件环境。比如说,Microsoft Excel 通常被认为是一个 DSS 生成器,因为它是由标准的面向 FSS 应用的函数或工具组成的。模型框架,数学工具箱(在第 6.1 节讨论)也可以被认为是 DSS 生成器。尤其是其提供了一个综合的模型性能框架结构、空间特征以及比较(分析)功能,这些在所谓的空间决策支持系统的发展中有广泛的应用。

除了较为普遍的 DSS 生成器外,更特殊的 DSS 生成器被研究。这些类型的 DSS 生成器包含知识模块(比如,模型系统或者基于规律的系统),而不包含地点或者特定数据的学习。其中,知识模块经常为一个特定的目标(比如,地形规划、水资源综合规划、渔业管理等)服务的。在该领域内,例子有:

- DSSLarge 河流是为河流地形规划选择方案的水力计算或者经济评价进行服务的;
- Delft DSS 框架结构用于水资源综合管理（水量和水质）;
- EDSS, 用于港湾的 DSS 框架结构;
- Coaster,用于沿海综合管理问题。

由于这一类型的 DSS 生成器是相当有针对性的,关于这个方面,DSS 生成器可以更好地配置以影响利益相关者和决策者的议题、(某种)利益相关者、相关的评价标准,以及解决方法。

DSS-Large Rivers 使分析家可以就堤防移除、河滩挖深、河床拓宽等方面设计可供选择的方案,而不是直接对河床动力学模型进行修改。另外的模拟软件包,如 SOBEK 或 Mike11 等也从整体的角度得到不同的考虑。DSS 生成器典型性在综合系统方面得到考虑,尤其是当它们将不同类型的结果结合为一个整体的观点的时候。

3.7.3.3 特定的 DSS 应用

为完成一个特定的研究领域的系统可被称为特定的 DSS 应用。这种应用允许一个特定的决策者或者他们中的一群在特定的领域内处理特定的问题。这种应用同时包含知识模块(如模型规划)和特定的地点数据。

第 4 章　水资源分析与决策支持系统的主要框架

一个水资源规划研究通常由几个阶段组成。虽然我们没有建议利用一个严格的框架,但一些特殊的阶段和活动能被看做是一个逻辑步骤顺序并用来构成分析。这些阶段的描述,涉及到的这些阶段的活动和活动间的相互作用作为分析(或概念)框架。一组连贯模型被用来定量化分析水资源系统、措施和策略。在计算框架中也涉及这组模型和相关的数据库。

水资源计划分析的目的是准备和支持决策。一个决策过程并不是个简单的线性步骤顺序。决策的过程包括反馈给前面步骤的过程。因此,过程的部分是重复的。理解环和反馈环之间有差别。理解环通过步骤内和步骤间的循环使对复杂问题的理解改善了。反馈环暗示了对过程的前面步骤的一个反馈。当存在下述情况时,它们是必要的,即

- 解决方法不能达到标准;
- 新的观点改变了对问题和它的解决方法的理解;
- 必要的系统成分和它们的连接已经被忽略了;
- 局势的改变(政治、国际、社会的发展)。

在图 4-1 中描述了水资源管理提议的分析框架研究。框架的三个主要的阶段是:初始,发展和选择。决策制定者的交流和相互作用在整个过程中是必要的。在有效的交流中,定期的汇报(开始阶段和中间阶段的汇报,等)是有帮助的。但是在分析的所有阶段的一个连续的对话是必须的。

此过程的第一阶段是初始阶段。在初始阶段中,分析的主题(在什么条件下分析什么)和目标(分析想得到的结果是什么)和约束条件(限制条件是什么)都是不同的。初始阶段中与决策制定者的透彻的交流是必要的,在初始分析的基础上其他人的分析方法各不相同。初始阶段的结果在初始报告中陈述,这个报告包括了分析其他阶段的工作计划。

在发展阶段,分析的工具和水资源问题的解决方案(的要素)得到了发展。主要的活动是数据的收集和模拟。一个初始分析将能够确保发展工具对解决水资源问题的产生和措施评估是适用的。在这一阶段单个的措施将会得到发展和筛选。获得了对水资源服务的不同特征的渐进的理解,从有限的数据集合和简单的工具到更详细的数据和模型的全集。如果它们涉及到了作为分析组一部分的初始分析,决策制定者间的相互作用将会极大地加强。

选择阶段的目的是根据评价标准详细的评估它们的财产,产生一个有限数量的、有前途的、将呈现给决策制定者的策略。这些决策制定者和从公众那儿获得的输入都将决定他们的首选行动路线。这个阶段的重要活动是策略的设计、影响的评估、策略的评价、敏感性和情景的分析和表达。这个阶段的结果和发展阶段的结果总结都包括在最终的汇报中。这一阶段中决策者间的连续的相互作用是必要的。他们或是他们的代表应该是执行分析的团队的一部分。此外,在这一阶段中需要公众的咨询来告知利益相关者和获得他

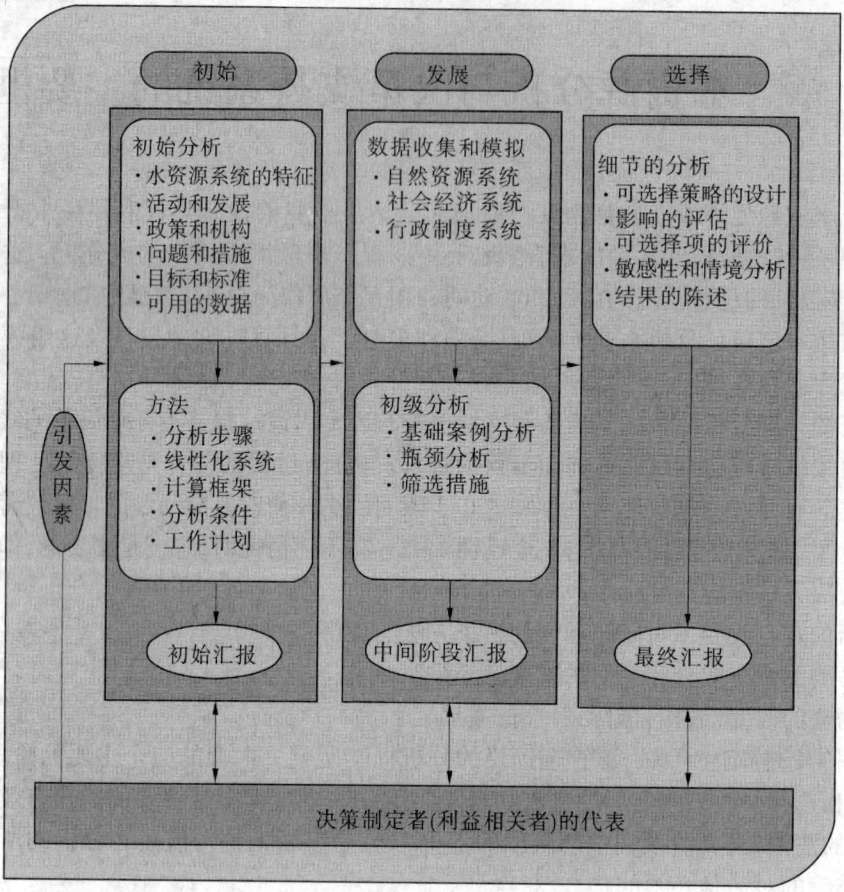

图 4-1　水资源计划研究的分析框架

们的反应和投入。

通过分析给决策制定者提供了参考。虽然分析最终支持决策,但是谁和用什么单位来制定最终的决策通常是不清楚的。如果一个外部的咨询能作用于分析,则慎重的选择协作机构对成功执行项目来说是必要的。决策制定者相互作用的场所时常是通过指导委员会(它能扮演一个部门内论坛的角色)、技术建议委员会和公众参与过程而发生的。

初始阶段是分析框架的非常重要的部分。它在很大程度上决定了分析中将要做什么。这意味着这个初始阶段应该得到足够的关注。计划研究的许多商业合同条款的参考文献包含了咨询者须在任务开始两周之后提交一个初级报告的义务。初始阶段的报告仅是个更新的提议,包括提议递交和开始执行之间的时间 ,且只是强调了需要考虑的变化。决策制定者和利益相关者之间的相互作用的需求取决于系统的复杂性,一个总的项目资源(金钱、时间)百分比的评估应该能占到初始阶段的 30% ,甚至达到 40% 。

4.1　初始阶段的问题、目标、标准

水资源计划研究通常是由具体的水资源管理问题触发的,这些问题是类似的工厂生

产的增加、干旱或洪水的发生，以及水质恶化的威胁的需求。触发体也可能需要水资源规划和相关的其他部分计划的努力。水资源服务的哪部分需要研究和在什么条件下来理解主要的研究目标和可利用的预算、信息和时间。研究的发起人通常对分析目标和主题有或多或少的具体想法。对于一个计划分析，他们注意到了疑问或问题并对前面提到的触发体已经采取了主动反应。

用户对需要强调的疑问和问题的想法通常在项目陈述文件（PFD）或参考文献条目（TOR）中进行描述。他们先进行项目活动然后再综述和讨论这些文件。如果分析的主题（是什么）和目标（为了什么）在参考文献条目中详细的描述，研究的第一步就是对问题具体化（如何做）。然而，在许多情况下，分析的首要任务是在将来分析的具体目标和主题中帮助决策制定者。对于这个活动，需要水资源计划涉及到的机构和利益相关者之间集中地交流。他们能提供和水相关的不同利益组的信息和期待的问题的信息。规定研究目标和用户实际目标之间的差异是常见的。此外，目标是随时间变化的。分析者和他们的用户之间的连续交流绝对是必要的。

伴随初始分析，初始阶段开始阐明涉及到的主题、问题和目标。基于对最初分析发展的理解，或多或少正式的描述了方法，包括描述了采取的分析步骤、计划研究将跟随在利用的计算框架、计划研究采取的假设和条件之后。

4.1.1 初始分析

初始分析的目的是更好的理解系统（NRS，SES and AIS）及系统存在的问题、管理目标和可能措施，这些措施是为了改善系统和其性能而采取的（见图4-2）。分析者不得不组织活动并指出考虑或忽略不同方面的后果。不同专家和利益相关者的自由讨论会应该能帮助鉴定和权衡研究的不同方面。这些活动的目标是确保分析者对需要做什么与决策制定者和利益相关者有相同的理解。

4.1.1.1 特征、发展与政策目录

初始分析和水资源系统特征的详细目录一起开始。这不是一个简单的任务，因为它需要把一个复杂现实缩减成一个可理解的系统组分的描述。不得不选择应该包括什么（细节）和能忽略什么。这些选择需要结合工程和经济技术、对问题的良好理解以及可能采取的措施。

初始分析

- 水资源系统的特征
- 活动和发展
- 政策和机构
- 问题和措施
- 目标和标准
- 可用的数据

图4-2　初始分析的组成

初始分析中包括自然资源系统（NRS）、社会经济系统（SES）和行政制度系统（AIS），其可能组分和特征在第2章中进行了描述。重要的因素是：

- 自然资源系统（NRS）的组成：

——物理系统，表面水系统中的水分布、地下水流、咸水的入侵；

——化学系统，氧气、营养物质、有机微生物污染物质、重金属；

——生物系统，海藻的繁殖、水生和土地生态系统的响应。

- 社会经济系统的组成：

—水利用和与水相关的活动。农业和渔业、城市和工业水供给、航运、水力发电、娱乐等；

—宏观经济系统。

• 行政和制度系统的组成：

—中央政府；

—区域政府；

—协作实体。

下一步将是活动和正在进行的发展的一个详细目录，它将决定系统的将来是什么样的和期待什么类型的附加活动。这包括自主的发展（比如人口和城市化增长）和已经采用或可能采用的政策决定，这些决定将影响水资源系统和（或）它的执行。需要政策和制度上的支持的详细目录，为的是知道在管理和发展系统（因此，在分析中应该包括谁）中包含谁和他们的计划是什么。这个发展的分析也将对情景分析的发展有贡献。情景被定义成考虑到的水系统的外因的发展（见第2.1.3部分）。情景的实际定义在第4.1.2.4部分中（分析条件）进行了描述，并在发展阶段中（见第4.2节）进一步得到发展。

4.1.1.2 问题的分析

基于以前的步骤能执行一个问题的分析。在事实的基础上与在利益相关者和决策制定者作为一个问题认识的基础上应该能完成对问题的分析。问题分析的一个简单的例子在下面的方框4-1中进行了描述。

方框4-1

问题分析的例子

在海滨地区为了电力生产和给农业区域供水，一个水库正在运转。该区的农民抱怨供水不足。由于水资源计划的一般目标是发展可利用的水资源来获得经济利益的最大化，因此需要一个分析。

可利用的信息的首要分析表明，不能满足8月灌溉水的需求，因为农民把水转移给了更高耗水量的作物且灌区已经扩大了。约束条件（瓶颈）是通向灌区的水渠入口段的承载力。如果水渠的入口段承载力增加了，在干旱年份水库就更经常处于枯水期，除非改良水库的运转。因为地表水为灌溉的一个可选择项，地下水的利用也应考虑。可能的措施有：

• 增加水渠入口段的承载力；
• 改进水库的运作；
• 增加从海滨储水层抽取地下水；
• 减少八月份农业用水的需求。

一个相对有效的措施的实际标准是它的净利益。此外，其他的因素在评估可选择解决方案中可能要考虑比如抽取地下水后咸水的侵入，或水库运行弹性的消失的影响。

问题的分析应该尽可能多的在社会经济环境或生态环境影响下表达，这对决策制定者是有意义的。许多物理的影响（比如水量、水位）或化学的影响（如浓度）对许多决策制定者和利益相关者几乎毫无意义。他们想知道涉及了多少钱（如减少作物生产、修补的花费）或受影响的人数。在表达社会经济影响中的问题使社会经济的发展目标更简单，决策制定者已经阐明了正在考虑的特别的区域或系统的这些目标。

一个好的问题系统也将会指导人们采取措施来消灭、减少或减轻已鉴定的问题。上面的文本框中的问题分析包括了这类措施。措施的鉴定不仅帮助澄清问题和可能的解决方案,与设计计算框架和数据收集活动有关的这类早期的鉴定也是需要的(见第4.2节)。这些活动应该以这种方式设计以至于在研究的阶段分析评价这些措施。

4.4.1.3 **目标和标准**

在初始阶段的一个必要活动是把在政策文件中描述的一般目标转化成能以一个定量化的方式评估的运作的目标。方框4-2列出了一些例子的目标和标准。在西爪哇、印度尼西亚的水资源管理研究中运用的目标和标准作为一个例证在本章的最后进行了描述。

方框4-2

目标和标准的示例

一般目标:

- 以最大化国家和区域经济的(净)利益的期望值,同时最小化对公众、健康、福利和环境的负面影响的方式,发展潜在的水资源;
- 给人们提供良好的引用水。

运行目标:

- 某一年的公众供水(人口、工业)的特定需求量的满足;
- 认识特定年份的农业生产力的某个水平;
- 某些预定的水质标准的满足。

标准:

- 成本和效益的比率;
- 农业生产力的总量(或价值);
- 能量生产的总量;
- 咸水侵入造成的蓄水层的丢失面积;
- 地下水位的变化;
- 环境的标准。

把并入可持续性作为研究的一个目标,应该关注可持续发展的所有方面。决策制定者和分析者必须注意应该如何和在什么程度上并入水资源计划研究中的可持续发展的方面。应该发展可持续发展评价的标准并且鉴定对可持续发展有贡献的措施。

4.1.1.4 **数据的可用性**

初始分析的最后一项活动是调查数据和研究所需的其他信息的可用性,特别是在自然资源系统(定量和定性)和社会经济系统中描述的。数据的可用性决定在分析中能达到的详细和精确水平。如果没有许多数据可利用,那可能就不得不执行一个更定性的分析。

首先要决定细节所需的水平,通过所需要的来分析所涉及的问题、目标和措施。数据的有用性可能会约束所需的细节水平。然而,如果丰富的数据是可利用的,所有那些数据并不需要都被利用,比方说利用非常详细的计算模型来表达。通过不是很详细的方法甚至一个定性的分析可能也会很好的表述涉及的问题和措施。

初始分析的完成,分析者对将要研究什么,为了什么目的和在什么条件下应该有个清楚的想法。有关这些问题的信息将在初始阶段阐述,初始阶段定义了研究的范围。

4.1.2 具体的方法

一旦清楚了将要分析什么和为了什么目的,分析者的任务就是具体化分析如何完成了。图 4-3 强调了所涉及的因素。在分析中规范紧随步骤之后,授权利益相关者紧跟过程。下一步将会描述系统,如将要分析什么和不分析什么。评估措施或措施联结的影响,需要一个计算框架。分析条件指定了将要实行的分析的假设和条件。所有需要的行为与一个工作计划相结合。规范的方法中的一些重要的因素将在下面进行讨论。

4.1.2.1 分析步骤

分析步骤说明书像其外部的作用一样有一个内部的(对项目)作用。内部作用将告诉不同的(时常是交叉的)组成成员在整个分析中他们所做的贡献的位置是什么。这需要确定所有成员的活动时间并确定(或至少改进)在需要的时候他们将在适当的时间相互提供正确类型的信息。与决策制定者和利益相关者间的相互作用有关的外部功能详细说明了他们什么时候和如何涉及到分析中去的。

方法

- 分析步骤
- 线性化系统
- 计算框架
- 分析条件
- 工作计划

图 4-3 初始方法的成分

具体的分析步骤是基于图 4-1 的。通过强调所要考虑的系统和问题的特别方面,这个普通的图应该制做得更具体。

4.1.2.2 对系统的描绘

下一步就是决定分析将要考虑的组分。需要决定(子)系统的边界,基于这些子系统的、自然资源系统案例中的物理的、行政和制度系统案例中的等的自然边界。

要求的细节的水平

通常在初始阶段要强调的一个非常困难的方面就是细节的水平,为了正在研究的系统的组分和子系统而需要选择这个水平。遵循研究的全部目的,(准备一个强调问题并提供水资源系统所能提供的"最好用的"物品和服务的计划)人们不需要知道研究区域中每平方米土地的利用或区域内每个皮革厂的用水量。人们不得不利用区域上和用户组的价值平均,连同足够的细节来提供支持决策制定所需的信息。利用信息来区别行为的可选择线路和相关的评价过程。因此,应该根据选择的评价标准来表达它。

项目领导者的主要任务之一是管理来自不同学科的专家,用他们的"热情"来寻找所有可能问题的答案。没有保持集中于适当的细节水平是项目失败的众多原因之一。如果在项目开始时就理解了需要的细节水平,研究就能在更细节水平上解决问题了。有时所选的细节是正确的,但是组成成员在强调问题的细节上花费了太多的时间而没有在可用的时间内得到答案。在分析过程中对反馈环细节水平的改变是主要的原因。

用以下的方面详细说明细节的水平。

- 研究区域的空间解体:单位的类型和尺寸。空间解体通常取决于水需求的类型,河流和水渠系统、地下水蓄水层的特征。
- 水用户部门的解体:国际标准工业化分类区分了不同部门的经济活动。如在 2 这个阿拉伯数字水平上,农业被认为是一个部门。在更细的水平上,农业部门又被分成更小的子部门,如水产业、牧场和棉花种植。

• 分析过程的时间步骤;选择最适合的时间尺度是重要的。通常人们不得不考虑不同的时间步骤。在一个整年储水的水库系统中人们应该运行一个以年为单位的时间序列来研究水库的性能。分析农业部门的时候人们通常要考虑季节的变化性。

• 要研究物种的类型:用哪种物种来表征环境的质量。并非所有的物种都能用来做指示物种的。不得不做出一个选择来表明措施对环境质量和生态完整性的影响。

4.1.2.3 **计算框架**

初级分析的结果将定义出分析所需的计算框架。计算框架包括数学模型、数据库、地理信息系统等。这些模型必须描述系统(自然资源系统,社会经济系统)并评价不同情境下的可能措施和策略。能利用的不同类型的模型和方法在本书中进行了描述。通常,将会运用一个模拟和优化相结合的模型。

为了计算框架的发展,结合考虑研究区的特征参数,把研究区再细分成更小的被认为是同质的单元。每个单元在计算模型中用一个计算元素来描述。分析中所需的因素的数量取决于所要强调的问题、研究区域的复杂性、需要研究的措施的类型和可利用的数据。通常从一个最小化因素数量的初级计划开始是明智的。如果在后来的阶段中需要更多的空间细节就要再细分因素了。

1)利用、改编、发展计算机程序

在分析水资源系统的不同方面可能会利用计算机程序。应该利用现有的程序、改编或发展新程序来作出这项决策。由于计算机程序的发展是个耗时的活动,无论何时,只要它们是研究需要的,就应该利用现有的程序。

2)水文气象边界条件

自然资源系统模型的边界由降雨、蒸散发和经过模型边界的水流组成。不受水管理(自然流域)影响的自然资源系统的部分通常不包括在计算框架中。这些(子)流域的排放总量是通过详述经过模型边界的水流来计算的。这些边界条件来自于历史的溪流数据。如果可利用的溪流数据不够,可以利用降雨径流模型来从合适的数据中产生溪流记录。

为了计算被评价的水资源策略的水文气象条件的随机特征,3 个方法是可能的:

(1)模拟一个水文气象数据的一个完整集合(如连续 40 年,包括枯水期和丰水期)的策略;

(2)模拟一个选择可利用数据的例子,每一个都代表一个特定的条件,比如,一个平均年份,一个 10% 的干旱年份,等;

(3)仅模拟一个代表性年份,比如一个平均年份。

哪个方法是首选的这将依赖于具体问题的条件,水文气象条件的改变,可利用的数据和所要求的具体分析。在案例中要弄清楚水库(表面水和地下水)的越冬储水量,这涉及到方法(2),且方法(3)是不可能的。方法(3)仅适用于整年中几乎无变化的水库。方法(2)通常是个好的折中方法。图 4-4 阐明了方法。模拟了三个代表性年份。一个平均年份(D_{50}),一个适中的干旱年份(D_{10})和一个极端干旱年份(D_5)。这个例子中期望的损失近似于下面的计算公式:

$$\text{期望的损失} = 0.125 \times D_5 + (0.350 - 0.125) \times D_{20} + (0.650 - 0.350) \times D_{50}$$

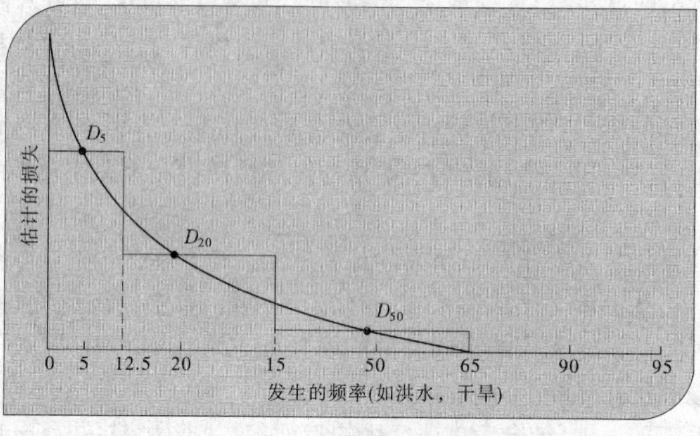

图 4-4　基于三个代表年份的期望损失的计算

在发展阶段,当不得不筛选许多可选择的措施(解决方案)时,仅在所选择的条件下模拟。为了筛选(见 4.2.4.3 部分),通常在压力条件下研究系统,比如一个 10% 的干旱年份。代表某一特定条件的最小时间间隔依赖于系统的内存。在一个由考虑了越冬储量的水库组成的系统中,代表性的时期应该比一个单独年份的多。在选择阶段,仅对有希望的年份进行粗略模拟,能应用历史数据的完整集合。

3)数据收集的需求

上面所描述的分析方法通常以一种重复的方法用公式来表达,其考虑了数据的需求、数据的可用性和可利用的资源(预算、人力、模型和分析技术)。当考虑了约束条件(通常是预算)而修正方法时,要对需求数据进行再评估。一旦指定了分析方法,就能明确的表达对数据收集的精确需求了:收集哪些数据,什么时间,谁来收集。通常,从观察区收集附加数据的可能性将受到可利用的预算和时间原因的限制。

4.1.2.4　分析条件

必须在和决策制定者保持紧密协作的情况下详细说明分析中采用的假设和条件 。这些假设和条件如下:

- (子)系统边界。水资源系统和在子系统中的一个可能细分的基于物理的(自然资源系统)和(或)行政的(行政和制度系统,参见 4.2.2 部分)边界。
- 基础年份。对当前条件和一个或更多时间点进行分析。当前条件可能被定义为有一个或多或少可利用的数据全集(基础年份)的最近的年份。
- 时间水平。时间水平的选择取决于现有的计划(通常为 10 年和 25 年)或是子系统的特征时间尺度。
- 情景假设涉及到水资源系统的外部因素。比如,人口的增长,食物的消费,与水相关的经济部门和价格(能量,作物价格)。在许多案例中需要社会经济数据来获得情景变量的合理范围。
- 系统假设。假设涉及到了水资源系统的内部因素,比如,作物产量对提高种植实践的响应,或价格刺激对人均水消费的效用。这些系统假设能在选择阶段时成为附加(敏感性)分析的主题(见 4.3.3 部分)。

• 时间和预算约束。在有用的时间和预算约束下进行研究。

• 数据的可用性。研究是以可利用的时间和预算中的可利用的数据为基础的。

通常对时间水平的选择没有给予足够的关注。正式的计划水平(比如,10 年和 25 年)通常被作为分析中的所有因素的时间水平来利用。包括了传统的政府计划框架的计划水平,人们也应该考虑系统和系统过程的时间尺度。系统组分将有特有的时间尺度。例子如下。

• 用户功能(经济活动)具有由投资的分期付款时期决定的生活周期。计划过程的时间水平通常根据这些条件设定。

• 社会机构具有时间水平是取决于法律(制度)上和政治决策的制定的步伐。

• 生理化学系统具有的时间尺度取决于系统的响应或恢复时间。比如,受污染河流的恢复在几周内就能完成;同时,一个污染了的地下水储水层的恢复就需要花几十年。

• 生态系统依赖于过程或干预的类型可能具有几周的时间尺度(海藻的繁盛)或几十年的时间尺度(红树林的退化)。

为了研究资源系统的可持续性和生态整合性,时间水平应该调成系统的响应时间,而不仅仅是调成计划的水平。虽然给予了可持续性更多的关注,没有发展可实施的程序来长期影响它们在评价过程中的位置。决策制定者打算采取短期的决策,因此涉及到可能冒长期影响的风险 ,因为他们的政治工作时常受到短期的限制,所以他们更细化短期的政治上的收获。

4.1.2.5 工作计划

初始阶段的结果写在初始报告中(见图 4-1),它将在研究的执行期作为参考文献来利用。报告的一个必要部分是将工作计划在什么时候、对不同活动的预算和人力分配具体化。这个工作计划主要包括活动和职员安置的柱状图,可交付的时间安排表、转折点和汇报等。工作计划应该包括一个描述决策制定者和利益相关者和分析组之间相互作用的交流计划。

4.1.3 初始汇报

初始汇报必须包括初始阶段的所有结果。它应该更清楚地确定将要研究什么、为什么研究和如何研究。在许多案例中也要具体化不用研究什么和为什么不用研究。在初始分析和方法下的初始报告的内容紧随上面主题中所提到的。

• 描述水资源系统

——自然资源系统:组分

——社会经济系统:活动和发展

——行政和制度系统:涉及到的机构,法律方面包括将要研究的线性组分

• 问题分析和问题陈述

• 目标和标准

• 分析方法(步骤、模型、数据库)

• 分析条件(时间水平、情景、假设等)

• 工作计划

4.1.4　决策制定者和利益相关者的交流

上面描述的初始汇报是初始阶段的特定和具体的结果。这是个重要的成果因为它包括在第一阶段学到的所有东西和分析者与代理人间达成一致的东西(决策制定者和利益相关者)。然而,初始阶段的一个可能的甚至更重要的结果是在初始阶段中分析者和代理人之间应该发生的相互作用。代理人对问题、目标等的观点应该沿着分析者的观点而发展。分析者必须理解代理人的关注、问题和目标而不是他自己的。代理人应该感觉到他们自己在初始阶段的结果,并把初始报告看做是他们自己的成果,而不是仅把它作为分析者或咨询者的汇报。

为了达到这种关系分析者,决策制定者和利益相关者之间必须经常相互交流,更多的在图 4-1 中显示。这个在特殊的工作组中能完成,如投入到问题的陈述或目标和标准的详述、公众咨询会议等。

4.2　发展阶段的供给、需求、分配

4.2.1　模型的发展和数据的收集

在发展阶段,发展了水资源系统和社会经济系统分析的计算工具的一个连贯集合,正如在初始阶段所鉴定的一样。数据收集和模型活动的结果是个计算框架,在一个足够细节的水平上代表水资源系统的特征。设计出框架来定量化单个措施或联合措施的影响,用水资源管理目标相应的评价标准的数值来表达。为了把研究区域系统化,以前应用的经验可能是有帮助的。然而,每个研究是不同的且系统化通常应该按研究的具体需要来划分。

如果计算机程序从草稿中发展了或是如果现有的计算机程序以一种有意义的方式适应了,那么就需要相当大的努力并可能花费很大一部分可利用的预算和时间。信心选择能代表模型的现象,转向分析的需求,能够节省很多。在模拟活动过程中,有关研究区域的更多信息和需要考虑的措施类型可能变化的可利用。有时这可能导致一个简化的模拟活动。因此,模型应该对新的信息具有弹性和适应性。涉及数据收集和模拟的活动将包含水资源系统的三部分(见图 4-5),一般强调自然资源系统。为了分析自然资源系统,需要对物理、化学和生物的组分做出区分。

4.2.1.1　自然资源系统的分析(NRS)

1)物理的组分

自然资源系统由自然的和人工的基础设施组成,包括水文气象的边界条件。模拟模型通过基础设施能用来模拟水分配的过程,考虑水短缺和从网络中脱离以便能满足用水活动的需求。

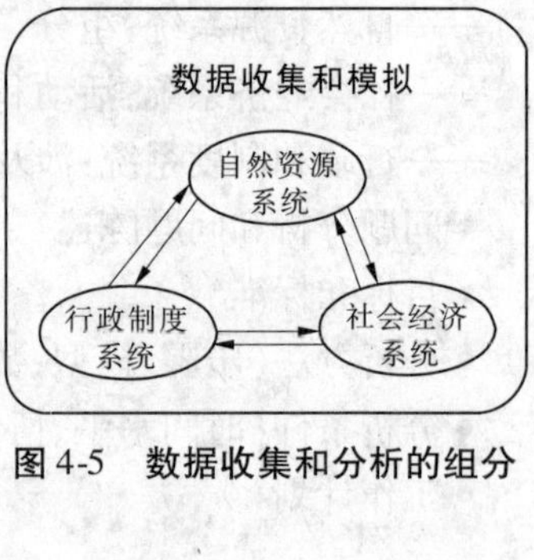

图 4-5　数据收集和分析的组分

与地表水系统有关的主要水分配有:①水库的水短缺;②从河流和运河的主要水渠中分出的水。计划

研究中的典型的时间步骤是一周、十天、半个月或一个月为周期。在许多流域模拟模型中（比如，RIBASIM，WEAP，MIKEBASIN）表面水系统通过网络的节点和枝干来表达。在节点中，能给系统提供自然的径流或把水提炼出来以满足具体的水需求。水库节点代表水，节点是根据用户具体的尺度曲线来操作水库的。设备可用来进行水力发电、把水转向支流、灌溉农业水回流、从区域排出水、最小化流动需求等。根据用户详细列出的优先权，对需求节点的水分配是按照上游到下游的顺序进行的。许多的流域模型包括分析中的简单的流动规律的运算法则。如果需要，可以利用更细节的水文模型比如 MIKE11、SOBEK 等。

分析水文气象数据来提供地表水系统的流动时间序列。分析的典型要素是：历史的河流流动数据、降雨数据和相关的降雨径流。历史的河流流动数据的可靠性和可用性对于研究目的来说时常是不够的。河流流动数据可能需要用来源于观测的降雨和相关的雨水径流的综合数据来补充 。数据所需要的典型的年份应该是 25 年。

表征地下水的主要参数是地下水的水位或水头。在可能发生海水侵入的沿海区域还要考虑地下水的盐度。抽取地下水对地下水水头在时间尺度上的影响可能在 10 ~ 50 年；咸水侵入可能更缓慢，影响可能是 100 年或更长的时间尺度。对于这类稳定水流条件的估算通常是假定的且对比了不同撤离选项的影响。地下水系统的分析中的重要方面是对系统储水层的鉴定、抽取和对储水层的再填充的决定。地下水模型能被用来测试收集的数据的联系的连贯性。仅在案例中提出了应用模型来量化未来地下水提取的影响，在案例中可利用足够的信息来校正现存条件下的再生产模型。在储水层系统中可利用许多一般的地下水程序（如 MODFLOW）来计算地下水的水头。

2）化学的组分

用水系统中的化学组分的分析来研究这些组分对用户功能或生物系统的影响。分析中考虑的组分和过程在初始阶段就被挑选出来了。在地表水或地下水系统的具体部位中计算它们的浓度。对于计算来说，所需的数据是经过片段边界的物质流入和片段中的化学过程方面的数据。

水定量模拟的结果可能是水定性模型的输入。水定量模型的结果被用来确定每个部位的水平衡。对大多数化学组分的平衡来说，需要每个部位的流入浓度。此外，在水平衡的流入条件中需要具体化一些额外条件。比如，废水的排放可能会在水平衡中忽略，但是它可能对一个河段的水质有重要影响。

3）生物组分

生物系统的分析目标是决定生态系统对水资源管理的响应。因为不够精确的生物组分信息在许多案例中是可利用的，并且由于生态系统主要是依靠生境参数，分析必须集中考虑生态系统和物理与化学的参数之间的必要联系。生态系统关键因素的挑选取决于生态系统的类型，他们将用到的分析类型和有关的活动或人类干预的类型。如思考建设的大坝对下游生态系统的影响。主要的参数为：

- 水文区域（排放特征和洪水类型，如持续时间、深度、频率等）；
- 水质（沉积负荷、温度、氧气、盐度等）。

可能是由于大坝的建设，这些参数将改变，且可能因此影响下游生态系统。当前生态系统和物理条件和在前面提到的参数的方向和顺序的大多数变化的信息的结合，通常对形成重大的和生态系统的直接的变化来说，专家判断是足够的。

然而，如果人们想对生态系统变化做出一个功能精确和详细的预测，比如通过利用数学模型，就需要更多的决定河流生态系统条件的信息。比如，容易发洪水的下游地区的植被发展模型需要上面提到的关键参数的额外的相关信息：

- 当地的地形（地貌、河渠和管路、水道、U 形弯曲等）；
- 当地的地貌或土壤类型；
- 植被类型。

利用已知的植被和物理因素间的关系，比如洪水频率和土壤（地貌），能做出一个初级模型，它能预测由于河流洪水的变化带来的植被类型的变化。地理位置数据、地区的数字地形地图的形式，土壤、洪水和植被的利用能极大的提高这类方法的可能性。

对水域生境类型来说方法可能大不相同。河流和湖泊中的水生动植物受到这些因素如水流速度、剪切力、水深、底部的类型和水质的影响。一维水文和水质模型的应用通常是不可缺少的，但是需要生态和水文模拟专家间的共同努力。尽可能早的鉴定出所需的数据是非常重要的。在许多案例中，特别是需要物理或化学的模拟计算来提供生境预测所需的数据。比如，水文模拟通常考虑高水位和低水位，而洪泛平原生态系统却依靠中间水位和持续时间的曲线。时间步骤可能是不同的且附加的细节在模拟网络中也需要。

一般来说，在许多案例中对生态系统变化的预测有一个相对大的边缘不确定性。这些不确定性的起因包括在基础知识方面的经常受限制和存在差距，这些基础知识是关于生态系统如何真正工作的以及它们的复杂性和动态行为。对物种组成确立详细的描述仍然非常困难，特别是在新物种可能出现的时候。这些因素也使得评估的改变变得困难了。对生态系统评价来说，通常需要物种多样性和稀缺或濒危物种方面的信息，然而却经常缺乏这类信息。

生态系统水管理效应的重要性越来越得到大家的公认。预测这些效应的特定工具也正在发展，主要是以区域为基础。例如，模型被用于预测与洪水特征、土壤类型和泛洪平原自然管理相关的或是与地下水管理相关的植被发展。至于生物学的水质，模型也普遍适用，包括海藻的组成和海藻繁盛的模型。

4）情景发展

依靠被定义为初级阶段的情景可能需要发展自然资源系统的情景。几乎所有的案例都必需考虑这个作用于物理成分（降雨，洪水等）但是也更可能作用于化学和生物成分的可能的气候变化。

当分析系统边界的界定不能覆盖整个河流，自然系统的情景也同样需要。例如，发展上游可能影响系统流入物。这是当系统边界设定在国界处的典型的国家研究案例。

4.2.1.2 社会经济系统分析

社会经济系统分析的发展决定自然资源系统需求的发展。另一方面，研究区内的经济活动的发展可能也依靠可利用的水。例如，相对便宜的可利用的地表水资源可能刺激灌溉农业的发展，或是吸引生产过程中需要大量水输入的工业活动。另一个例子是水库周围的娱乐休闲活动的发展。这些生态经济系统的发展增加了这些与水相关的活动的需求。

这是经济学家或是水资源管理计划者的任务，他们要估测将来需要水资源发展或是水需求、水交换的活动的水平，估测是以研究时间范围而制定的，在区域的地理边界以内，主要活动有：

- 评估当前经济形势；
- 分析活动；
- 具体的情景。

1）评估当前的经济形势

社会经济系统分析的起点是评估当前关于流域活动和决定这些活动的因素的经济形势。分析过去的趋势以便提供决定性的能达到当前形势和可能预示将来发展的因素的信息。分析应该集中在当前和将来的主要水资源利用分类上，这应该在分析的初期阶段确定好。它们应该给予适当的关注而不是为了所有可能的水利用分类试图估测水的需求和交换。

我们应该集中于决定相关流域活动的最重要的因素而不是总的经济分析。然而，预测经济发展的困难是不知道决定这些发展的优先因素。人口动力学是许多经济发展的解释因素，人口统计学分析（人口增长，哪里，什么速率）通常是这个阶段的第一个行为。其他的发展流域活动的重要参数是：

- 部门分配（初级的、次级的和三级部门）；
- 工业化；
- 劳动力和工资的发展；
- 油和其他日用品的价格；
- 贸易平衡（进口和出口）；
- 当地货币流通的稳定性。

分析当前的经济形势时应该关注在区域和国家经济在水资源系统中的可能交换效应。确定这些水用户如何陈述效应，可能影响主要的经济指示比如总的国家产品、贸易平衡或是平等，（宏观经济）分析相关的流域部分和剩余的经济和其周围环境（比如外贸）通常都是需要的。

宏观经济模型的例子能够被用来分析一个输入、输出模型。这样的模型显示出许多经济部分的相关性。运用输入、输出模型，人们能够分析一个部分产生的效应如何影响其他经济部分，且不仅仅是在价值方面，而且是在劳动力的需求方面。这些类型的经济模型已经扩展到包括环境和资源利用的方面（国家资源账户模型）。然而包括这些方面，需要很大的努力（同时要根据数据和根据人力）而且当期待国家经济的主要效应时，应该考虑它。

2）活动分析

活动的分析集中于经济活动和水利用的关系。活动分析的目标是通过大量活动确定水利用类型和总量的关系。活动的分析必须能回答关于每个确定活动的下列问题：

- 在一年中的哪个阶段和什么地点所需求的总水量（数量和质量）是指什么？
- 在一年中的哪个阶段和什么地点总的水交换和污染承载力是什么？

• 如果这些数量可利用，那么对于用户来说利益是什么？

• 如果这些数量不可利用，那么对用户来说损失是什么？

• 通过让用户支付水费，哪些成本能被收回？

• 成本的收回会影响水用户的用水方式（用水活动的输入量和输出量）吗？

评估将来水需求和废水交换通常是基于确定单位水利用和单位活动的废水交换。联合单位水需求趋势和经济发展能够提供将来可能的水需求量。这个活动分析的最终结果应该是水需求功能，关系到水需求和外因参数。

包括活动的水平和水需求的结果，也包括必须知道或是估测利用水的活动（活动的形式）的地理位置。如果不期望活动的形式改变，分析就可以集中于当前的状况和研究区域。如果新的活动期望在研究区域发展，就可能需要分析在其他区域相似活动的水利用特征。

水需求的结果不应该被认为是"赠予的"。水利用系数能通过一些措施改变，这些措施如以达到一个社会可接受的利用形式为目标的水价格。技术发展可能导致单位产品的更小的水利用和污染负荷。如果在激励分析之前执行供应和需求匹配，就可能结束生产能力过剩，如果水用户对抗水资源利用成本，使"赠予"的需求可能更低。这种类型的反馈已经在这项研究中被考虑到了。

水利用相关的利益和成本的评估为评估水资源管理策略提供了信息。这项评估的标准之一是针对不同水用户的净的经济利益的。应该知道哪些利益起源于利用水资源，水用户获得这些利益，哪些成本他们不得不支付 。这些活动分析应该能产生与不同水利用相关的利益和成本功能。这些功能能用来评估建议性策略。

3）具体的情景

由于决定水需求，可靠的预测经济发展和水需求结果等多因素是个理想化的概念。将来的水需求通常以将来的情景为条件。水需求情景与基本的经济参数是逻辑关联的，它们作用于与流域相关的活动和水需求结果。应该运用一个限制水量的一致的情景公式来理解对过去和当前趋势评估的社会经济系统功能。

鉴于分析的目的，定义一个自主的发展情景是有用的。比如，社会经济发展和其水需求。因此，在水资源系统变化中应独立发展。一个自主的发展情景不用考虑可能的供水的约束，因此在水资源系统瓶颈分析中非常有用。

在一个区域水资源管理分析中，国家的经济增长和技术发展通常采用区域自主发展的外因性参数。然而，区域措施影响水利用并可能转移研究区域的经济活动，甚至影响到起初被看做是外因性参数的国家经济的增长。见方框 4-3。

方框 4-3

案例

农业水需求发展在一个限定范围内是自治的，因为它主要依靠可利用的陆地和水资源。然而，农产品的需求将以一个自治的方式发展。如果一个区域可利用水资源受到限制，那么农业的自治发展也会受到限制并且可能预测到农业水需求的小幅增长。如果以农产品相应的需求增加和自足的食物生产为目标，那么发展期望的农业达到这个目标是值得考虑的。与期望的农业发展相适应的水需求在未来的区域水资源发展中将呈现出来。

由于许多不确定因素影响水需求的发展，通过运用单独的自治发展情景不能设计未来。而应该通过改变不确定性参数值建立许多可改变的情景，可能要考虑2～3个不同的发展途径。

情景构建不是个简单的行为，它带有部分的艺术性，在很大程度上主要依靠分析者和当地专家的视角，这种趋势很可能将来会流行。发展的情景在发展的数量和方向上存在内在的一致性。外因性变量（人口的增加，经济的增长）和与水相关的变量（比如人均水消耗）逻辑性的相连，跟水需求情景相一致。人均收入的增加能够引起人均水消耗的增加。因此，如果假定一个高的经济增长情景应该也假定高的人均水利用系数。

情景通常都是从上到下来制定的，比如，首先要设计出整个国家或是国家大部分区域的基本经济参数（人口、国内生产总值、进口和出口等）。然后，国家水平的经济发展设计将被分割成区域的，通常运用与国家平均增长趋势相关的过去区域经济增长趋势。这些区域设计应该和人口的设计相一致，因为经济的发展也得依靠人口的增长。人们可运用当地水平的可利用的信息检验在分离国家计划基础上得到的假设。

4.2.2 行政和制度的分析（AIS）

行政和制度的分析需要3个原因：

- 从水资源管理机构获得的水资源管理研究所需的信息；
- 法律框架可能加强某些发展水利用活动的约束条件；
- 措施的执行可能受到制度瓶颈的制约。

在初级阶段，最初的分析由水资源管理制度上的设定组成。在水资源部分和与水相关部分的可靠权威和协会都在国家、区域和地方水平都得到鉴定。在分析阶段，是评论权威的职责和工具。应该关注水资源管理中的各方面的权力与行政和制度系统的效力之间的相互作用。

水资源管理中的代理人的责任和权力通常在国家法律中有描述。法律框架的分析应该界定水资源管理方面负责任的不同代理人，他们的权力、工具以及与其他代理人的合作。应该关注过去安排的涉及水利用（水权利）的条款，这是因为这些可能极大地约束水资源发展的选择权。

水资源管理研究通常受到某项代理的水资源管理政策准备的限制，在这种情况下，行政和制度系统的分析将主要服务于措施的界定，这种界定能够通过代理有效地执行。这种可靠的代理应该注意到可能的解决方法和解决水资源管理问题的角色。有时，行政和制度系统分析可能导致制度和法律改革上的建议。

4.2.3 计算框架的综合

许多描述系统中，自然资源系统和社会经济系统部分的模型和组分得到发展。一些模型的产出可能正好是另外一个模型输入所需要的。一些模型可能交互式的运行，这意味着所有的模型将不得不和一个计算框架相联系。依靠模型和问题条件，这些联系在一种决策支持系统中能非常严格和正式。在其他情况下一个清晰的信息描述从一个模型流向另一模型可能是足够的。在最优模型中通过模型的结构考虑连接许多组分。

图 4-6 列举了一个计算框架的例子，将许多模拟模型相联来分析干旱条件下一个流域的情况。系统中的水库需要对水库水质、泥沙沉积和优化水力发电给予特别关注。计算框架的核心因确定了水需求而形成，接下来是供应、需求和利用活动中水分配影响的确定之间的平衡。这个核心的模型和模块将典型地自动把模型和模块连接而合并成一个单元。其他的模型通过文件转换而连在一起。这个应用需要宏观经济和水文气象学的条件（情景生成的）也需要关于水库泥沙沉积和水质模拟分析的需求输入。计算框架的最后一部分是决定金融、经济方面（投资、操作和维持、B/C，等）和支持全面的多尺度分析模块。在许多地方这个计算框架措施可通过改变输入参数包含进去。可通过改变宏观经济和水文气象条件分析情景。

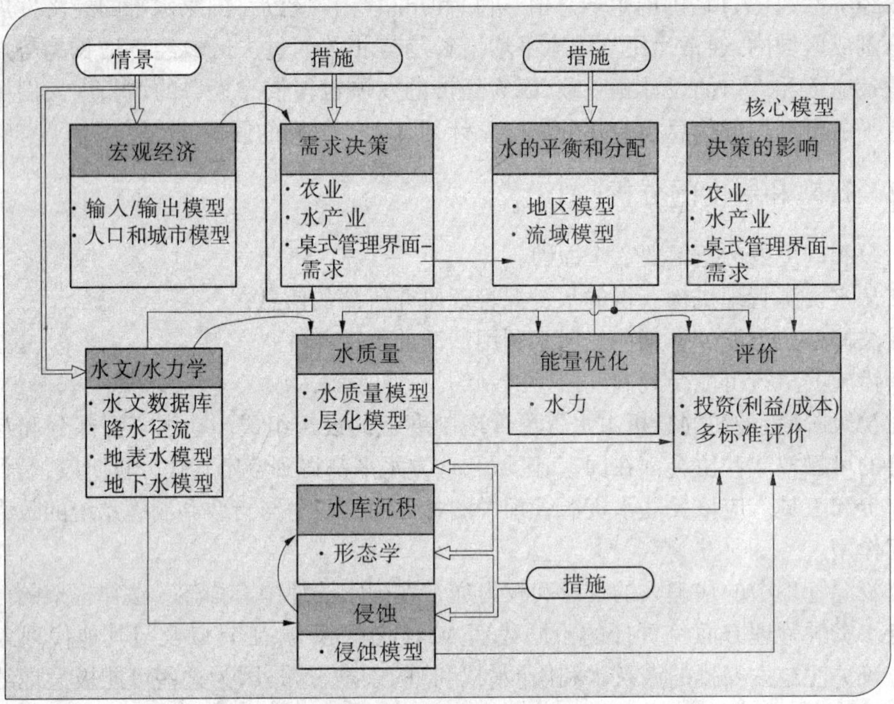

图 4-6　典型的计算框架的模型模拟

图 4-6 仅仅是个例子，其他问题情况可能需要不同的计算框架。计算机模拟者和分析人员有使这些框架可计算化而不是复杂化和奇特化的趋势。有时复杂化是需要的。在许多案例中一个简单的可计算框架就足够和较优了。基本的方法是从尽可能简单的开始并在执行适当分析时被证明是必要的时候添加细节。

4.2.4　初级分析

初级分析活动包括从鉴定可能解决水资源管理问题时的数据收集和模拟（图 4-7）中获得的知识的应用。在发展阶段刚开始时，集中分析当前情况（基础案例分析）和将来情况（参考和瓶颈分析）的水资源管理问题。在特定条件下知道问题是期待解决的与确定解决这些问题的措施。

应该通过可持续发展原理指导水资源的发展。它将导致可持续经济,可持续经济是应用而不是耗竭(在承载力或环境利用空间范围内)可再生自然资源。通过知识的发展和适应以及组织和技术效率方面的改进,也能支持可持续经济的发展。

许多可供选择性的措施能够被鉴别,通常情况下,每个措施都能对一个特定的问题贡献出(或部分)解决方法。为避免把时间花费在低效率的措施上,单个措施的效果需求对比并且允许的措施需求在将来分析中再选择。能从计算框架的初级版本中获得不同措施的效果的初步想法。在发展阶段,当允许什么类型的措施、在计算框架的效果评估中哪些原理是关键的等这类问题变的清楚时,就能够改进计算框架。

4.2.4.1 基础案例分析

在初始阶段,基于初级分析结果的一个临时性的问题描述形成了。在发展阶段,计算概念工具被用来进一步详细描述问题的情况。这都是通过具体的两个案例完成的:基础案例和参考案例。

初级分析

- ·基础案例分析
- ·瓶颈分析
- ·筛选措施

图 4-7 初级分析活动的综述

基础案例分析中,研究水资源系统在基本年份的基本构造和水需求的执行情况,这是近几年来完整的数据收集。基础案例描述了当前的水资源系统的执行情况。这个以具体的水资源管理为目标的基础案例对比能产生一个量化的问题描述。

方框 4-4

定义

基本年:当年情况;

时间水平:将来情况;

基础案例:当前情况的水资源系统执行;

参考案例:将来情况的水资源系统执行如果没有添加附加措施。

从模型观点看,也可以把基础案例分析的作用看做一类模型的校正。结果能被用来和措施信息对比,同样,如果需要,也能调整参数来更好的反映现实。应该足够关注适当的校正和确定过程。

4.2.4.2 瓶颈(参考案例)分析

如果当前的政策能够继续(没有变化的选择余地),一个必要的活动是分析水资源系统的执行情况,这种活动叫做瓶颈分析或是参考案例分析。这儿用参考是因为在分析的后来阶段措施和策略的效果将通过对比在参考案例情况下的策略结果而确定。通过运用与水资源管理目标相关的评估标准来执行措施或策略。

为了将来(计划水平),参考案例把目前的基础设施添加到已经执行或是决定的措施中,连成计划的需求。说明社会经济系统中设计的需求作用于自主发展。

4.2.4.3 措施的鉴别和筛选

当定义了基础案例和参考案例并鉴定出问题和瓶颈,措施就为了减轻问题而发展。在措施的鉴定过程中,本书 2.2.3 部分列出了许多措施分类间的区别。

所有可能采取的行动类型的详细目录通常将导致上百种措施。在许多案例中,不可能分析所有措施的细节。有些筛选过程需要选择最有希望的措施。这可以通过几种方法来实现。正如前文所提到的,能运用分离优化模型限制解决方案的空间。也可通过运用项目计算框架的发展来完成,但在某种尺度上分析会受到限制。例如,利益和成本。高利益(成本)比例的措施将作为最优化模型而被标记出来。第三种筛选分析是应用质量判断,例如根据标准效力、效率、法律和可持续性。下面的文本框(见框 4-5)揭示了这些标准。

方框 4-5
效力:意味着采取的是从事于最严重的问题并对目标有最高影响力的那些措施。阻止将来问题发生的措施与那些解决现存问题的措施具有同样的重要性。解决目前的和将来问题的措施都倾向于那些只控制症状的措施。 效率:采取的措施不应该为了外在的目标而花费其他内在的目标。成本(效益)分析(国家水平的)是效率指标之一。一个例子是,一条法律强迫工业公司招揽管道末端处理的所有成本。这可能提高水质量、提升健康并减少环境破坏,但另一方面可能成本共用而不是全部成本的恢复。 合法性:策略中包括的措施不应该依靠不确定性的法律和制度的变化。措施也应该尽可能的公正,并尽可能的得到更多投资者的喜爱。例如,通过资助非化学杀虫剂来控制灌水污染将会比通过惩罚应用过量化学杀虫剂来阻止此类污染更合法化。 可持续性:采取的措施是那些为了将来子孙后代而改进(或是至少维持)当前的环境和社会经济条件。

筛选过程的目标是获得一些如何允许以减轻当前的和预期的问题的看法。最终的判断并未给出并且在过程中没有丢弃的措施。

筛选措施是个循环过程。这些措施的评估将贡献出更易理解的有效措施且新措施可能被鉴定出来(理解环)。由于水资源系统具体的部分而使措施的结合可能被考虑,比如在一个亚流域解决水质量问题。筛选过程的结果是能在策略设计中运用有希望的措施的

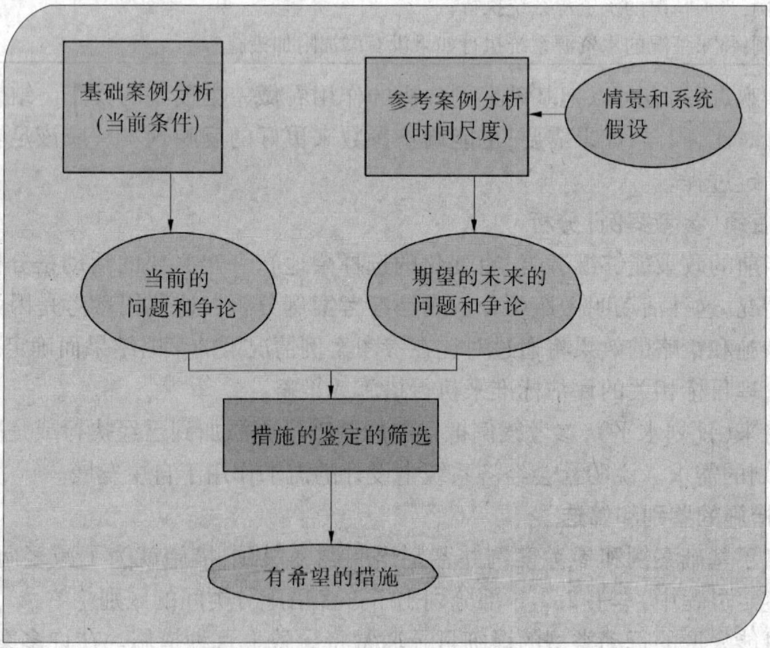

图 4-8　初步的原理分析

集合。基础案例和参考案例分析和筛选的整个过程在图 4-8 中有描述。

4.2.4.4 计算框架的定案

在措施的筛选过程中,可能会发现计算框架的调整是必要的。一些成分可能需要比鉴定初始阶段更加详细,且其他的成分可能用简单的方法判定,也可能为了更好的区别不同措施的效果而引进附加的评估标准。

4.3 选择阶段的选择性的评估

细节的分析
- 可选择策略的设计
- 影响的评估
- 可选择项的评价
- 敏感性和情境分析
- 结果的陈述

图 4-9 选择阶段的组成

在选择阶段,有希望的措施都合并在策略中了。许多策略的效果得到评估并定义了有希望的策略的限制性集合。为了这些有希望的策略的效果得到更加详细的评估。分析中这些(不确定性)假定的敏感性得到评估,并在最后这些可选择策略的结果也呈现在决策者的面前。图 4-9 强调了这些步骤,同时图 4-10 描述了选择的过程。

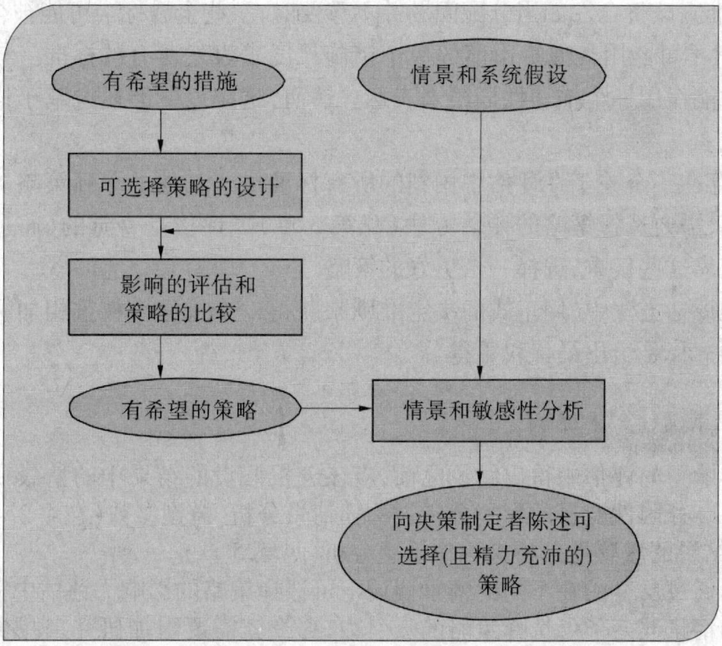

图 4-10 选择阶段的行为

4.3.1 策略设计和影响评估

策略设计是联合有希望的措施来使尽可能多的水资源管理目标的发展。通常由于这儿有许多与这些目标相关的标准、不同单元的许多可能的表达,策略设计并不是个简单的过程。通常,联合措施和它们在评估标准上的得分的关系并不是线性的。由于没有普遍的方法来补偿在一个标准上的较低得分而在另一个标准上的较高得分,它自身的最适宜性也没有唯一的定义。可持续性应该在措施和策略评估中给予恰当的权重。

策略的设计是个反复的过程。人们能够从像食物生产或最大经济利益这类单个目标为基础的发展策略开始。这些策略定义出了解决问题空间的边界。这些策略影响力比较能通过改变策略原理而导致建设有希望的策略。一个标准结果的丢失接下来能在另一个标准中获得。

计算框架的发展可能在可选择策略的评估中运用。为了计算而准备输入数据集,定义水资源形势(策略)并假定水需求量(情景)。这样的集合将作为一个案例而被包含在内。每个案例都与一个唯一的水资源系统联合,它的需求状况(情景)和它的水文气候学边界条件相关联。

4.3.2 可选择策略的评估

策略的对比是基于它们关于水资源管理目标特征化选择的评估标准的得分(见4.1.3部分)。为了促进对比,评估标准的数量应该受到限制。标准应该是可理解的(充分表明目标的匹配度)和可执行的(它应该可能在一个相应措施尺度分配一个值)。当可能时,评估标准应该整合。如当分配问题并不重要时,一些金融标准可能被合并成一个单独的值 。通常不可能用类似货币值的单个措施尺度来表达所有的标准。与环境质量相关的标准时常能仅用一个描述性词语来表达。然而,这应该能够通过基于描述性的可能的排序来完成。

通常,不存在一个关于在评估中用到的所有标准优于其他的单独策略。这意味着为了排序的需要,需要选择策略的评估方法(见第5章)。评估是直觉的,通过许多标准的固有权重并依靠这些权重,选择一个更好的策略。

在多标准评估方法中,用正式的决定准则来获得一个排序。权重相加法是个简单的方法。最好的选择是给出最优权重得分。

4.3.3 情景和敏感性分析

在从有影响力的评估中得出结论之前,应该分析假设的结果中的情景变化和模型参数的变化效果。外因性变量的影响分析被称作情景分析,模型参数(在4.2.4部分提到的系统假设)的结果的敏感性分析被称作敏感分析(见第5章)。

情景分析通过反复的在不同的情景假设下可选择策略的影响力评估中完成。如果选择一个不同的情景改变了可选择策略的吸引力,那么就需要附加研究来减少情景假设中的不确定性。模型参数和假设变化引起的结果的敏感性可用相似的方法完成。

4.4 结果的陈述

对于决策者来说,可能通过简报、陈述、总结报告等来陈述可选择的有希望的策略的结果。细节水平和结果的陈述需要仔细的选择。陈述须对结果有个好的综述,而不是信息和细节的过量描述。视觉的帮助比如说得分卡和相互作用的计算机陈述的研究结果对分析结果的讨论极其有帮助。

选择策略的结果能在得分卡矩阵形式中表现出来。得分卡的竖列代表分析中用到的可选择案例。横行代表和所给标准相关的不同的可选择的影响。图 4-11 描述了一个得分卡的例子。得分卡只能包括数字、相关的标准的数值也能通过颜色或是通过阴影来获得不同标准相关的可选择次序的视觉图像表达出来。这个也能帮助观察一系列的标准，这些标准能使可选择方法得到连续更好的分数。得分卡结果的陈述允许决策者给每个影响赋以最适当的权重。

策略的成分 / 对标准的影响	有希望的策略			
	农业的策略	工业的策略	反对污染策略	混合策略
	• 灌溉 • 水的储存 • 泵 ⋮	• 水的储存 • 地下水利用 •运河的改进 ⋮	• 水的保护 • 净化 •水利用的税收 ⋮	• 水的储存 • 净化 ⋮
总的投资成本(兆欧元/a)	300	400	700	700
总的利益(兆欧元t/a)	1 200	700	100	1 000
增加的农业生产(兆t/a)	800	150	50	600
饮用水的价格(欧元/m^3)	1.40	90	1.20	1.10
污染(mg/L)	150	220	35	70
水电生产(MW)	200	1 200	50	800
渔业(t/a)	70	20	80	40
洪水的安全(%)	99	98	96	99

最好　一般　最差

图 4-11　得分卡的例子

接下来的两个方框显示了目标和标准的两个例子。第一个例子列出了西爪哇采取的水资源管理研究的目标和标准。第二个例子是埃及国家水资源发展计划中运用的得分卡。这个例子并不能显示可选择策略,只是给出了“面临挑战”的备选策略。通过包括基础案例(当前形势)和参考案例(如果不采取新的措施的将来形势)得到新策略影响的一个好综述。

4.5　结论

本章描述了代尔夫特水力学所用于评估水资源系统和这些系统的发展计划和管理策

略的方法。正如许多其他的此类组织,代尔夫特水力学所已经积极的介入了遍布整个世界的,特别是发展中国家的大量的区域水资源计划和管理项目中。这个附录描述的方法仅阐明了如何指导这些项目和指导时需要考虑的主要因素。一些项目的效果和影响仅是局部的且需考虑一点儿经济部分。

其他的更广泛的项目具有国家的或是国际的影响力。显然,每个水资源系统关于它的管理论点和问题都是唯一的,且制度上的环境项目计划和分析方法必须适应这些情况。因此,每个项目都有困难,且毫无疑问从这个附录中描述的普遍的方法中分离了。

第5章 性能标准与评估方法

水资源系统通常提供多种经济、环境和生态的服务,该系统也服务于多个目的(如供水、洪水保护、水力发电、航运、娱乐以及减少废弃物和运输)。性能标准提供如何执行一项计划或管理政策的措施。有许多标准,可供人们运用其来判别和比较系统行为。其中的一些性能标准可能有冲突。在这些情况下,平衡存在于相冲突的准则中且当寻求最优折衷策略时必须考虑这些平衡 。本章描述了在选择最优决策的政治过程中的这些平衡的鉴定和工作方法。

开发和管理水资源系统涉及到决策的制定。在多种计划和管理水平制定决策中,甚至通过向更高级的组织提出简单建议策略的人制定决策。每个人运用其判断力和他们可利用的所有相关信息来制定决策。制定全方位政策的能力是以科学和社会或政治标准为基础的,这些标准是任何水资源计划和管理组织成功的基础。

模拟和数据管理工具对制定全方位决策所需要的信息是有贡献的。这些工具是量化的,但它们是基于信息含义的定性的判断并不是非要包括和考虑在内的。即使最"客观的"或"合理的"决策也是建立在主观选择上的,这些主观选择受政策决定机构所认为的重要因素的影响。为达到目标或标准,谁和多少是他们要关注的。模拟的好处之一是假设的差别,判断时需要考虑什么和不考虑什么,或是确定输入的数据必须是多么精确,重视它们对制定的决策的影响评估。

决策制定者和那些影响他们的是人,而人们的观点、经历和目标可能不同。这些差别驱使人们根据权衡思考。水资源管理决策必然要包括制定竞争机会、目标和目的间的权衡。水资源系统规划者和管理者的任务之一包括评估可选择的设计和管理计划或是政策来鉴定竞争机会、目标和目的之间的权衡。然后能达到为包括全部的有兴趣的利益相关者找到最好的折中决策的巨大的政治进程。

尺度表明,那些能够很好地服务于所有利益相关者利益的不同管理计划和政策通常被称作系统性能标准。有许多系统性能标准,一些能够量化,一些不能量化。缺少量化而制定的标准没有能够量化的标准重要。那些制定的决策考虑了所有的标准,既有定性的也有定量的。

如果每个系统实施措施或是目标能够以相同的单位表达,那么决策制定就会相对的简单。在处理公共水资源时实际情形并非如此。

成本(利益)框架在水资源规划和管理中已经运用几十年了,其把不同类型的影响转化成一个单独的货币单位。一旦完成,其任务就是寻找使利益和成本差异最大化的计划或政策 。如果利益和成本之间的最大差异是正值,那么就是个最优的计划或政策。但不是所有的系统性能标准都能用简单的货币单位表达。即使货币单位能用在每个目标上,货币自身也不能表达谁受益、谁支付和量的多少的分配问题。虽然不是所有的利益相关者然而确实有人,可能同意最大化总净收益是个值得争取的目标,都可能在如何最好的分配那些净收益上达成一致。

显然,水资源规划和管理能在多重标准的环境中发生。设计者和管理者面临的众多问题的一个关键因素是需要明确地处理生态、经济和社会的影响,这些影响由管理行为产生的多重公制来表达。那些未被识别和明确的包括处理多重系统实施措施和目标以及多重利益相关者间冲突的方法可能不是非常有用的。

成功的决策制定包括创建计划和管理过程中的多重参与者间的一致同意。这些包括利益相关者,即对任何管理计划和政策的结果有兴趣的个人或是利益团体。利益相关者在制定决策的过程中需要完全被包含在内,而使专业计划者和管理者的生活复杂化了。越来越多的重要的信息资源来自于讨论组、大众听证、协商和争论的解决过程。这种来源于早期讨论的模拟方法的信息,在会议中的争论应该得到陈述和考虑。

最终,一些人或一些组织就必须作出决定。即使水资源专家把他们的工作看做是为其他一些人作出决策而提供技术上令人满意的选择或是权衡,他们也作出定义或是限制那些选择或权衡范围的决策,则作出全方位的、有效的决策的重要性可应用于任何人。

5.1 全方位决策的制定

全方位决策制定包括定性的思考和分析以及定量的模拟(Hammond,Keeney 和 Raiffa,1999)。定性的思考和分析跟随定量化模拟,在定量化模拟之前进行定性的分析对鉴别是有益的。

- 涉及所有利益相关者的真实目的(那些可能与他们表达的不同);
- 决策需要的可能事件;
- 能达到目标的有效的普遍可选择的方法;
- 包括所有利益和目标间的主要权衡。

当决定目标和达到这些目标普遍可选择的方法的定性方面比较弱时,再多的定量化模拟和分析也弥补不了这些弱点。目标和普遍可选择的方法的鉴别是以水资源管理者开发适当的定量化模型为基础的。这些模型将提供另外的见解和可选择方法的定义以及他们预期的效果。模型不能鉴别新的观点或是所谓的"框外的"选择项。它们也不能鉴别具体案例中应该考虑的最优标准,只有我们人脑能做到这一点。先个别的,然后再集中在一起。

例如,通过修建额外的地面水库增加储存容量或是增加地下水抽取,流域内周期性的市政供水短缺可能减少。假定这个案例的目标是增加一些具体的供水水平的可靠性,发展模型来鉴别水库容量和抽取能力间的均衡,并增加达到供给目标的可靠性。然而,在干旱时期,这些模型不可能完全考虑和评价不同的选择,例如卡车运输的水、实现用水约束或水的再利用,当然除非那些模型包括这类选项。一些人在模型帮助鉴别什么承载力下需要多少辆卡车或是如何最好的实施水的再利用和用作什么之前会考虑这些普遍性的选择。

需要花费时间来鉴别相关的目标和普遍的选择项。显然,一些普遍的选择项的初级筛选是且应该是在定性分析阶段完成的,但是留下来的可选择项应该运用定量化模拟方法作进一步的分析。

鉴别可能的目标和普遍的选择项的创造性是通过描述以下问题得到帮助的:理想的决策是什么?每位利益相关者考虑其他利益相关者的理想的决策应该是什么样的?需要避免什么?什么使得一个好的可选择项甚至一个不可行的项如此重要?什么使得一个糟糕的可选项如此糟糕?个人的最优的选择是如何调整以适应其他人的?每个管理者和利益相关者何时进行此类思考?响应的组合集可能更全面且更少的受他人意见和信仰的限制。他们能成为构建一个集体讨论和统一意见的基础。

目标定义的综述能转化成短的并包括最大化或最小化的词语。例如,最小化成本、最大化净收益、最大化可靠性、最大化水质、最大化生态系统生物多样性、最小化构造时间,或是使一些目标存储容量或一个目标水分配最大化的偏差最小化。经济、环境、生态和纯物理的目标,如这些能够变成起源于优化模型的解决方案的客观功能,在前面的章节中曾描述过。社会目标也应该考虑在内。实例可能包括最大化雇佣、最大化代理合作、最大化利益相关者参与、最小化法律依赖和将来合法的行为与成本潜力。

定量化模拟被用来鉴别更精确的设计和最好的满足管理标准和不同性能标准间的影响和权衡的结构性及非结构性可选择项。一旦进行这样的分析,通常对结果的合理与否表示怀疑是明智的。他们是否期望?如果不是,为什么?如果结果是令人意外的,是分析提供了新知识和理解还是犯了错误?涉及输入数据和模型本身的许多假定的结果的敏感性如何?

因此,模拟过程以许多更加定性的研究结束。模型不能替代人的判别。人类不是定量化模型,要对水资源规划、管理决策、鉴定性能标准和普遍可选择项的结论制定过程负责任。

5.2 性能标准与常规方案

下面介绍一个与利益相关者密切相关的确定的方法(Gregory、Keeney,1994)。人们能从广泛的基本目标开始,比如公众健康、国家和个人安全、经济发展、普遍的快乐和幸福。几乎每个人都把这些作为财富目标包括进去。仅仅是这些需要实现的目标如何通过其他更具体的目标或标准来表达。

通过问一些具体的广泛的基本标准或目标是如何获得的,通常,最终会产生各种更具体的系统性能标准或目标并改进这些标准,如自己普遍的可选择项。由于人们从基本目标中获得的更多,这些目标如果不是所有人都同意就会存在一个使利益相关者不同意的机会更大。例如,我们可能通过建议最大化的地表水和地下水质量来回答“我们是如何实现最大化的公共卫生的?”的问题。也可通过其他方式来回答这个问题,如通过最小化废水与地表水体交换和地下水过滤,通过废水处理设备的最大化清除率,通过径流水污染浓度的最小化,通过增加流动量或是增加流动和处理废水相结合,通过增加水库的库容并释放上游来水或通过废水处理提升到三级水平,等。

每个“如何”的问题都有许多答案。这能导致类似于大树的分枝,每个分枝代表一个不同的和更具体的性能标准或可选择的方法来完成更高水平的目标。举例说明,如何提升水质的答案可能包括水和废水处理的结合、增加流动、改进的废水收集系统和减少肥料与杀虫剂在土地中的应用以此减少非点源污染的释放。也有其他的答案。如果最小化点源释放更低水平的目标已经作为第一个考虑目标，那些其他的许多可选择项不会得到鉴别。基本的目标越多需要考虑的可供选择的范围将会越大。

如果任何被鉴别出的满足一些目标的可选择项并没有得到足够的考虑，那么它就是个好的迹象，表明有其他的应该考虑的目标。例如，如果没有想要增加流动，那就意味着除考虑了水质外，水流流态或现在的水的利用也被考虑并且流动的增加可能从其他目标中减少了。如果利益相关者对解释为什么一些可选择项不能使工作有困难，这可能也是个迹象，表明有其他目标和可选择项等待鉴别和评估。它们是什么呢？把它们鉴别出来，把它们和其他的已经定义了的结合起来考虑。

更多的基本目标能通过提问"为什么?"而被鉴别。对于"为什么"问题的回答将引导人们回到正在增加的更多的基本目标中去。当关于为什么的唯一答案是"它是每个人确实想要的" 或是一些相似的，那就达到一个基本的目标了。努力思考"为什么"将会帮助阐明什么被认为是最重要的。

5.2.1 决策的约束

约束限制选择。约束通常是现实的。有一些物理的和社会的规律，这些规律为了在许多案例中使任何性能标准都得到满足而限制什么能做，但是这并不是在目标和普通可选择项鉴别过程中考虑它们的时候。有创造性且不用拘泥于现状，例如，像平常一样继续开展或依靠默认的(通常是政治上无风险的)可选择项。它可能证明出这些默认或无风险的可选择项是最优的选择，但它在后来能得到确定。在通过定性分析鉴别目标和普遍的可选择项时扩大范畴并创造性地思考。如果需要水向上流，就假定它能发生。如果它确实是值得的，工程师们就能做到。律师能改变法律，如果它确实重要，社会能够并将会再次适应。

比如，考虑所有的抽水蓄能水电设施用水都是从下往上抽取的，或是随时间的流逝而改变与湄公河、莱茵河、塞内加尔河，或是北美五大湖，佛罗里达湿地区域的水管理和生态系统有关的目标。

在规划和管理过程中要避免落入其他的圈套，不要把任何初始的可行的、最优的或最差的案例筛选变成铁定的事实。要考虑可能事件的整个系列，不要仅仅集中在从更可能事件中得出结论的非常事件。当有害的泄露和洪水带来不健康和损失，它们就不是普通的、更常规的、人们必须规划的事件。

当决定应该在哪里进行附加投资时，这也是对考虑过去或降低成本有诱惑力的。如果过去的投资是个错误，它就仅是刺激我们自己判断过去的那些通过支付更多的货币来替代采取更有效的行动的投资是正确的。

最后，客观的目标不应该设得太低。如果目标设得高了，那么寻找好的、非传统的可选择项的机会就在增加，即使达不到，高度渴望常会驱使人们以全新的方法去思考。政治上它可能结束，可能只会接受现状的边际变化，但是这并不是考虑何时鉴别目标和普遍可选择项的时候。

5.2.2 权衡

当有多重目标时权衡是必然的，并且当在规划和管理过程中有许多利益相关者或参与者时，多重目标又是必然的。我们都想要我们的蓄水层、溪水、河流和湖泊中有洁净的水，但是如果它需要花费金钱来达到我们期望的质量时就会有其他的行为或项目包括教育、健康护理、安全，或者甚至使其他的环境恢复或努力阻止和减少污染，和那些相同的类型的竞争，并且经常受资金的制约。

权衡的发生是因为我们都想要更多的好事情，且这些好事情中有许多是有冲突的。我们不能拥有纯净的水并且同时减少废水处理成本，鉴别这些权衡是定性和定量分析的任务之一。通过定性分析，我们能鉴别出包括什么样的权衡，如净化溪水需要增加成本，需花费多少美元、欧元、英镑或日元来使一个具体的湖泊的最小化溶解氧浓度增加到 3、4 mg/L 或 5mg/L 正是定量分析的任务。

从所有的冲突性能标准中寻找一个平衡表现出了水管理决策制定的特征。对鉴别有效的或非主导的均衡的技术信息的理解显然是必要的。然而，如果技术信息没有强调真正的目标或系统采用投资者感兴趣的措施，重要的时间和资源就在利益相关者开会的讨论中或是在履行技术研究的分析中浪费了。

在竞争决策中寻找最优的折中是个政治的或社会的过程。这个过程得到了竞争目标间的可利用的权衡的帮助。鉴别这些定量化目标间权衡的模型不能走向下一个阶段，如鉴别最优折中决策。模型能帮助鉴别和评价可选择项，但是它们不能替代做出最后决策所需要的人类的判别。

模型能帮助鉴别竞争目标或系统履行指示剂间的非主导的均衡。有时这些被称作有效均衡。如果多重有冲突的目标值没有得到证明时，一个或更多其他一些更差的目标值将可能是必要的。主导的或是所谓的最差决策是那些可能在不损坏其他值时至少改进一个目标值。

许多人将争论这些主导的决策能从长远的思考中消除，这就是当有更好的可用决定时，任何理智的人喜欢这类决定的原因。然而，定量化非主导的或是有效的解决方案考虑了涉及一个或多个更差的和受控的定性目标，或甚至在分析中省略了其他的定量目标。通过一系列性能标准的定义，从政治决策过程制定中消除差的或受控的可选择项不可能一直都是有益的，它们中的一个会被一些人看做是最好的，这些人以他们个人的观点认为在这个分析中不包括或是没有适当的定量化其他的标准。

权衡必须在冲突性的目标结果、系统履行指示剂或影响那些帮助定义什么是应该做的之间被鉴别和制定出来。权衡在可选择项决策制定过程中是必要。一些最重要的目标（最困难的权衡）包括确立一个决策是如何制定的过程。例如，在实施定量化模型研究中的什么是最佳的时间金融资源利用，在此研究中应该包括哪些人，谁应该提议这项研究，以及利益相关者是如何被卷入的？这类问题通常都与水和其他资源利用争论的中心相连，并能够极大的影响过程中参与者的信任和合作。他们也能影响利益相关者对最终决策、选择管理政策或计划支持的意愿。

5.3 定量化性能标准

到目前为止,本章集中于待鉴别的目标和普通可选择项的关键定性化方面。本章的剩余部分将集中于使许多标准定量化和如何运用它们来比较不同的选择项并鉴别出它们之间的权衡。然而,这里重要的是在它们定量化的过程中花费时间之前,要意识到花费相当大的努力来获得一般性的目标和可选择权利是值得的。这里并没有关于它的定量化帮助,只能努力思考,把一些当前的建议牢记在心。

目标的定量化就是采取一些定量化(数字的)尺度来为如何更好的达到目标提供一个指示剂,比如流域保护计划的目标之一可能是野生生物的保护或保存。为了给不同计划如何达到目标进行排序,数字准则是需要的,比如保护生境的面积或关键野生物种的数量。

定量化并不需要以可比较的单位来描述所有的目标。相同的计划有个洪水控制目标,它以受保护洪水阶段高度作为定量化目标。它有个区域发展目标,以增加的地方收入来定量化。定量化不需要将货币成本和收益分发给所有的目标。

下面讨论经济、环境、生态和社会的标准。

5.3.1 经济标准

水资源系统发展和管理通常受经济标准的推动。许多水资源系统包括水库、河道、水电设备、地下水抽取系统、闸门和防洪堤的开发是由于经济原因。这些系统的利益和成本能用货币单位来表达。标准或是最大化当前的净收益价值(总的成本小于收益)或最小化提供一些目的或服务的成本。为的是达到以前的效益(成本)分析并达到后来的成本(效率)分析。

效益(成本)分析的合理性是基于两个经济概念的:稀缺性和替代性。稀缺性意味着是自然的,人造的和人类的资源都是受限制的。因此,人们愿意去支付。所以他们应该以一种能产生最大回报的方式来利用,比如应该有效的利用。替代性的概念表明个人、社会团体、公共机构通常应该愿意的为了其他的目标值来交换特定量的一个目标值。

应用到水资源上,最大化净收益需要时间和空间上有效和可靠的给他们的许多分配水的用途(两个尺度:定量的和定性的),这些用途包括水力、娱乐、供水、防洪、航运、灌溉、冷却水、废水处理和消化、生境改善等。下面的例子阐明了最大化多目标水库的净收益。

考虑一个用来灌溉和娱乐的水库。灌溉和娱乐并不是十分兼容的。夏季当水库蓄水位高时,在整个夏天娱乐的利益更大,仅当灌溉需要时可能引起水库蓄水水位的下降。因此,这个项目有两个相冲突的目的:提供灌溉水和增进娱乐机会。

能用这个例子来阐明一些基本的效益(成本)原理分析。X 作为每年运输给农户的灌溉水量,Y 作为在水库娱乐时旅游次数或天数。灌溉和娱乐的可能水平在图 5-1 中表示。图 5-1 中定义为可能的生产边界或效率边界的实线是可行的 X 和 Y 的结合的分界线。

在阴影区域内的 X 和 Y 的任何结合都能通过水库运用得到(如通过调节灌溉和其他

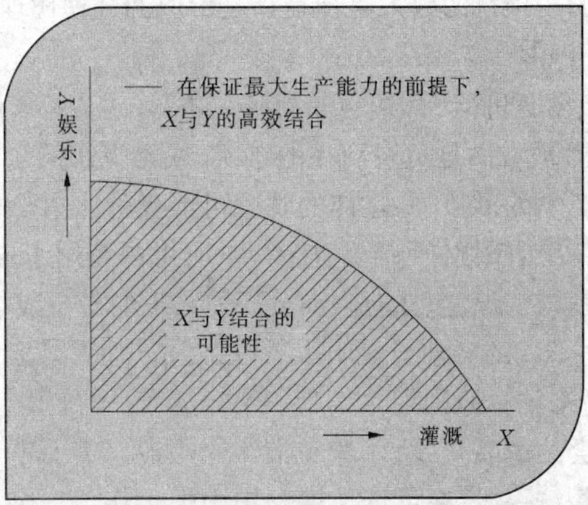

图 5-1　一个展示可行和有效的结合灌溉水 X 和游客娱乐天数 Y 的双目标规划问题

用途水的释放量)。显然,X 和 Y 都是越多越好。因此,通常关注集中在可能生产边界上,该边界包含哪些技术上 X 和 Y 的有效结合,在这种意义上没有其他的减少就不能获得更多的 X 或者 Y。通过可利用资源(水、水库的库容、娱乐设施,等)的定量化和产生 X 和 Y 的能力来确定可能生产边界的形状和位置。

继续使用这个例子,假定一个私人企业在竞争环境中拥有这个双目标的水库(如有许多灌溉水供应者和水库娱乐点的竞争)。灌溉水和娱乐机会的单位市场价格分别为 p_X 和 p_Y。也假定企业的成本是固定的且 X 和 Y 是相互独立的。在这种情况下,总收入是

$$I = p_X X + p_Y Y \tag{5-1}$$

图 5-2 中绘制了导致固定收入水平 $I_1 < I_2 < I_3$ 的 X 和 Y 的值。指出最大化企业收入的 X 和 Y 的值通过可能生产边界点产生了 I_3 收入。收入大于 I_3 是不可能的。

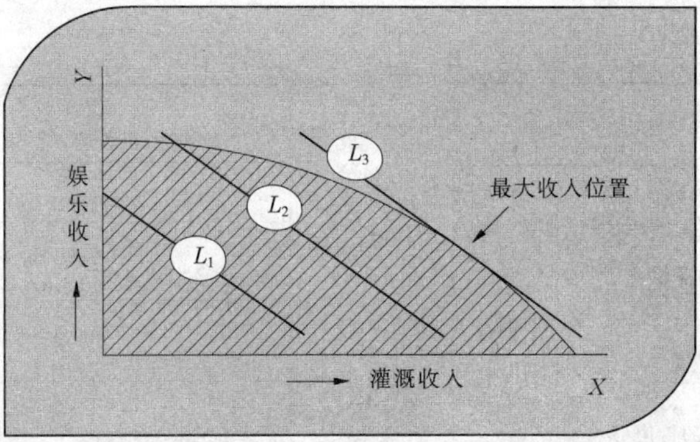

图 5-2　包括灌溉和娱乐收入和总收入水平多样性常数间权衡的双目标项目 $I_1 < I_2 < I_3$

现在假设水库是公众机构拥有和操作的且存在普遍的竞争条件。p_X 和 p_Y 的价格反映了灌溉水和用户娱乐机会的值。项目的合计值通过用户对灌溉水和娱乐输出的支付意愿来显示。在这种情况下,它的支付意愿是 $p_X X + p_Y Y$,等于企业的收入。在竞争条件下,私人操纵水库使其收入最大化或政府操纵使其用户利益最大化都能产生相同的结果。

当应用水资源规划在私人和公众部分的决策制定的利益(成本)分析时要假设一个

类似的地方。也要假设来源于项目的收入是项目社会价值的合理代理。

5.3.1.1　水的“价值”和“价格”

(1)水作为一个经济产品有价值(都柏林原则第4条)。过去许多水资源管理的失败归因于水一直(现在仍然是)被看做是免费商品的事实,或至少水的全部的价值还没有得到认识。在对短缺水资源竞争的形势下,这样的观念可能导致水以低的利用价值进行分配并不会提供的把水看做一个有限财产的动力。为了取得可利用水资源的最大化利益,需要改变对水的价值的理解与认识,包括对当前分配模式下的机会成本。

(2)价值和费用是两个不同的概念。提出了关注“经济产品”概念的社会结果。这是如何影响穷人获得水的?(都柏林原则把水作为一个经济产品,在21世纪议程的第18章里把水作为一个经济和社会的产品)。为了避免混淆这个概念需要清楚的区分水的价值和费用。是否通过调整或经济手段,在可选择项利用中把水作为一个稀缺资源对水的价值进行合理分配是重要的(运用“机会成本”的概念)。水费是应用经济手段影响保护和有效水利用行为,提供需求管理的动力,保证成本恢复和表示消费者对水服务中附加投资的支付意愿。

(3)有用水价值概念。发现水价值的概念在水资源综合管理中是有用的。水的总价值由它的利用价值(或经济价值)和它的内在价值组成。取决于用户和它的利用方式的经济价值包括:对水的使用者的(直接)价值,通过蒸发或其他沉积丢失的水的净收益(如回流)和指向获得社会目标的水分配。内在价值包括非利用价值,比如遗产价值或存在价值(见图5-3)。

(4)有用水成本概念。提供的水的全部成本包括全部的经济成本和与环境外部相连的公众健康和生态系统维持。全部的经济成本组成是:归因于资源管理全部的供应成本、操作和维持花费、资本交换、可选择水利用的机会成本和间接作用于部分的经济行为变化引起的外部经济(见图5-4)。

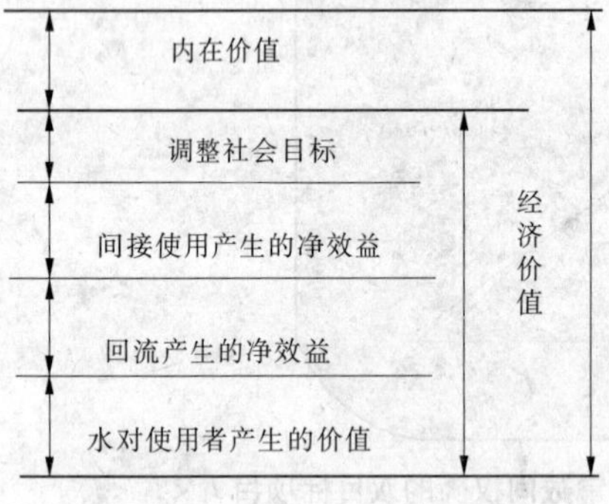

图5-3　水估价的一般原则

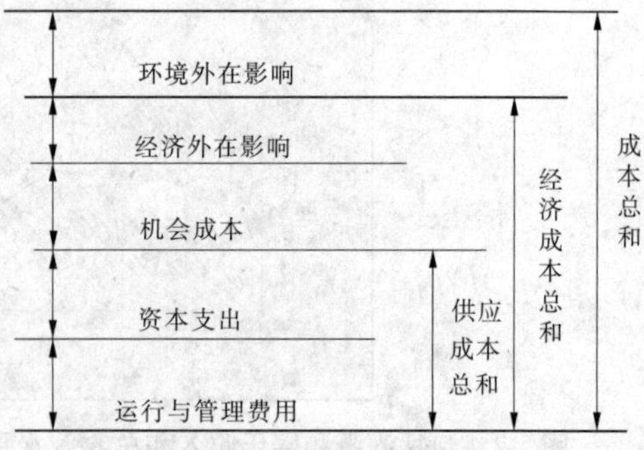

图5-4　水的成本计算的一般原则

(5)恢复成本总和的目标。恢复成本总和应该以所有水用户为目标,除非有强制的原因才不那样做。同时,原则上,需要估计全部成本和弄明白合理分配和管理决策的目的,不用必须与其他用户交换。然而,成本是由某些人来负担的。成本总和的估计可能非常困难。在有水冲突的形势下,应该尝试至少把估计经济成本总和作为分配基础。

(6)通过经济手段管理的要求。把水作为经济产品可能会帮助平衡水供给和需求,从而支持来自于重要自然资产的产品流和服务流。当水变得越来越稀缺，传统的扩大供给的政策就不再是可行的选择项了。有一个清晰的对运用经济概念和手段的要求，这些要求能通过限制水需求得到管理。重要的是，是否水产品和服务的交换能反映涉及到的成本总和，当对不同水产品的需求证明了花费稀缺资本资源来扩大供应是正当的时，管理者将会处在一个更好的位置来判断。

(7)金融的自足相对于作为社会产品的水。为了水资源管理机构和水的有效利用，需要确保它们有足够的资源使其财政上独立于一般收入之外。因此，作为最小化，供给成本的总和为了确保投资的可持续性一般应该得到恢复。但是，高的供给成本和社会关注可能需要直接给处于不利地位的团体补助金。同时，"全面的"补助金一般会歪曲水市场，不应该提倡，对目标团体直接的补助金可能是重要的，但是他们需要透明化。然而，有几个目标补助金的成功实施在制度上的先决条件，包括足够的税金或普通的税收收集系统、机械化鉴定目标团体，监控能力和基金利用的探究。不同组织、用户和管理代理之间的透明的金融联结是成功执行水政策的基础。当以一个透明方式运用"补助金是好的，税收是坏的"的原则时有相当大的优点，虽然公认所有的补助金都是由一些人支付的。一般的，从税金中支付的补助金比系统依靠不同的消费团体间的交叉补助金更少的被扭曲，然而，公认在许多行政部门的交叉补助金很容易实施。

5.3.1.2 效益和成本估算

在效益(成本)分析中，可能需要估算灌溉水、海岸线所有权、湖泊淹没的陆地、湖泊的娱乐、捕鱼机会、优美的景色、水电生产、航运或是野生河流消失的货币价值。可能需要估价的这些效益和成本的状况有时被分成四类来反映定价的方法。这些状况是：

(1)市场的价值存在且是边际社会价值(如所有个人的边际支付意愿)的精确反映。这种状况在市场竞争条件面前时常发生。一个例子是在农业条件下就没有价格补贴，比如，不需要支持价值(一些确实存在的)。

(2)市场的价值存在，但是由于多种原因而不能反映边际社会价值。例子包括农作物的价格补贴，不然劳动力就不被雇佣了，或者输入的产品产生了污染，经济和社会成本没有包括在这个价格中。

(3)市场价格本质上是不存在的，但是如果市场存在就可能涉及或确定用户或消费者支付什么，例如户外娱乐。

(4)非真实的或模拟市场的过程能简单构思出来。这个分类可能相对较少。虽然优美风景和历史遗址市场作为适当的范例被考虑，但这两个有时都是通过私人占有和管理来获得收入的。

对于前三个分类，效益和成本能够作为那些通过项目起作用的总的净支付意愿来度量。比如，假设考虑到的可选择水资源项目是 $X_1, X_2, \cdots$，让 $B(X_j)$ 等于 X_j 计划的受益者相对于先前项目更具支付意愿的总量。这代表了项目受益者的合计值。让 $D(X_j)$ 等于 X_j 计划非受益者为阻止项目实施愿意支付的总量。这包括如果项目或 X_j 计划执行后社会不可用的资源的社会价值。对 X_j 计划的合计净支付 $W(X_j)$ 等于 $B(X_j)$ 和 $D(X_j)$ 间的差值，即

$$W(X_j) = B(X_j) - D(X_j) \tag{5-2}$$

根据 X_j 计划合计净支付意愿排序，如 $W(X_j)$，如果 $W(X_j) > W(X_k)$，可推断出 X_j 计划受欢迎或是优于计划 X_k。

一个合理的支付意愿标准是如果 $B(X_j) > D(X_j)$，受益者能够补偿受损失者且每个人都能从项目中获取利益。然而，这种补偿很少发生。通常，没有为这个需要支付的补偿确立机制过程。同时，项目需要许多资源，比如土地、劳动力和机器，这些资源将被获得和付出。那些失去所喜爱的美丽景点或利用野外河流提供机会的人们，以及那些被迫倾听噪音或呼吸更脏的空气及财产价值遭受损失的人们，很少因为这些项目而得到补偿。

这个补偿标准也忽略了收入的再分配的产生，这些应该在计划的选择过程中被考虑。补偿标准意味着对所有受影响的正当的收入的边际社会价值是一样的。如果一个项目的利益主要产生了富裕的个体而成本由低收入团体负担，$B(X)$ 可能就大于 $D(X)$，这只不过是因为受益者能比非受益者支付的更多。这与谁受益和谁支付有关，例如谁开始吃饼和饼多少钱与饼有多大一样。传统的利益(成本)分析忽略了这个分配问题。

除了这些和其他的概念上的与支付意愿标准相关的困难以外，现实的度量问题也存在。许多水资源规划的产品是公共的或集体的产品。这意味着它们本质上是不可分割的，且一旦提供给一个人要是不给其他人提供是非常困难的。集体的产品通常也有特性，那就是一个人消费了就不能禁止或是破坏别人对它的消费。

社区的防洪是个公共产品的例子。一旦对一个人提供了防护，同时它就也给其他人提供了防护。结果，如果其他人对项目有支付意愿，这就不是个人的自我利益来自愿通过贡献一个与他的或是她的实际利益相等的量来帮助支付项目。然而，如果其他人将要支付这个项目，个人可能夸大他们自已的利益以此来确保项目的实施。

确定应该对项目贡献什么利益通常是困难的，且必需的会计学变得密切相关。在利益(成本)分析中，经济条件对基础案例来说应该是首先被计划的。在基础案例中没有计划被实施并且在那种情景中评估了利益和成本。然后，对每个计划的利益和成本都度量了，由于额外的经济影响，这些影响是在经济学中超过这些条件基线而发生的。最适当的评估利益和成本的方法取决于市场价格是否反映真实的社会价值，是可利用的或是否能构造这些价格。

5.3.1.3　市场价格等于社会价值

在前面讨论的灌溉、娱乐的例子中考虑了灌溉利益的评估。让 X 等于每年项目提供的灌溉水用量。如果主要市场价格 p_X 反映水的边际社会成本且如果那个价格并不受项目实施的影响，水的价值就仅是 $p_X X$。然而，经常会发生大的水项目对它们提供的产品的价格有大的影响。在这种情况下，我们灌区的例子，水的价值在项目实施之前或之后可能不是基于价格的。恰恰相反，对用户来说水的总价值 X 是人们对水的支付意愿的总量。

$Q(p)$ 是消费者想在单位价格 p 购买的水的量。对任何的价格 p，消费者都将继续购买水直到另一个单位水价小于或等于价格 p。公式 $Q(p)$ 的定义被称做需求公式，它在图 5-5 中有所描述。单位价格越低，个人愿意购买的水就越多。如需求将会更大。

给定单位价格 p 的支付意愿通过需求曲线的面积来定义的。正如图 5-5 所述，有一些人对给定水量愿意支付比别人更高的价格。由于单位价格的减少，更多的个人愿意买更多的水。给定水量 q^* 的总的支付意愿是需求曲线从 $Q=0$ 到 $Q=q^*$ 以下部分的面积。

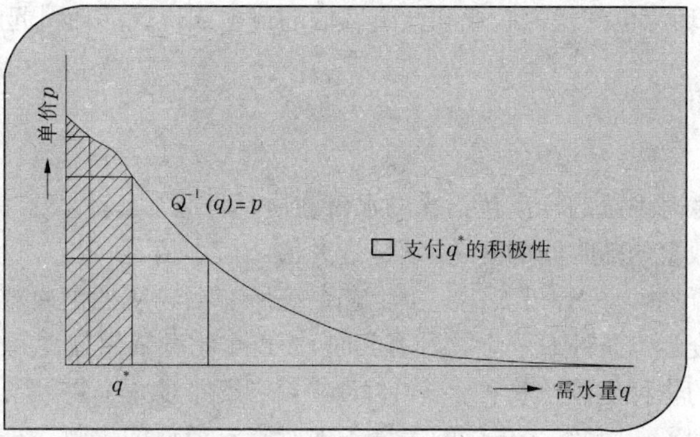

图 5-5　需求公式定义了多少水 Q 将会以一个具体的单位价格进行交换

注:阴影面积代表支付意愿的数量 q^*

支付意愿为

$$q^* = \int_0^{q^*} Q^{-1}(q)\,\mathrm{d}q \tag{5-3}$$

消费者对一个产品的支付意愿是福利经济学中的一个重要的概念。

5.3.2　环境标准

水资源项目的环境标准包括水的数量和质量条件。这些条件通常根据流量、深度、土壤地区积水时间(洪水期)、储存容量的目标或约束条件来表示的,流量或深度区域和水质量浓度是出于对艺术、公众健康原因或许多生态系统生境的考虑。这些约束条件或目标能具体化想得到的这些价值的最小或最大可接受范围或变化速率,每一年许多次或者以 n 年为周期。

水质要素浓度通常根据一些最大或最小可接受浓度值来表示,依靠自身的特别要素并有意的利用可应用的水体。例如,通常磷有个最大的允许浓度且溶解氧通常有个最小的可接受浓度。这些限制性浓度和他们具体的可靠性时常是基于国家或国际组织确定的标准。作为标准他们被看做是约束条件。这些标准也能够作为目标来考虑,且从这些标准或目标产生的最大或平均的敌对背离会成为一个系统工作指标。

一些水质标准可以用定性的词语来表达。定性的质量标准能提供一个水中的一些要素的浓度上的“模糊的 ”限制。比如,这些标准可能作为“地表水将最终从漂浮的石油衍生油和植物或动物起源的非石油的油中释放”来表达。模糊关系公式能定义什么是实质上的释放,且这些作为模型的目标和约束条件能被包含进去。

环境性能标准依靠具体的点位和在该点位水的有意使用而改变。他们应该设计或定义出进行污染物泄露的人类和水生生物健康的不利影响的风险评估。

涉及水资源计划者和管理者的环境性能标准也能与娱乐和土地利用活动相关。这些通常强调了水力条件,比如在特定时期或流域土地利用活动期间的溪流、湖泊或水库库容的评估。如为了增加乘船者和水力发电水库下游个人捕鱼的安全性,放弃可能不得不改变来减小在最高动力生产期间增加流动速率的规则。不利环境适应的性能标准会影响沉积载荷,这些不利环境也许是由农业和城市区域的伐木或建筑活动引起的,或影响径流中的营养载荷。

5.3.3 生态标准

应用在水域生态系统的标准包括水的水量和质量且通常和环境标准是相兼容的。它是区域水质量和数量的随时间的变化,不是最大值或最小值,使生态系统受益并影响它。然而对于测量,不可能以一种最大化一个生态系统所有活物质的健康或良好的方式管理水和它的要素浓度。当条件对一个物种有利时,而这个物种依靠猎食其他物种为生,就很难想象其所猎食的物种能像该物种一样"健康"了。条件对一个物种群有利时就不可能对其他物种群有利了。因此,多样化的生境条件对富有弹性的生物多样性生态系统的可持续性是重要的。

由于在自然界,生态系统生境在水文条件改变时比它们相对不变时展现出更多的生物多样性,通常许多水资源系统的人类用户并不希望水文变化。减少水文变化并增加水资源系统的可靠性,常常作为水文工程任务设计和操作的驱动因素。生态生境的陈述对如何管理水起一定的作用。一个发展生态系统性能的指示剂是模拟组成生态系统的个体种群或至少模拟重要指示物种子集。这通常是非常困难的。作为选择的,人们能定义这些重要物种的生境适应性指数。这需要:①选择代表每个特殊生态系统的指示物种;②鉴别他们生命周期不同阶段的影响那些指示物种状态的水文作用;③定量化那些物种状态和应用水文特性的价值间的功能关系,通常是在 0~1 的尺度上的。生态环境适宜值 1 表示一个理想的状态;0 表示非常不受欢迎的生态环境。

影响生态系统的水文特性的例子包括水流动的深度、速度、要素浓度、温度,在一年的特定时期中那些值在时间和空间的忍耐力或变化率。湿地中的水文特性包括洪水的忍耐力(土壤地区积水的时期),从上次水位降低到一些临界深度以下的时间,一些低于或高于临界深度的持续时间和深度变化率的时间。可应用的属性自身或者也许仅是其功能关系取决于每年的时间和物种发展阶段而改变。

图 5-6 列举了 3 种被提议的美国佛罗里达南部的部分湿地区域的固生生物(海藻)和鱼类的生境指标。所有这些都是能够管理的水文特性功能。这个图显示的是 3 种不同的固生生物物种在湿地的不同部位的生境对土壤地区积水时期忍耐性的影响和从上个干旱期对鱼类的影响的年数。

还有其他的可能影响固生生物和鱼类的功能,比如水中的磷浓度或其他营养元素。这些没有在图中表示。图 5-6 仅显示了生境适应性指数的解释。

在一些情况下,也许能作为理想化的更简单且更富有弹性的来定义一些水文特性值。如考虑溪水或河流中鱼类的生活,鱼类渴望不同的深度,取决于他们的喂养和孵卵活动。如,理想化的鲑鱼生境需要溪水中的更深的池塘和更浅的浅滩。没有一个理想化的深度或流速或在一些临界值以上或以下的一个深度和速度范围。在这些情况下,可能把水文特性尺度划分成具体的范围,并在每个具体的范围内鉴别整个溪流或河水或湿地的理想化的片断。这个训练将导致一个与可能的密度公式相连的公式。公式中的总的面积为 1。(公式的第一部分和最后部分能代表任何的比一些具体值小或大的值。在合适时

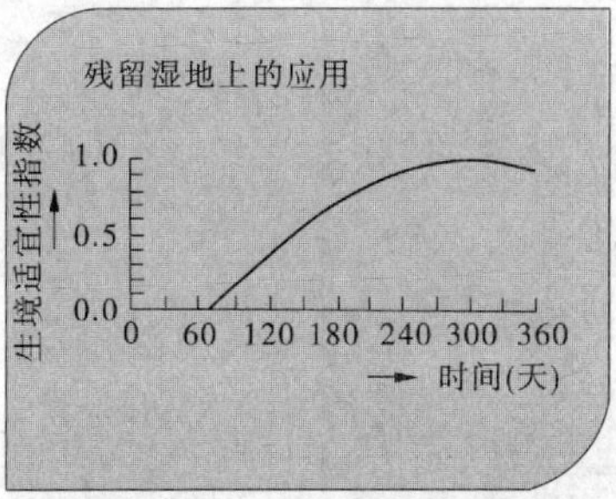

(a)鱼的密度Ⅰ（水文周期为-年-次）

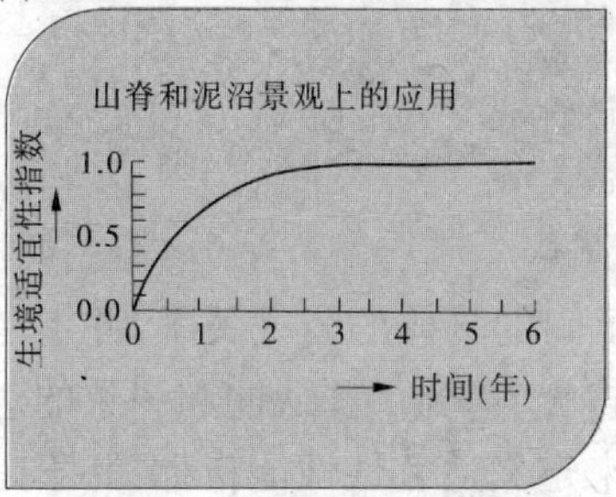

(b)鱼的密度Ⅱ水位降低到干旱条件

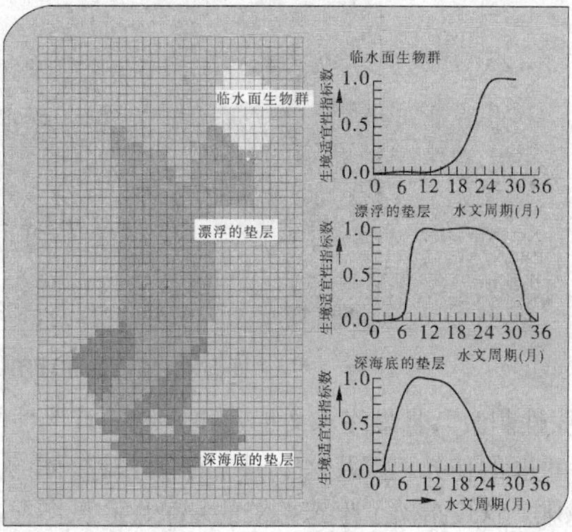

图 5-6　美国佛罗里达南部的部分湿地中三种固生生物(海藻)和一种鱼类的一些提议的生境适宜性指数(SI)

和如果一个应用部分在整个范围内被理解)。图 5-7 显示了这样的公式。图 5-7 是个具体的分配,但是也有一个连续的分配。

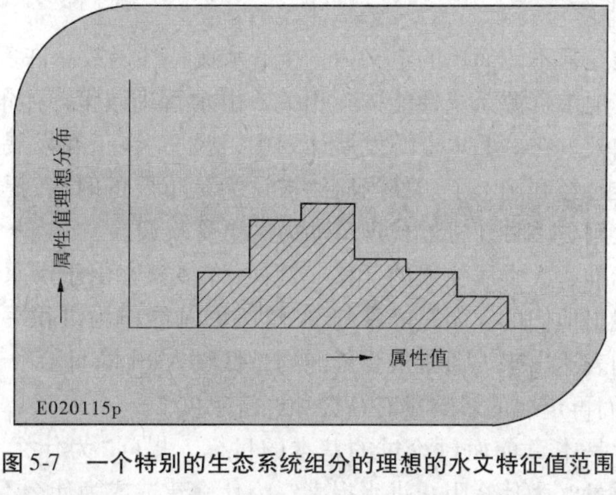

图 5-7　一个特别的生态系统组分的理想的水文特征值范围

注:一些生态系统指示物种的特征值的预测的(模拟的用阴影表示)和理想的(用线表示)分布状态值。两个分布的公共重叠面积是一个生境适宜性的度量标准。

任何由于水管理政策的模拟的特征值的可预测分布状态都能与理想的分布状态对比,正如图 5-8 所示的两个分布的重叠面积部分就是指示物种生境合适性的指示。

生境适宜性 = 特征值的理想分布 + 模拟分布情况下的片断面积　　(5-4)

在图 5-8 中,这个曲线下面的阴影面积,是从总的阴影面积划分出来的。

为了鉴定任何生态系统的指示物种的代表性集合,影响那些指示物种的水文特性或

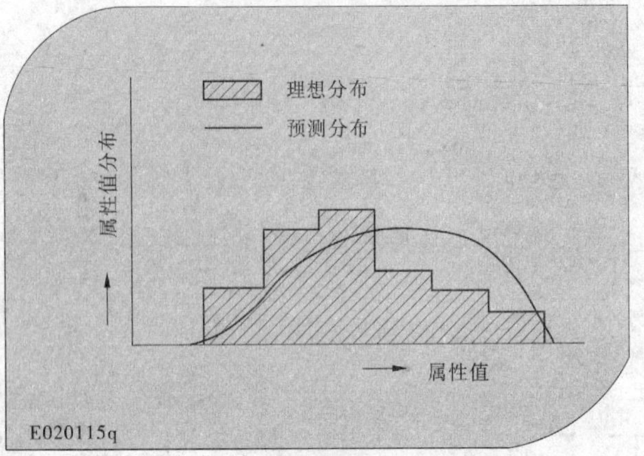

图 5-8　预测的和理想的分布状态

"紧张性刺激",且最终水文特性和生境适宜性性能指示间的具体的公式关系,并不是一个不重要的任务。涉及这个训练的有经验个体的人数越大,达到一些认同和一致的意见就越难。这仅指出了生态系统的复杂性和试图简单化来定义适宜性性能指标,并不是件容易的事。然而,一旦确定了,这些生境适宜性性能指标就能给水资源规划者和管理者一个公认的、不完全的、但至少是相对的影响生态系统可选择水管理政策或实践的指示。

把这些生境适宜性公式与优化和模拟模型中的其他性能标准结合的应用将在本章的最后讨论。

5.3.4　社会标准

社会性能标准经常不能简单的定义为直接的水文特性函数。许多社会目标仅仅间接地与水文特征或其他水资源系统性能措施相关。由水管理政策产生的经济、环境和生态的影响能直接影响人。在一些水资源发展计划中,特别是在正在发展的区域中考虑到的一个社会性能标准已经利用上了。如当雇佣被认为是重要的时候,提供更多工作的可选择项可能比那些运用更多种新机器代理劳动力的更受欢迎。

另一个性能标准是人类居住地的迁移。例如,许多家庭由于洪水冲积平原的恢复或建造水库而必须搬出他们的家园是经常的事,这些影响能作为洪积平原恢复或水库库容的外延作用而分别表达出来。通常最受影响的是低收入群体,且这个建设使该问题公正、公平、合法化。人们再定居的影响具有社会和经济尺度。

社会目标通常是本章前面讨论过的基本的目标。提问"为什么"能鉴定这些目标。为什么要提高水质量？为什么阻止洪水损害？为什么建造或为什么不建造一个水库？为什么要恢复洪积平原或湿地？相反地,通过提问然后回答他们是"如何" 获得的,如果社会目标首先被鉴定,通常会更直接导致与水管理相关的经济、环境和社会的目标的鉴定。

压力覆盖或规划和评估过程中的公众利益和参与的范围,也是个水管理的社会满足指标。比如,它是由于水中的细菌、病毒和污染物引起的洪水、干旱或疾病的社会压力的次数,这使社会影响变得重要,压力覆盖和公众参与增加了(当有许多钱花时,公众的兴趣也会增加,但是这经常也是真实的公众的兴趣)。当没有关键的水管理影响人们的感觉，且不需要花费很多钱的时候，积极的参与一个时常引起公众兴趣的水资源管理计划是个连续的挑战 。然而，对更多压力条件下的这类计划的替换仅仅是时间问题。

5.4 多标准分析

5.4.1 多标准分析的概念

多标准分析（MCA）涉及到一系列技术，它的目标是获得可选择策略的排序，同时这些策略的作用不能被转化为一个单独的度量棒（比如货币单位），但是它们能用反映尽可能好的考虑到的自然标准的单位来表示。由于这样的分析，帮助我们清楚的解释政治的观点和优先权 。

多标准分析方法也能服务于发明、分类、分析和便利地安排资源计划中涉及可选择策略的可利用的信息。特征之一是它们从许多明确的公式表示的标准开始的。通过在研究开始时构建标准，能在决策制定者和分析者之间产生相当大的作用。然而，多标准分析不应该被看成是一个可选择的政治决策过程。

有许多多标准分析的不同方法和技术。几乎所有的多标准分析方法都用一些算法技术来表达基于它们的排序的图形中的可选择策略的性能。描述一个方法优于另一方法是困难的。实际上，如果决策制定者决定了这就是支持他们决策制定的方法，那么任何方法都可能是正确的。时常应用敏感性分析对比不同方法的结果。当然，运用的技术必须是合理的，且是可反映决策制定者的意图的。

多标准分析的目标是关于可选择项的对不同标准的整体性能的排列。多标准分析从关于个体标准的可选择策略的性能确定开始。性能值（得分）在所谓的得分卡中。实际得分经常用不同的单位表示，比如，短缺的百分比（%），投资的美元数（ \$ ），转移的水量的体积（m^3）。能够通过标准来比较可选择的策略，通常减少相同单位的得分是必要的，这个算法叫做标准化。决策制定者可能考虑某些目标或标准比其他的更重要。可选择策略的排序过程中，给出了标准的相对权重或参数选择。

这导致了多标准分析接下来的典型步骤 ：

（1）确定关于标准的实际得分；

（2）确定标准化得分；

（3）确定标准的权重；

（4）确定排序程序；

（5）进行应用的方法的敏感性分析。

这个注释中讨论了多标准分析的两种主要方法：

（1）权重加和；

（2）应用协调和不协调比较来配对。

5.4.2 得分卡

系统分析的结果，比如关于标准的策略的性能在得分卡中有现实,也被称为计划效果表、影响表、评价表、结果表和效力表。

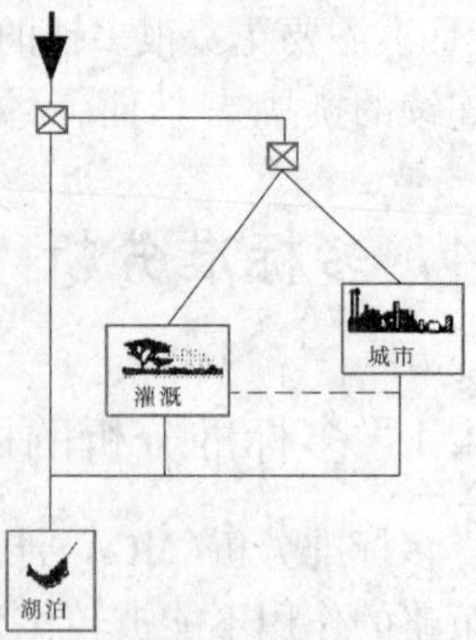

图 5-9　例子

表 5-1 和图 5-9 显示了流域计划得分卡的例子,包括地表水给两个主要用户的分配:一个农业区域和一个城市,同时下游湖泊的渔业生产主要依靠水的质量。

得分用基数或序数刻度来表达。基数刻度代表真实的价值或实际到一个比例尺,比如调查表上标记了 1 ~ 10 序数刻度存在许多形式,如 + +/ +/o//;非常好,好,无关紧要,坏,非常坏;正的,中立的,负的。

制作了如下的观测。

表 5-1　得分卡的例子

总目标	目标	标准		指标	策略			最好
					技术经济	技术	经济	
水资源的可持续和有效利用	1. 经济的繁荣	1. 1	工业收入	百万美元/a	18	20	18	高
		1. 2	农业收入	百万美元/a	12	0	8	高
		1. 3	渔业收入	百万美元/a	5. 5	5. 5	5. 5	高
	2. 金融的效率	2. 1	投资	百万美元/m^3	2. 5	2. 0	1. 5	低
		2. 2	利益	百万美元/m^3	0. 07	0. 04	0. 05	高
	3. 效率和有效利用	3. 1	城市的损失	%	25	20	40	低
		3. 2	农业的损失	%	50	45	55	低
		3. 3	城市净需求	百万 m^3/a	200	300	150	低
		3. 4	农业净需求	百万 m^3/a	200	130	90	低
	4. 可持续利用	4. 1	下游质量	等级	好	一般	足够	高
		4. 2	转移的体积	百万 m^3/a	550	650	650	低

• 最高分不是最好分数所必需的。一个高分或一个低分的好坏取决于所考虑的标准。

• 通常不需要高分,比如,案例中要接触一个标准。也许不需要比标准做得更好。没有认识到这个现象,可能导致将来多标准分析机械化算法的错误解释。它强调尽可能地确定以标准的需要。

• 分数可能暗示一个精确度,支持得分卡构建的精确分析并不支持它。在这种情况下,可能按等级给相同的分数。而不是单独考虑。敏感性分析可能需要系统参数中相关的分数改变。

• 得分卡只涉及一个情景。为了不同的情景可能要构建不同的得分卡。策略间的直接比较仅在相同情景基础上才能发生。策略也能通过他们对情景变化的敏感性来检验。

• 不同的时间范围会产生不同的得分卡。

• 在最初的可选择策略筛选中能够得分,应该和可能的约束力和不可行的解决方案相冲突。在许多多标准分析算法中,一个策略被认为比另一个策略更好的度量标准受进入竞争序列中所有其他策略的影响。不可行的解决方案应该筛选出来,阻止它们过度的影响其他策略。

• 正式算法的应用可能对选择首选项是有帮助的,由于应用的数据处理和排序算法,它们可能也会引来额外的不确定性。由于这个原因,推荐开始要仔细的解释得分卡,在可能的地方利用图形描述技术。如在所有的标准上一个策略可能高于其他的策略,这就是说这个策略主导其他的策略;或是策略能分成两个等级,这其中一个等级明显的次于另一个。

5.4.3 标准化

关于不同标准的策略的得分,用不同的单位来表示。因此,交叉标准的比较是困难的。对许多多标准分析算法技术来说,减少相同单位的分数是必要的,这叫做标准化。

标准化的意思是关于一个标准的策略的得分通过相关的其他策略的得分来表达。比如,一个策略的得分与最优性能策略的得分进行比较。通常,标准化的分数减少到0~1之间且有时在-1~+1之间。标准化分数越高,关于精确标准的策略性能就越好。

这儿有许多标准化方法。非常普遍的方法如下。

• 策略的实际分数作为精确标准的最优策略的分数的一部分来表示。最优策略的分数是1。一个策略的标准化分数不受其他策略的分数的影响。

$$STD_{K,J} = \frac{ACT_{K,J}}{Best_{(1,\cdots,N),J}}$$

• 实际分数除以所有得分的总和所得出的得分。标准化得分加起来等于1。

$$STD_{K,J} = \frac{ACT_{K,J}}{\sum_{K=1}^{N} ACT_{K,J}}$$

• 已经考虑了最优和最差策略分数的差值除以策略的实际分数和最差策略的分数间的差值。策略打分都需考虑相关的所有得分。最优策略有个标准化得分是1,且最差的策略的标准化得分是0。

$$STD_{K,J} = \frac{ACT_{K,J} - Worst_{(1,\cdots,N),J}}{Best_{(1,\cdots,N),J} - Worst_{(1,\cdots,N),J}}$$

式中:n 为可选择策略的数目;K 为可选择项;J 为标准;$STD_{K,J}$,$ACT_{K,J}$ 为标准化得分,实际得分;$Best_{K,J}$,$Worst_{K,J}$ 为最优得分,最差得分。

表5-2表示了表5-1的得分卡的标准得分。

标准化的缺陷

• 标准4.1(见表5-2)的注释中所有标准化的得分都赋于1和0,而实际的得分是不同的。这是因为所有的策略都得到了水的质量需求标准;

• 当应用标准公式时,得分卡上的分数应该细心填写。“最高”得分并不是最好的得分：当考虑成本时，最低得分通常是最好的；当考虑利益时，则最高的分通常是最好的。在最好的得分等于零的情况下，或是在最好得分等于最差得分的情况，方法①和③分别代表用0来划分。如果允许一个特定的标准的得分同时是正值和负值，那么方法①和②就可能给出错误的结果。多标准分析软件包能用不同的方法来处理这个问题。

• 问题是是否一个人应该考虑最好的（最差的）观察分数或是最好的（最差的）可能分数。

• 策略的数量可能影响标准化分数（取决于所选择的方法）且可能接下来影响策略的排序。在这种情况下，在第一轮中会运用多标准分析来淘汰差的策略和将会重复计算剩余的策略集。

表5-2　标准化得分的例子（实际得分除以最优得分）

总目标	目标	标准		策略		
				技术经济	技术	经济
水资源的可持续和有效利用	1. 经济的繁荣	1.1	工业收入	0.90	1.00	0.90
		1.2	农业收入	1.00	0.00	0.67
		1.3	渔业收入	1.00	1.00	1.00
	2. 金融的效率	2.1	投资/m^3	0.60	0.75	1.00
		2.2	利益/m^3	1.00	0.61	0.75
	3. 有效率的和有效的利用	3.1	城市的损失	0.80	1.00	0.50
		3.2	农业的损失	0.90	1.00	0.82
		3.3	城市净需求	0.75	0.50	1.00
		3.4	农业净需求	0.45	0.69	1.00
	4. 可持续性	4.1	下游水质量	1.00	1.00	1.00
		4.2	转移的水体积	1.00	0.85	0.85
（简单的）总的得分				9.40	8.40	9.48

• 标准化方法的选择影响标准化分数且可能接下来影响策略排序。

• 运用标准化，序数的得分（定性的）被转化成基数的得分（定量的）。这就是说信息添加到表格中了，表格不是原来的得分卡了。应该仔细地对待结果。运用标准化，实际得分减小到一个相对的分数，这表明信息丢失了。

• 谨防双重计算。在生成表5-1的系统分析中，从渔业收入和湖泊中的水质之间有直接的联系，而没有其他的因素影响渔业收入。在这种情况下，渔业收入和湖泊水质量的标准是一样被忽视的，标准就获得了双重的权重，想要一个更好描述这种标准的策略。

5.4.4　权重加和

权重加和是个应用最广泛的方法。原理是把单个标准的标准化得分加起来，使一个策略对应一个分数。为了表达某些标准的性能的重要性与其他标准的进行比较,单个的标准化得分可以在加和前乘以权重系数。这种加和也叫做关于所有标准的(1,…,m):可选择项 $K(1,\cdots,n)$ 的效用函数。

$$U_K = Y_1 \times STD_{K,1} + \cdots + Y_J \times STD_{K,J} + \cdots + Y_M \times STD_{K,M} = \sum_{J=1}^{M} Y_J \times STD_{K,J} \quad (5\text{-}5)$$

式中:U_K 为可选择策略 K 的效用函数;Y_J 为标准 J 的权重系数,J 取值为 1,…,m;$STD_{K,J}$ 为标准 J 中可选择策略 K 的标准化得分;m 为标准的个数。

总得分(效用函数的最高值)最高的策略可以被认为是给定权重系数和选定标准化方法的最好策略。表 5-1 的得分中,应用的权重加和方法在表 5-3 中也有显示。

表 5-3 附件中例 1 给定的参数选择(权重)

总目标	对总目标的贡献率(%)	目标	第 1 水平权重	对目标贡献率(%)	标准	第 2 水平权重	对目标贡献率(%)
(1)	(2)	(3)	(4)	(5)	(6)	(7)	(8)
水资源的可持续与高效利用	100	1. 经济繁荣	1	25	工业	1	8.3
					农业	1	8.3
					渔业	1	8.3
		2. 金融效率	1	25	投资(m^3)	1	12.5
					收益(m^3)	1	12.5
		3. 高效与高效率利用	1	25	城市损失	1	6.3
					农业损失	1	6.3
					城市净需求	1	6.3
					农业净需求	1	6.3
		4. 可持续利用	1	25	下游质量	1	12.2
					引用体积	1	12.5
总的权重			4	100	总的权重	11	100

应该考虑如何加和得分。表 5-2 的最后一行显示了加和单个可选择策略的得分的总分数,这是个通用的但不正确的方法。用 4 个目标描述目的,同时每个目标又由许多标准描述。这就是说每个标准描述目的的一个元素,但是标准属于目标 1,就不能说它属于目标 2 了。通过简单加和所有标准的(标准化)得分,实际上人们给通过最多标准来定义的目标赋予了额外的权重。

表 5-3(对应于附件中例 1)中描述了权重在得分卡上的正确导入。在这个例子中,所有的目标都赋予了相同的权重(第(4)列),且所有的标准也都赋予了相同的权重(第(8)列)。权重的总和通过表 5-2 的标准化得分和第 8 列的“权重百分比”相乘得到,它是把

特定标准的标准化得分贡献出来，以获得总分 100%。

表 5-4（对应于附件中例 2）中与 1 不同的权重已经更好的被用来强调方法了。随后，表 5-5 的权重之和的计算是基于表 5-4 的。

表 5-5 也表明得分能够朝向总目的来加和在一起，但是也朝向一个特定的目标，这通常能更清楚的表明（来自长的标准清单）具体策略的优点和弱点是什么。如果相互比较的作用能使团体成群，区分每个群体的得分卡是可能的，如拟定每个水用户分类、公众供水、农业、生态，或是如每个主要目标：经济、效率、可持续性的总效用。

表 5-4　附件中例 2 给定的参数选择（权重）

总目标	对总目标的贡献率（%）	目标	第 1 水平权重	对目标贡献率（%）	标准	第 2 水平权重	对目标贡献率（%）
(1)	(2)	(3)	(4)	(5)	(6)	(7)	(8)
水资源的可持续与高效利用	100	1. 经济繁荣	1	12.5	工业	1	4.2
					农业	1	4.2
					渔业	1	4.2
		2. 金融效率	3	37.5	投资（m^3）	3	28.1
					收益（m^3）	1	9.4
		3. 高效与高效率利用	1	12.5	城市损失	4	5.0
					农业损失	4	5.0
					城市净需求	1	1.3
					农业净需求	1	1.3
		4. 可持续利用	3	37.5	下游质量	1	18.8
					引用体积	1	18.8
总的权重			8	100	总的权重	19	100

5.4.5　成对比较和谐性和不协调性

成对比较是个直接确定可选择项标准化得分的方法。每个可选择策略与每个标准的其他每个可选择项相比较。这能用定性的和定量的条件完成，虽然最初的决策制定者喜欢用定性化的一个策略的得分比某一确定标准的其他策略"更好"或"比更好更好"来打分。

成对比较的优点是更好的定义了判别力。这种方法也能用来给标准赋权重系数。这种方法能特别的帮助做出的选择获得一个更好的总的观点。给标准赋予的权重的含义通常是不清楚的，特别是当有许多标准时，这个方法能更好的帮助定义选择项。

表 5-5 权重加和的例子(涉及表 5-1,表 5-2 和表 5-4)

总目标	对总目标的贡献率(%)	目标	标准		策略		
					技术经济	技术	经济
水资源的可持续与高效利用	100	1. 经济繁荣	1.1	工业收入	0.038	0.042	0.038
			1.2	农业收入	0.042	0.000	0.028
			1.3	渔业	0.042	0.042	0.042
		2. 金融效率	2.1	投资(m^3)	0.169	0.211	0.281
			2.2	收益(m^3)	0.094	0.057	0.070
		3. 高效与高效率利用	3.1	城市损失	0.04	0.050	0.025
			3.2	农业损失	0.045	0.050	0.041
			3.3	城市净需求	0.009	0.006	0.013
			3.4	农业净需求	0.006	0.009	0.013
		4. 可持续利用	4.1	下游质量	0.188	0.188	0.188
			4.2	引用体积	0.188	0.159	0.159
目标贡献得分总和			总的权重		0.86	0.81	0.90
目标可用所有资源的衡量							
水资源的可持续与高效利用	1. 经济繁荣				0.12	0.08	0.11
	2. 金融效率				0.26	0.27	0.35
	3. 高效与高效率利用				0.10	0.11	0.09
	4. 可持续利用				0.38	0.35	0.35
目标贡献得分总和					0.86	0.81	0.90

和谐性和不协调性方法应用成对比较方法,并把这种方法转化成定量的确定性条件。这些方法是基于 Electre(消去与转换算法)方法。Electre 方法的目标是挑选这些可选择项,它是许多标准首选的且涉及到的一个或多个标准不可能彻底失败。首要的特性是经过和谐性,然后再经过不协调指标来表达。

5.4.6 和谐性

和谐性方法开始在图中表述某个可选择项的性能如何强大。和谐性起源于每个策略和其他的策略的每个标准的比较。对于每个标准而言,这个策略比其他的策略更好,这个策略就得到 1 分。如果策略的得分是一样的,那就每个都各 0.5 分。如果这个策略没有其他策略好,对于这个标准就不能赋 1 分。这个方法获得的和谐性得分和其他标准的权重相乘。

然后进行所有标准的和谐性得分的加和。通过与总的权重之和相除来标准化这个总的和谐性得分。与策略 B 比较,更喜欢策略 A 的和谐性,就记作 C_{AB},且用获得的所有权重除以可利用的所有权重的总和来定义它。和谐性能被认为是一个策略比另一个策略更受欢迎的标准的百分比权重。

对策略 A 的和谐性指标(K_A)是 C_{AB}。C_{AB} 和假设的 3 个可选择策略为

$$K_A = [C_{AB} + C_{AC}][C_{BA} + C_{CA}]$$

一个策略的指标越高,它就越受欢迎(见方框 5-1)。

方框 5-1

和谐性的数学术语

—假设有 n 个标准和 m 个策略

—对比策略 A 和 B;

—W_K 表示标准 K 的权重;

—W_K^+ 表示当 A 得分大于 B 得分时标准 K 的权重;

—$W_K^=$ 表示当 A 得分等于 B 得分时标准 K 的权重;

—W_K^- 表示当 A 得分小于 B 得分时标准 K 的权重。

然后我们得到

$$W^+ = \sum_{k=1}^{n} W_K^+ (\text{当 A 比 B 更好时})$$

$$W^= = \sum_{k=1}^{n} W_K^= (\text{当 A = B 时})$$

$$W^- = \sum_{k=1}^{n} W_K^- (\text{当 A 没有 B 好时})$$

A 和 B 相协调时,有

$$C_{AB} = \frac{W^+ + 1/2W^=}{W^+ + W^= + W^-}$$

$$C_{AB} + C_{BA} = 1$$

A 的协调性指数,有

$$K_A = \sum_{j=1}^{m} C_{A,J} - \sum_{j=1}^{m} C_{J,A}$$

对 A 来说协调性指数(K_A)是 $C_{AB} - C_{BA}$,且在这 3 个可选择策略中有

$$K_A = [C_{AB} + C_{AC}][C_{BA} + C_{CA}]$$

策略的和谐性指数越高,它就越好。

和谐性或和谐性指标在挑选策略中可能被作为一个新的标准来用。策略 A 将仅仅是首选的,涉及到其他的所有策略,如果它有个高于临界值的和谐性就赋 0.5,或如果我们想要一个更强的选择,就赋 0.7,这表示 70% 的(权重)标准是更好的。表 5-6 显示了表 5-1的得分卡的详细和谐性(和不协调性)计算,同时表 5-7 给出了涉及其他策略的每个策略的和谐性。

表 5-6　表 5-1，表 5-2 和表 5-3 的和谐性和不协调性的详细计算

涉及技术经济		和谐性（权重）			不协调性（权重）		
		技术经济	技术	经济	技术经济	技术	经济
1.1	城市损失		0	0.05		0.01	0
1.2	农业损失		0	0.05		0.01	0
1.3	城市用户需求		0.01	0		0	0
1.4	作物需求		0	0		0	0.01
2.1	总的转换		0.19	0.19		0	0
2.2	湖泊水的质量		0.09	0.09		0	0
3.1	转移每立方米的投入		0	0		0.04	0.11
3.2	转移每立方米的收入		0.09	0.09		0	0
4.1	工业收入		0	0.02		0	0
4.2	农业收入		0.04	0.04		0	0
4.3	渔业收入		0.02	0.02		0	0
技术经济的和谐性			0.45	0.56		0.15	0.40
1.1	城市损失	0.05		0.05	0		0
1.2	农业损失	0.05		0.05	0		0
1.3	城市用户需求	0		0	0		0.01
1.4	作物需求	0.01		0	0		0
2.1	总的转换	0		0.09	0.03		0
2.2	湖泊水的质量	0.09		0.09	0		0
3.1	转移每立方米的投入	0.28		0	0		0.07
3.2	转移每立方米的收入	0		0	0.04		0.01
4.1	工业收入	0.04		0.04	0		0
4.2	农业收入	0		0	0.04		0.03
4.3	渔业收入	0.02		0.02	0		0
技术的和谐性		0.55		0.35	0.15		0.25
1.1	城市损失	0	0		0.02	0.03	
1.2	农业损失	0	0		0	0.01	
1.3	城市用户需求	0.01	0.01		0	0	
1.4	作物需求	0.01	0.01		0	0	
2.1	总的转换	0	0.09		0.03	0	
2.2	湖泊水的质量	0.09	0.09		0	0	
3.1	转移每立方米的投入	0.28	0.28		0	0	
3.2	转移每立方米的收入	0	0.09		0.02	0	
4.1	工业收入	0.02	0		0	0	
4.2	农业收入	0	0.04		0.01	0	
4.3	渔业收入	0.02	0.02		0	0	
经济的和谐性		0.44	0.65		0.10	0.09	

表 5-7 和谐性计算

项目		技术经济	技术	经济	浓度指标
基于所有单个标准的计算	技术经济	#	0.45	0.56	0.02
	技术	0.55	#	0.35	-0.20
	经济	0.44	0.65	#	0.18
基于4个主要目标的集合得分的计算	技术经济	#	0.50	0.63	0.25
	技术	0.50	#	0.31	-0.38
	经济	0.37	0.69	#	0.13

5.4.7 不协调性

不协调性是图中表达一个可选择策略相比其他的策略是怎么失败的一种方法。它表达了当更喜欢一个策略时的个人的不舒服感,这并不适用于所有的标准,也就是说,它表达了如果不喜欢一个策略时的难受感。一个确定的策略可能适用于所有的标准,但是也可能某一个策略变得让人无法接受而要做出选择时,就是完全的失败。

不协调性起源于每个策略每项标准的标准化得分和其他策略的比较。那个标准的不协调性是标准化分数间的绝对差异,之后,标准化分数在许多方法中又与标准的权重系数相乘。选择策略 A 而不是策略 B 的不谐调感被定义为最大化标准的单个权重不协调性,并除以所有标准中的最大权重。如果标准化得分是负值时,才能感觉出不协调性。如果我们选择了策略 A,假设策略 A 的标准化得分比策略 B 的更低,那么策略 B 就会有不舒服感。与策略 B 相比,更倾向于策略 A 的不协调性,记作 $D_{A,B}$,且与策略 A 相比,更倾向于策略 B,就记作 $D_{B,A}$。见方框 5-2。

方框 5-2

不协调性的数学术语

—有 n 个标准和 m 个策略;

—策略 A 和 B 与 B 比较为 $1\sim m$;

—W_K 是标准 K 的权重;

—W_i 是所有标准 n 的最高权重值。

对标准 K 来说,有

$$(D_{A,B})_K = |\ Std.\ Score_{A,K} - Std.\ Score_{B,K}\ | \times W_K$$

对所有的标准 n 来说,有

$$D_{A,B} = \frac{\max(D_{A,B})_K}{\max(W_i)}$$

不一致性指数为

$$D_A = \sum_{j=1}^{m} D_{Aj} - \sum_{j=1}^{m} D_{jA}$$

对 A 来说,不一致性指数(D_A)是 $D_{A,B} - D_{B,A}$,且在这 3 个可选择案例中:$D_A = D_{A,B} + D_{A,C}[D_{B,A} + D_{C,A}]$。一个策略的不协调指数越低,它就越受欢迎。不协调性可能被用来作为选择策略的新标准,如果与其他的所有策略相比,它有一个比临界值更低的不协调性,就赋值 0.5,或者如果我们想要个更强的选择,就赋值 0.25,策略 A 就会唯一地受欢迎。不协调性质的含义依赖于标准化方法的使用。表 5-6 和表 5-8 显示了表 5-1 的不协调性得分的计算。

表 5-8　不协调性计算

项目		技术经济	技术	经济	不协调性指标
基于所有单个标准的计算	技术经济	#	0.15	0.40	0.30
	技术	0.15	#	0.25	0.16
	经济	0.10	0.09	#	-0.46
基于4个主要目标的集合得分的计算	技术经济	#	0.04	0.25	0.12
	技术	0.10	#	0.24	0.23
	经济	0.08	0.07	#	-0.35

5.4.8　和谐性和不协调性的结合

正如上面所解释的,标准细分成两个新的标准:和谐性和不协调性。如果策略 A 满足另一策略 B 的和谐性和不协调性标准,那就是说策略 A 主导其他策略。在这种情况下我们能“安全”地选择 A,而不是 B。

5.4.9　敏感性分析

在规划过程中,计划者不得不处理不确定性和提出的大量假设。在分析条件下,情景的变化超出了计划者和决策制定者的控制范围。在系统分析中,要在所用参数的关系和数值的定量和定性化上做出选择。在评价过程中,要在评价方法上做出选择,给标准进行标准化技术和权重赋值。也许人们甚至会思考策略中没有执行或是延时执行的某些措施的可能性。

在多标准分析中,建议在首选策略制定好后进行敏感性分析。目的是显示策略是如何实施的,随后在不同的变量参数和评价方法的假设下排序。分析会帮助我们发现更灵活和健全的策略,帮助估计风险且它可能会使被所有标准都接受的策略变得更容易。

5.4.10　多标准分析的讨论

通常,在正面、负面和多标准可能的缺陷分析上进行许多观察后,人们可能会说多标准评估技术的优点是它在模拟计划过程和策略发展中比它在制作最终策略排序的图形中的角色更加有用,缺点是如果最后给出了能用绝对的图形表达的选择项的印象,而潜在的数据基础根本不是基于绝对图形的,决策制定者喜欢图形。

- 多标准评价方法是达到实际信息一目了然分级的途径之一。这提供了扩大思考问题洞察力的可能性。
- 多标准评价方法是获得许多更好数值判断的洞察力的途径之一。对传统计划研究的批判的关键点涉及到其对手头问题的不同观点忽略的态度,因此相对重要矩阵更清楚和更有益。
- 多标准评价方法是合并分析研究框架中的利益和政治观点之间差别的手段之一。这些方法使计划者以一种清楚的方式涉及实际信息和政治观点。
- 多标准评价方法是给开放计划过程的概念更多物质的手段之一。主观的信息和实施必须清楚、公正地制定,且因此能成为辩论的主题。

- 多标准评价方法是达到可利用信息减少的手段之一。计划制定过程早期阶段的可能选项的减少能够使增加工作过程一目了然地达到一个相当范围。
- 多标准评价方法是达到充分、更好的思考决策的手段之一。通过多标准评价,政策制定者将面对一个决策的许多不同尺度,然而,传统的思考和商议情况通常(几乎)都无意地集中于那些作为(政治的)瓶颈的方面。
- 多标准评价方法是计划过程中专家获得更好(比如,更好的可控制的)位置的手段之一。在兼职社会中的计划暗示着一个计划者不再从专家意见中取消自己的建议。他的工作必须构造出来,如它能被其他专家的批评和政治责任检查出来。多标准评价方法提供了这个可能性。
- 多标准评价方法是在计划过程中构建研究贡献的手段之一。特别地,如果这些方法被用来评价可选择计划或任务,研究必须集中在需要构建评价矩阵的信息上。这可以避免过量的研究。结果,多标准评价方法可能导致一个更有效的计划过程。
- 运用多标准评价方法可能导致(最终的不成熟的)政策意图的揭发。这可能是手中的一个对抗政治实施者的武器。某些"缺点"可能被揭露出来,这可能对商议是有害的。
- 多标准评价方法的部分可能在技术上太复杂而不能被评价领域的非专家理解。
- 通过以一种模糊方式不汇报或汇报多标准评价训练,在决策已经制定后这类"系统分析"能简单的减少成"科学的调味"。多标准评价方法毫无疑问提供了利用(政治的)观点的可能性(与每个方法相似)。

5.5 规划的模拟与评估

上述方法的轮廓提供了一个对一些计划鉴定和选择可利用的更简单的方法的简洁介绍。这些和其他潜在的有用技术细节能从许多书中找到,其中的一些仅是针对这个多目标计划的主题(Cohon, 1978; Steuer, 1986)。而许多是用一个可选择框架来描述的。这部分描述了可选择水管理计划和政策的评价方法,这些可选择水管理计划和政策是从模拟模型中得到的基于时间序列的性能标准的值。

水资源系统的模拟模型产生时间序列的水文变量值。这些值轮流影响多重系统的性能标准,每个都与一个以适当单位表示的具体的利益和措施相关。评价可选择水资源管理计划或政策的过程是基于这些模拟模型的结果,它包括以下步骤:

(1)鉴定受一个或多个水文特征影响的系统性能指标,它的数值的改变依赖于模拟的管理政策或计划。比如,用货币单位度量的航海利益可能依靠水深和流速。水电生产受湖泊水位和通过水电站的水量的影响。水质可能作为某一位置的固定时期的许多潜在污染物的平均或最大浓度来表示,且部分的依赖水流。生态居住地也可能受水流、水深、水质、洪水频率或持续时间和这些特性的变化速率的影响。

(2)定义这些性能指示剂和水文特征间的功能关系。图 5-10 阐述了这些功能。每个轴上的单位可能因为每个功能而不同。

(3)模拟以获得时间序列的水文特性值并运用第二步定义的功能关系把它们绘制成

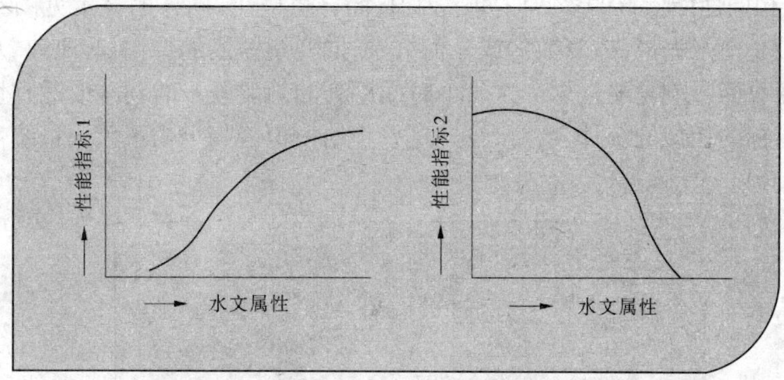

图 5-10　性能指示剂作为模拟的水文特性表达

一个时间序列的性能指标值。这一步的阐述见图 5-11。

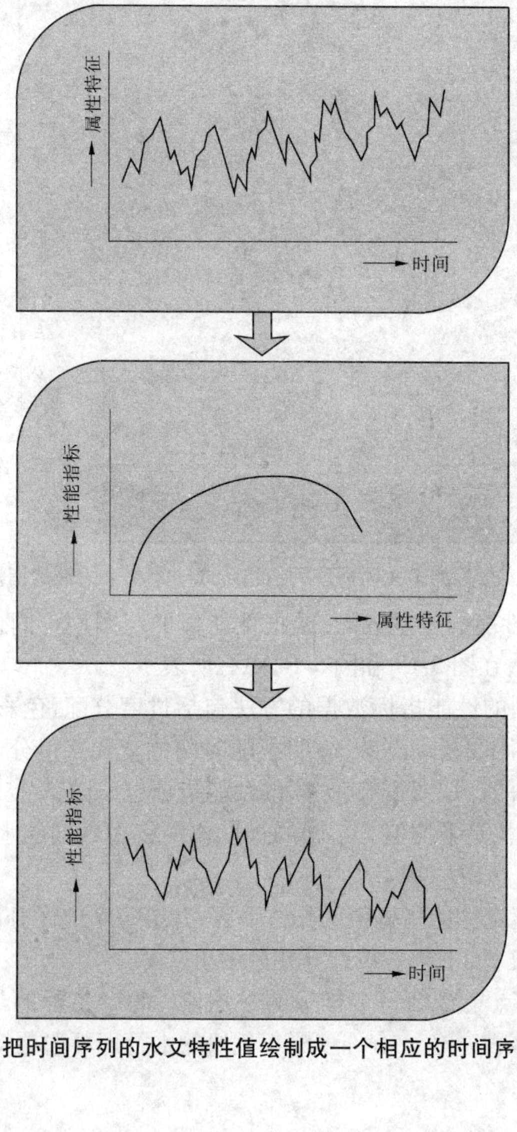

图 5-11　把时间序列的水文特性值绘制成一个相应的时间序列的性能指标值

(4)结合相同性能标准的多重时间序列值,同样可应用,同样的显示见图5-12。这能应用最大或最小值来完成,或算数的或几何方法,同样是适当的。比如,流速、水深和海藻的生物量浓度可能影响划船娱乐。这3个时间序列的划船娱乐的利益或适宜性集合能与其他的性能指标的相似的统计表相比较。这一步给模拟者一个校正单一系统性能指标结果的机会。

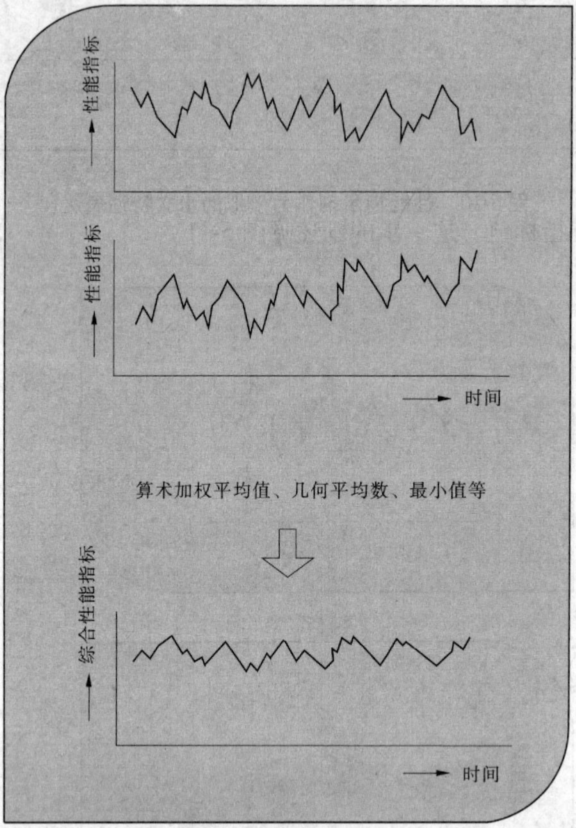

图5-12　把一个具体性能指标的多重时间序列值结合成一个单个的性能指标的时间系列值

(5)发展和比较系统性能的过量分配,或把性能值的范围用不同色彩编码范围划分并显示在图上或得分卡上,在图5-13和图5-14中有所表示。

求和和显示时间系列的性能指标数据的方法包括过度分配、色彩编码图和得分卡。显示在计算机上的色彩编码图是动态的,表明了随时间的变化。得分卡上的深色和浅灰色分别表示最好的和最差的计划或策略,关联的性能指标也一样。.

每个过度曲线下的面积是平均值。不同的过度作用将由不同的水管理政策产生,这在图5-15中进行阐述。

人们能确定极限来鉴定性能指标值的具体地区,并给每个地区分派不同的颜色。可靠性、弹性和脆弱性的测度,接下来能被计算并显示出来。

得分卡能显示任意地点集合的每个指标的平均值。每个指标的最好的值涂成深灰色,每个指标的最差值涂成浅灰色。有许多深灰色块的水管理可选项将标记出来,并可能

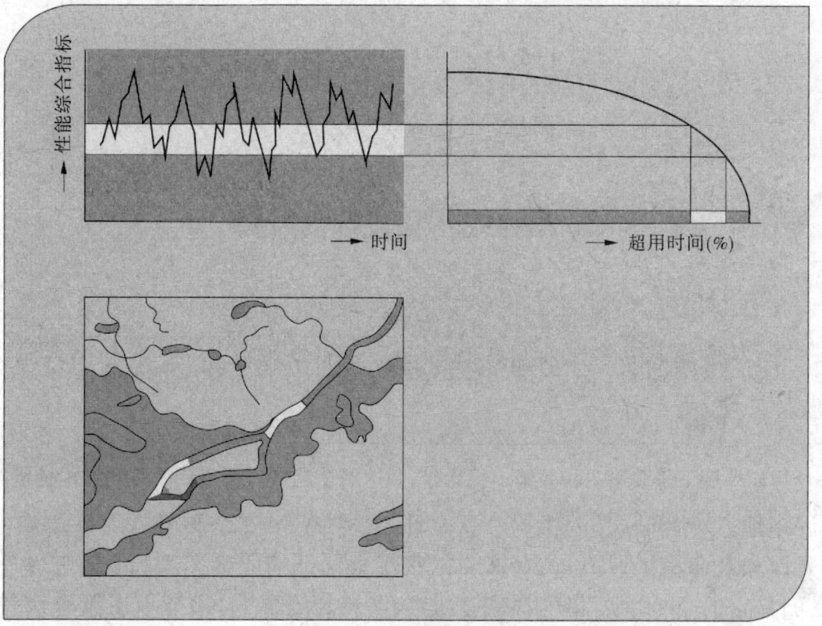

图 5-13　色彩编码图

供选择的策略

性能指标	A	B	C	D	E	F	G
1	3	5	1	6	8	3	2
2	10	12	65	4	57	95	34
3	–	--	+++	---		+	--
4	0.2	0.8	0.5	1.0	0.0	0.7	0.4
5	B	C	D	B	A	B	C
6	100	45	49	69	78	34	22

图 5-14　色彩编码得分卡

比其他的具有许多浅灰色块(最差值)的可选项得到更认真地考虑。

这 5 步过程已经应用在改进安大略湖水位和水流管理以及它注入北美的劳伦斯河中的流量。它定义了国内的和工业的供水、航行深度、海岸侵蚀、划船娱乐、水电生产、洪水、水质、生态居住区的性能标准。实施措施的利益中的每一个都作为与湖泊水管理有关的一个或更多水文变量值被鉴定和表达了。设计的模拟可选择项湖泊水位和水流管理政策的模型,被用来产生每个系统性能标准的时间序列集合。这些被轮流结合求和和比较。

这 5 步过程的相同之处已经在南部佛罗里达的湿地恢复计划中执行了。湿地是个非常宽和极其平坦的“河草”向南流动,最终流向大西洋和墨西哥湾。这个生态系统的恢复

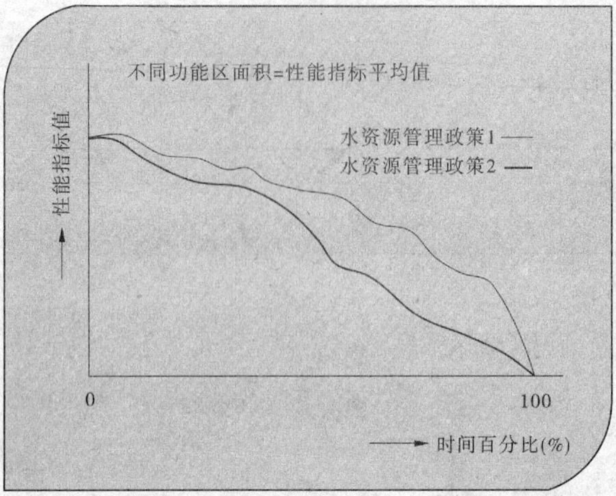

图 5-15　如果接下来政策 2 和政策 1 相比较，则这两个超数作用表明了平均性能值的减少

计划包括许多地方、州和联邦的机构。这个计划想要提供安全和可靠的水供给和防洪，以保护大量人口和农业型工业。这 30 多年以来用水估计的成本大约为 8 百万美金，因此涉及到政治，但是它的目标主要集中在恢复唯一的生态系统上，这个生态系统由于在 20 世纪 50 年代以来的水文上的大的改变引起日益的退化。

佛罗里达南部的湿地恢复计划的座右铭是"获得水权"。区域水的管理者试图通过恢复水文权来恢复生态系统，如，流速、水深、水文周期和水质，他们的这种贯穿整个区域的想法产生于 50 年前。目的是完成且它仍然要面对供水、防洪和居住在这个地区的人们对土地发展的需求。清楚地获得一个水文条件，这个条件存在于人们开始向那个区域大量移民之前是不可能的。因此，问题是：假如水管理者不能"获得水权"？如果他们仅能获得该区 90% 的面积的水权，或如果他们仅能获得该区所有面积的 90% 的水权，它对生态系统的可能影响将是什么？这些用改变水文来改善生态的机会在哪儿？

提出这些类似的问题，至少用一个优于当更多细节的生态模型的初步方法来利用，上面概括出的这 5 步方法正应用在湿地中。它正在被用来提供他们的模拟水文预测来产生挑选指示物种的生态生境适宜性的指标的相对值和地形特征。

这 5 步过程不能找出一个"最佳的"水管理政策。然而，它能对寻找最适宜性时产生的政治争论的有用信息作出贡献。这个方法的每一步能并应该包括和涉及流域内的许多资金保管者和公众。这些个人是评价过程中输入的信息的重要来源。影响或制定水管理决策的资金保管者需要理解这个多目标评价过程是如何工作的，如果他们接受结果并从中获利。这个过程中涉及的资金保管者能帮助普遍的理解其系统是如何工作的和冲突性目标间存在的权衡（或"共享视野"）。所有利益相关者对这个评价方法或程序的理解程度和它如何应用在他们的流域中，将极大的决定他们在选择最好的水管理政策或实践的政治过程中的有效的参与能力。

5.6　性能标准的统计求和

有许多时间序列数据的求和方法，这些方法在上文中提到了。权重的算术平均值或几何平均值是对多重时间序列数据求和的两种方法。全部平均本身一般只能提供很少的有关动态过程的信息。通常多重时间序列块本身难以比较。

另一个加和和比较时间序列数据的方法是计算和比较数据的方差。考虑一个时间序列 t 的值是 X_t，它的均值是 X。比如，假设考虑了时间序列 8、5、4、9、2、1、1、3、6 和 7。这 10 个值的平均值是 4.6，则其方差为

$$\sum_t^T (X_t - X)^2 / T = [(8-4.6)^2 + (5-4.6)^2 + \cdots + (7-4.6)^2]/10 = 7.44 \tag{5-6}$$

图 5-16 显示了这些数值的划分和他们的均值。

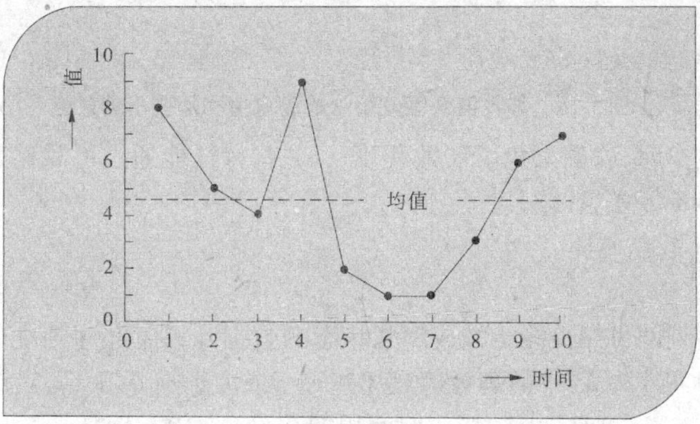

图 5-16　均值为 4.6 且方差为 7.44 的时间序列数据的划分

图 5-16 显示了时间序列的均值和方差，然而，它的颠倒映像是相同的，如图 5-17 所示。它们甚至不依赖于时间序列数据的顺序。

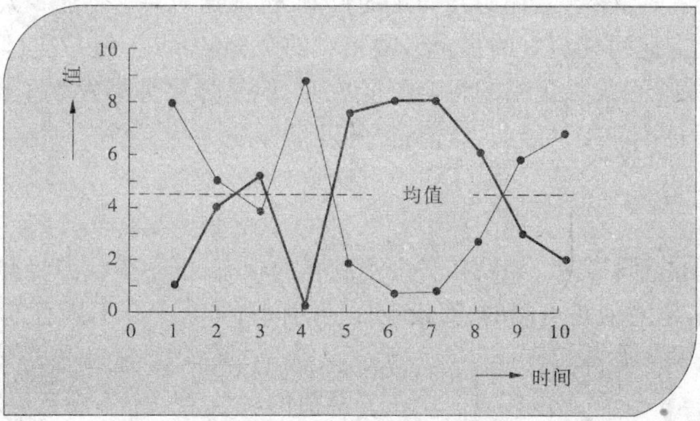

图 5-17　相同均值和方差的不同时间序列的划分

再考虑图 5-18 所示的这两个时间序列集合，每个都有相同的均值和方差。假设等于或小于实线的（仅大于 2）的任何数值都没得到足够的考虑。这个值叫做临界值，用时间序列数据除以满意或不满意值得出。

从图 5-18 中可清楚地看到这两个时间序列差别的影响。用细线表示的在不满意条件下最初的时间序列比用粗线表示的“旋转”时间序列保持的时间长。然而，当它比旋转

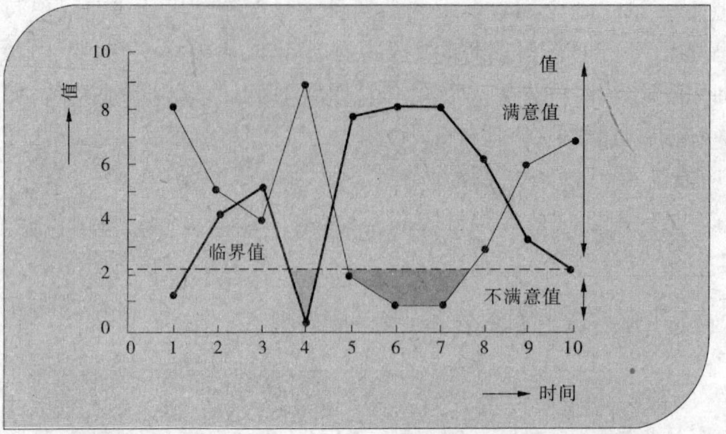

图 5-18 临界值来区分公认的满意值和那些不满意值

时间序列失败的少时，就最大化了失败程度 。这些特征能通过可靠性、弹性和弱点的度量来获得（Hashimoto 等，1982）。

5.6.1 可靠性

任何时间序列的可靠性能定义成满意状态的数据除以时间序列中的总的数据，假设包括 n 个值的时间序列 X_t 中的满意值是那些等于或大于临界值 X_T，然后，

$$\text{可靠性}[X]\text{等于时间周期数 } t(\text{比如 } X_t\text{、}X_T)/n \tag{5-7}$$

最初时间序列的可靠性用浅灰色表示的是 0.7。它在 5 次中失败了 3 次。旋转的时间序列的可靠性用深灰色表示也是 0.7，它在 5 次中失败了 3 次。

更可靠的系统比不太可靠的系统更好吗？不是必然的。可靠性度量标准并没告诉人们如何快速恢复一个系统，并还原到满足的数值，也没指明一个不能令人满意的值有多不好且可能会发生。这可能更好的是个经常相对的舍弃的系统，但是通过不重要的求和和短期的忍耐后，那个可靠性更高的将会更受欢迎，但是如果舍弃发生了，可能就更糟。弹性和弱点的度量标准能提供这些系统特征的度量标准。

5.6.2 弹性

弹性能用可能性来表示，如果在一个不满意的状态，下一个状态将会是满意的。在时间周期 $t+1$ 中有满意值是可能的，假设在任何时间周期 t 中有不满意值。它能用下式来计算，即

$$\text{弹性}[X] = \text{一个满意值接着一个不满意值的次数} / \text{一个不满意值发生的次数} \tag{5-8}$$

如果不满意值在时间序列中发生，则没定义它的弹性。最初的时间序列用浅灰色表示，可靠性是 1/3，再假设等于或小于 2 就考虑放弃。深灰色表示的旋转的时间序列是 2/2 = 1。我们不能判别在时期 10 中的基于最后一次放弃的时间序列的可靠性，因为我们不能在时期 11 中观察到。

5.6.3 弱点

弱点是临界值和不满足时间序列值间差别的范围的度量标准,虽然这是个或然性的度量标准。一些人用期望值,一些人用最大观测值,其他人可能分配了一个过度可能性来进行他们弱点度量标准。假设应用了弱点标准度量的期望值,即

$$弱点[X] = 正值(X_T - X_t)之和 / 不满意值发生的次数 \tag{5-9}$$

初始红色时间序列期望的弱点是[(2-2)+(2-1)+(2-1)]/3 =0.67。旋转的粗线表示的时间序列的期望的弱点在图5-18中是[(2-1.2)+(2-0.2)]/2 = 1.3。

因此,依靠是否在例子中考虑了放弃临界值,初始(浅灰色)时间序列的可靠性和弹性等于或小于旋转的(深灰色)时间序列。然而,初始的红色时间序列的期望弱点小于旋转的蓝色时间序列。这表明人们能用这3个系统性能度量标准来定义典型的权衡。

5.7 结论

许多理论的和实践的方法在水资源规划的鉴定和定量化目标与考虑多重标准或目标的文献中都有提到。本章的讨论和技术仅仅服务于这个主题的介绍。这些工具,包括它们的修正和扩展,设计出来提供信息以使规划和决策制定过程更有价值。

水资源系统规划者和管理者和许多其他的参与者都卷入了面临决策制定的挑战,当需要他们从许多可选择项中选择一个时,每个都以多重性能标准中的不同值为特征。它需要目标和设计到项目的许多个人和团体的价值之间的平衡。实际上,没有方法让计划选择步骤成为标准化的过程或程序,也没有鉴定受欢迎项目的标准或方法的标准集合。最多一个重复程序是它们运用的工具和它们在本章描述的相似,所有利益相关者一起就可能达到一些什么是做得最好的共享视野。至少,直到条件变化或新知识或新目标或新需求出现。这可能是唯一的鉴定政治与技术、社会、金融和制度上的可行性的项目的方法。

在规划过程中,对于许多参与者来说,这些目标量化和多目标计划的方法中的一些可能象征理论的或是学术的。许多可能勉强的来学习定量化的政策分析技术或花费时间来回答表面上不相关的问题,这些问题可能最终导致一个"折中"的计划。勉强的参与可选择计划的特别的目标间的定量化的权衡,并通过暗示可选择利益相关者团体,可能源于支持决策制定者对所有这些冲突的利益集团的渴望。在这种情况下,他们的优势很明显是定量化政治价值时不是太清楚。他们可能更喜欢"分析者"作出这些权衡,且并不讨论它们(作者参与了这种情况)。计划者、工程师或分析者通常都非常乐意做这些权衡,因为他们适合这一主题领域,他们经常把自己看作是这一领域中的专家。当争论政治权衡时,没有人是专家了,没有人有"最佳的"答案,但是专业人员应该参与,告知和推动这些即将被接受的且时常折中的决策的过程。

通过进一步的发展和实际分析应用多目标计划技术,分析者也开始与规划和管理过程中的所有参与者相互合作了,并能启发任何争论水资源政策评估和分析不能政治化的人。分析者、管理者和规划者不得不在政治环境中工作。他们需要理解决策制定的过程,

什么信息是那个过程最需要的，且它如何最好地来表达。在特殊计划条件下的这些事实可能充分的规定了目标鉴定与定量化及最适当的计划挑选的特殊方法。

方法被看做是特殊条件下的最适当的，这将不仅依靠条件自身的物理尺度也要依靠决策制定者、决策制定过程和分析者、参与者和决策制定者可接受的责任。

最后，记住在目前时间制定的决策仅是那些在将来才制定的决策的序列。没有人能确定地预测未来一代认为什么是重要的或他们想要的是什么，但是花时间试着猜测并不是一个无聊的事。需要提前做好计划，最好的计划能做到，并提问自己如果今天已经考虑的决策会是那些我们认为我们的后代想要我们制定的。这种想法把我们带进了适应的管理和可持续性的争论中了(ASCE, 1998)。

第6章 赋权环境的水统辖

统辖是运用经济、政治和行政的权力来管理一个国家的各级事物。定义水统辖涉及到政治、社会、经济和行政系统的范围,这些系统在社会不同水平适当地开发和管理水资源,并传递水资源服务(GWP, 2002)。好的统辖是好的水资源开发和水资源管理的先决条件。

6.1 赋权环境

(1)赋权环境。一个适宜的赋权环境对确保利益相关者(个人、公众、含有私人成分的组织和公司)的权力和财产,以及保护诸如内在的环境价值之类的公共资产是必要的。赋权环境基本是组成“游戏规则”的国家、省或地方的政策和立法,且使所有利益相关者在水资源开发和管理中扮演他们各自的角色,包括构建具有资料和承载力的法庭和机构创建这些“游戏规则”,并促使和训练利益相关者参与。

(2)从上至下。为了获得有效、平等和可持续的水管理,将需要一个主要的制度上的变化。所有利益相关者从上至下和从下至上的参与将不得不提倡从国家水平向下至村庄或市级水平,或从积水区和小流域水平向上至流域水平。需要观察来源于向下到最低的适应水平的行为的辅助原理。

(3)从公司到社团:政府机构、私人公司、基于有女性的组织、不利的团体,非政府组织和内部社会的其他部分完全参与的公社的分离也应该被包括进去的。所有这些组织和机构有个重要的角色就是提高水的通路,引进保护和开发间的平衡,并把水做成经济的和社会的产品。

6.1.1 政府的角色

(1)政府作为一个赋权者。参与方式包括引起政策制定者和一般公众间的重要意识。政府的赋权角色暗示着说明性的、重要的、在水部门内的发展的方法应该通过一个框架的标准被替代,在这个框架里参与需求驱动的可持续发展都能发生。如果政府采用了一个便利的和公断的角色,国家的重担就会减轻,且公共活动的性能也提高了。政府需要创造条件,在这种条件下所有的参与者在特殊问题上下赌注,并在他们自己中间商议,以获得可接受的水问题的解决方法。然而,参与并不意味着政府能放弃他们的责任。

(2)政府作为调整者和控制者。政策制定、计划、分配水、指导、执行以及最终的冲突解决仍然需要政府的职责。现在普遍认为政府(哪里需要)应该扮演一个权力渐减的角色,这个角色作为服务的提供者并更专注于作为提供特殊服务的调整者和控制者。其他的,比如私人部门或独立的半国营集团可能提供水服务,这些水服务被一些调整实体指导和控制。远离政府供应的趋势已经不存在了,这不仅是通过关注无效的冲突的利益和缺少管理透明度,而且通过增加许多政府财政上对水资源的必要投资面临的困难。

(3)政府作为服务的提供者。同时,所有政府应该制定一个全心投入的计划,来把服务提供任务转给非政府利益相关者,它可能要花很多年才能在许多国家中实现。此外,假设水服务包括连续的公共投资的清洁公共物品元素(比如,防洪、大批处理和废物产品处理)将是必要的。政府保持提供功能的地方,这个重要的原理是供应机构不用自我调整,调整的分离和执行的功能帮助保证透明度和责任。

(4)公共部分性能的改善。事实是世界人口(普遍最贫困的人)的1/5并没有机会饮用安全水,且一般人口没有足够的卫生条件,这被看做是公众服务提供的控告并推动许多政府和城市向私人部门求助。然而,私人部门的参与不能被看做是能立即解决承载力和投资问题的万能药,因此公众效用要更好的发挥作用。虽然这里有个趋势是朝向私有化和政府推动更多的私有部门参与来发挥关键作用,事实上却是公众效用在可预测的将来服务于大量主要的用户。因此,关键是应该给予更大的关注来改善公共部分性能。公共的或私人的利用效率的提高是通过政府决策来完成的,这些政府决策论述了主要问题,例如水价格、超员、城市中贫困者的需求,给成功运作提供法律和制度上的框架。

(5)包括私有部分的政府角色。我们这儿说的私有部分是指社团部分和基于组织的公社。同时,把它看做是提供水服务中的私人部分,特别是在水和卫生子部分,将在水管理中对减少政府角色和责任有贡献。这也不是必需的,因此任务将变成可操作性的功能而转化成私人部分。但是,公共实体需要有承载力地指导和调控服务传递的能力,以此保证在合理价格下足够的供给。简单的说,私人部分通常包括更多而不是更少政府调控的需求。此外,贫困社团包括将需要来自政府和其他外部来源的接触性的金融支持。

(6)政府和水市场。所有的市场需要政府的支持来提供繁荣贸易和竞争的法律、社会和经济的环境。原则上,可利用的水资源能在市场上交易这是为了允许水以最高的价格使用。虽然理论上更有效,但水市场仅能在适当的制度安排的假设下起作用。也需要机制来保证交易不欺骗其他水用户(包括环境)的外部成本,或允许强大的利益群来垄断供应,并把不利群从本质服务的通路中排除。当政府选择在市场机制中扮演更大角色时,在自然水的分配和对终端用户提供服务中,法律和调整系统在适当位置来处理市场的失利是必要的。

6.1.2 水立法

(1)立法是行为框架的组成部分。立法提供了政府干预和行为的基础并确立了非政府实体行为的行为背景和框架,因此这是在赋权环境中的重要因素。相当多的国家已经颁布了具体的水条例,但是一些国家仍然缺少自身专门的水资源条例。虽然水资源的参考书目在国家立法中能找到,但这些时常被散布在多数部分定位的条例中,且可能与一些水资源利用方面相矛盾或不一致。

(2)立法和政治意图将被执行。稀缺水或资金越多,且水引起的冲突越多,则得到一个适当的一致同意和全面的水法律就越重要。它需要相当多的时间来从一个片段的或过期的立法拼凑物中确立一致同意的和全面的水立法。然而,这个全面修整过程不应该阻止合理的忙于压制短期问题的活动。在许多案例中，最大的问题不是缺少足够的立法而是缺少政治意图、资源和执行现存律法的手段。见方框 6-1。

方框 6-1

来自印度的纳德邦的坦米尔的一个水资源综合管理案例

虽然这太早而不能说它是成功的，水资源管理的几个组分已经应用在印度南部的纳德邦的坦米尔，韦盖河流域中了，包括：

- 从政府代理到洗衣女工的利益相关者的参与；
- 能够对可选择水分配和政策决定的含义和权衡定量化的决策支持系统；
- 来自政府和其他机构的政治的和行政的支持。

韦盖河流域的问题是流域内的水非常短缺，包括：

- 由于水的重复利用造成的利益相关者间的冲突；
- 在流域规划和管理许多方面的多重机构的投资，这些方面时常重叠；
- 上下游的冲突；
- 部门间的冲突，起因于快速增长的城市化甚至传统的水需求的遗留。

将来形成的主要挑战是水分配和发展基于所有利益相关者的参与的制定决策的联合框架。没有整体的流域管理是不可能的。利益相关者已经由团体由纳德邦坦米尔政府建成并用来评价不同水分配选择权。

为了分析将来的可选择情景、重要交易和影响政治变化的地方、农作物布局，一个被称为“thanni（坦米尔语中的‘水’）”决策支持系统已经发展了。Thanni 包括一个信息系统和一个优化模型来最大化水利用利益。这些利益隶属于许多水文、经济、法律和政策的约束。界面也因为更大的交流能力而已经转换成坦米尔语。系统给决策者提供了一个政策和情景分析和利益相关者讨论的焦点的工具。下一步包括利益相关者团体更进一步的发展 thanni，以此来给同等的和合作的决策制定提供一个新的相互作用的范式。

（3）立法的需求。

水立法应该：

- 基于一个规定的国家水资源政策，这个政策能进行部门和利益相关者间的分离，把水作为一个资源且能够压制人类基本需求和生态系统保护的社会优越性；
- 保护水（利用）权利来允许私人和团体投资和参与水管理；
- 调整垄断来接近自然水和水服务并阻止第三者的破坏；
- 阐述一个以经济为目的的资源发展，保护水质、生态系统和其他公共福利利益间的平衡的方法；
- 确保发展决策是基于合理的、经济的、环境的和社会的评估；
- 确保何地、何时和何种程度需要使用现代供人分享的和经济的工具的可能性。

（4）立法，规则和次要法规。水立法的修正通常是个单调乏味和耗时的过程，因此立法应该保持在一个充分的一般水平，确立所有利益相关者在水管理中的权利和义务，调整团体的权力和功能以及违反法律的处罚。强制和执行的详细的指导方针和供应应该在一种立法系统的更加动态的部分被合成一体，如立法和次要法规的框架可能随环境的变化以一种连续的过程来修订。

6.1.3 交叉部分和上、下游的对比

(1)下述的分配对话。水资源管理的重要的关键性因素是在决策制定过程中综合许多部门的观点和利益,关注上、下游的关系,想法合并、磋商并寻找所有政府各层的相关部门和流域不同部分的利益相关者间一致性。只有这种方式才使通过整个流域的水分配计划并避免当有更高的使用价值和用户拒绝服务时,把水资源错误的分配给特殊的部门成为可能。形成图表,并对所有部门和利益相关者透明化,为了达到可持续性水资源管理,水方面的综合需求(数量和质量)将帮助确定什么是可行的。

(2)最高水平的协调——线路代理的执行。为了确保通过水相关部门和贯穿整个流域的水管理效用的协调,需要确定正式的机制、合作手段和信息交换。应该在最高政策水平下创立这些协调机制。政策的执行应该为了那些线路代理、私人公司和社团组织而留下来。这些组织会最大限度地来认识独立决策制定和经济尺度的全部优点。为了确保合并的效率,需要在相关机构间建立适当的金融联系。这可能给交叉部门的行为提供激励。

6.1.4 水基础设施的金融结构和投资分配

(1)不同的投资需求。在考察水资源基础设施需要的投资时,人们不得不区分担负确保(但不是必须提供)每个投资类型责任的不同参与者:

• 以投资来减少水的可利用性在空间和时间的不平衡,保护人们远离极端的洪水和干旱事件,且提供公共物品是公共权力部门的责任,也是国家或地方政府的责任 。

• 向更大数量的用户(家庭、工业、能量生产者或灌溉者)运输水和移走废弃物或剩余水而设计的投资是地方性的或区域政府、特殊灌溉机构或不同类型的水权利的责任。

• 基于他们自己的财产的每个用户能够的投资用来解决他们自己的各人责任范围内的水问题。

(2)交换全部的水成本。原理上,交换所有的水成本,保证了长期的供水服务的长期存在,且有效的约束了水需求,从而确保了资源的可持续性。这些可持续性的思考,需要长期的和任何可行的直接和间接的水利用利益,应该面对反映水的总成本的价格。更宽的社会关注的例子约束了所有成本价格的应用,它可能是个适合短期的、基于所有经济成本恢复的或在最小化的、基于所有供应成本的价格。需要鉴定暗示的或清楚的补助金,以一种透明的行为达到目标或进行实施。

(3)公共投资的来源。有重要的特征,这些特征给在水相关的基础设施的公共投资授权了一个角色。比如,防洪和来源于水的疾病都是公共产品,这些产品不能以个人利益和个人使用为基础进行简单的交换。此外,大尺度和长时间范围和政治干预固有的、与风险相连的投资可能减少私人投资的动力。为了确保足够的水部门的资金,需要采取行动,来改善容易接受的捐赠人在金融资源联合和水资源发展为目标的分配方面的对话。国际的团体和政府(类似的捐赠者和接受者)应该被强制要求来维持和增加他们对水资源部门的帮助,以解决具体问题为目标。价值的增加是通过改善金融者(公众、私人、国家、双边和国际的)间的通讯和合作,通过介绍赋权的措施来动员巨大的、未使用过的团体的资金来源和通过提供个人成就的信任机制。

6.1.5 私营部分的卷入

(1)私人的融资呈现投资的安全。政府的责任是确保和推动需要发展和维持一个充足的水基础设施的整体投资。许多国家公共部门的改革(通常和公共部门的大小和预算的消减是同义词)带来的压力和日益增长的对稀缺的发展援助资源的竞争,使发展中国家政府面对这个挑战变得日益困难。这些问题倾向于增加私人的融资,但是如果立法提供了投资的安全性,这些融资才会发生。

(2)私营部分涉入的条件。私营部分在许多国家改善技术和管理能力、利用和提供必要投资资本中扮演一个角色。然而,如果挣得的资金回报率与涉及的感知风险相称时,资本私人公司的投资才会发生。在这方面需要分离商业的和政治的风险,并给予金融的和经济的风险评估特别的关注。虽然为了从一些形式的风险中吸引投资保护是需要的(如资产征收或管理中不适当的政治干预)这并不意味着有效的操作的所有风险和刺激都应该被移除。这样做不仅给公共部门或水用户留下肩负投资风险的冲击,而且私营部门操作的有效的优势也将丢失。当解决谁服务运输合同时,权力持有者应该仔细学习与合同共享的问题的风险,特别是利益和交换率的问题、金融条件、输出产品的无限的义务交换。通过确保长期的可持续性来最好的吸引资金。比如,通过合理的定价和独立的调节来便利的恢复成本。传统地,大量的私人公司在水和卫生部门介入,且延伸到从服务合同(执行一项具体付费的服务的单个功能合同)到完全的剥夺(通过出售来完全转移资产,且私人部门对所有资本投资的维持,运行和征税有责任)。当他们在法律上被授权来做这些时,以组织为基础的社团也要用投资来发展和管理供水系统,他们的水权利被清楚地描述了,通过非政府组织、社会公认或政府机构来努力发展有效的社团制度,且有来自政府或其他外部来源的金融援助的催化剂。

(3)私营部门性质的条件。私营部门企业可能对生产力的获得和顾客的满意更敏感,因为他们的收入和生意的生存本质上依赖这些因素,这并没有对私有化实际上将生产想得到的性能改善的保证。简单的把公共部门的垄断转化成一个私营部门的,并没有有效地为有用运转提供竞争性机制,而是做出了适合的投资或消费者需求的响应。同样地,如果政府不喜欢或是不能解决类似于公众提供的融资和有益的产品,限于人浮于事和过度的行政干预,以及允许水价格的弹性的根本的问题,私有化自身对提高部门性能什么也做不了。私营部门操作的条件需要在投标文件、合同和在调整程序中清楚地写出来。这是一个涉及提供服务质量、定价政策,特别是对穷人的补助金或交叉补助金,对公共权威水平下不得不采用的决策的范围以及那些单独属于私营公司职权的明确的协议。

6.2 水资源管理中的组织角色

6.2.1 角色

(1)有缺陷的划分作为对水资源管理的一个约束。当在不同水平下讨论组织的角色和作用时,强调不是针对所有案例的有效蓝图是重要的。这是个区域,在开发,金融资源和人力资源、传统的道德和其他特殊的环境的阶段对于决定一个给定的背景什么是最合适的将发挥一个重要的作用;然而,制度的发展对于明确表达和执行水资源管理政策和项目来说是关键的。有缺陷的划分参与者、不适当的合作机制、司法的缺口或重叠、失败的配对行为的义务、行动的权威和承载力间的责任是执行水资源管理的主要来源。

涉及水资源管理的机构不得不考虑它们多样化的地理背景,考虑国家的政治机构,流域或是水环境的资源整体性和社团组织的存在性和承载力。制度上的发展不是简单的创立正规的机构组织(比如,服务机构,权威或咨询委员会)、它也涉及对整个范围的正式条例和准则、海关和实践、观念和信息,利益或团体群组的网络工作的考虑,这些的结合能提供制度上的框架或水管理参与者和其他决策制定者操作的前后关系。

(2)有效的调和机制的重要性。关键的一点是不同机构间的有效的调和机制的创立不应该被假定成对组织巩固的综合性自动地导致了协作和调和,协作和调和反过来又导致了水资源管理效力的提高。分割和共享的责任是现实且可能经常存在。这里有许多在没有重要性能提高的情况下合并机构或责任的例子;相反,也有几个尽管需要包括几个机构但允许持有问题的有效调和机制的例子。简单的把所有的水功能放到一个机构中的行为不会消除利益间的冲突,这一点是很清楚的,制定出机构间带有失去透明度危险的优越的决策。

6.2.2 不同层次的组织角色和功能

(1)国家层次实体。在许多案例中,一个国家层次的"顶级"实体的确立,可能对于良好水资源管理的完成来说是理想的。至少应该对发展政策和策略及协调国家关于水资源的计划负责任。更适宜的,它应该是独立的主要水用户且应该在更高的水平上向政府汇报。国家的组织也可能扮演信息聚集和分发角色,且在许多条件下可能扮演调节和指导底层组织行为的角色。

(2)从下至上和从上至下的策略。在发展的政策制定、执行机制、咨询性、整理和调整实体中,应该以适当的尺度关注它们的操作。水资源管理的关键原则是补充传统的、从上至下的管理方法,实际上其部分的被从下至上的策略替代了,这是为了确保水部门是需求驱动的并能给整个终端用户范围传递福利和收获。新机构有效地从下至上的策略可能是需要的。在许多情况下,创立以组织为基础的团体是必要的,这样的话就能积极地参与水供给系统的发展和管理。在其他情况下,民主的选择、代表性的咨询委员会和市场机制可能是能够给供应商传递他们对水产品和服务需求的合适手段。从下至上的策略并不意味着完全地把制定的决策转移给地方或社团水平是渴望的或可行的,社团水平的组织和政府实体间要维持一个适当的平衡。

(3)州、省、地方层次的管理。在许多国家中是在州、省、地方层次上而不是国家层次上管理水的,政府的这个层次通常可能需要考虑诸如水分配和废水的允许排放、水费用、性能标准或允许条件、指导和评价水资源、判决冲突和广泛的土地利用计划纠纷的问题,一些国家把市政机构、工业和其他水用户组合成具有特殊目的的组织,目的是为了执行水管理措施。比国家层次低级的组织也可能调整功能,来确保地方层次服务供应商能有效地完成他们的职责。

(4)流域、水域、集水区的管理结构。水的流动依照自然特征,且不考虑行政边界,因此引出了问题:根据现存的行政边界或根据自然边界来管理水和定义管理结构通常被看做是流域的,从一个纯粹的水资源观点出发,可能有许多流域采用的逻辑性的方法或至少把流域看做是逻辑计划的单元。然而,与需求驱动的发展原理相一致,流域组织应该唯一的确定,以此来响应一个感知的和特殊的需求,特别是多重用户的特殊需求。现存的行政划分和调整条件可能阻碍依照流域边界的水管理。也应该注意到流域机构自己本身不能确保资源的可持续发展。他们需要通过制度范围得到支持,这些制度能帮助确定经济、社会和政治变化带来的需求。见方框 6-2。

方框 6-2

法国的流域管理

1964 年 12 月的法律把整个法国的陆地分成了 6 个水机构,他们的空间界限以水文边界线为界。每个机构的组织如下:

• 全体人员准备项目并在赞成(凭良心的)之后执行它。

• 大约所与利益相关者中的 60 个代表组成的委员会包括赞成项目、费用、同意并借出(论坛)。每个机构都有如下的职责:建立 5 年的水管理投资计划。

• 收取从自然水源提取的每立方米的水和排放到自然水源中的每吨废水的费用。

• 授予或低利益的借给对执行五年计划有贡献的所有参与者(城市,工业等)。这个五年计划(预算)要有个开支和收入的平衡。

(5)流域组织成功的因素。依靠实际条件和优越性,流域(或河流盆地或水域)组织的可能范围是从带有水权分配和费用收集命令的执行实体,到纯粹的向现存行政和执行实体提供建议的咨询实体。比如,法国在这个系统的经验表明了下面 3 个因素是使一个活动组织成功所必需的:

• 良心。体现在全体人员对流域水资源信息收集和评价的责任,利益相关者间的简单调和和协商,对投资和收取水利用和废水排放费用的计划和提议。

• 论坛。在这个论坛中所有利益相关者讨论和制定水资源问题的实际决策,扮演流域的一种"水议会"角色。它的责任是监督"良心",讨论、修正和拥护其提议。这个论坛也应该用流域组织的预算。中心政府应该参与到论坛中,并且向国家的国会通报流域的组织行为,目的是确保国家政策间联系的必要性。

• 预算。这个预算用来维持组织和供给必须运作和水相关的基础设施的投资的经费。这个预算可能是基于水利用和废水排放的费用。流域可能鼓励通过给城市、工业或个人对设备的喜好来分配贷款和任务的可持续的水利用,这些投资对流域中所有水资源管理目标有贡献。因此,对水收什么费和对水投资什么之间有个直接的联系。

(6)流域组织的国际角色。流域组织也可能对管理国际水资源提供一个有用的机制。有许多这种实体的例子,来自于世界各地的变化的目标和作用,他们的建议可能对和平、平等和共享水的磋商管理有贡献。这些仅存的实体,给看法和协商的连接提供了一个论坛,鼓励州进行探讨并在不一致性上上升为一个危机的层面之前解决他们共有的问题。

(7)地方政府的角色。许多国家把供水和卫生服务的提供移交给了地方政府。同时,这可能帮助确定服务转移更适合消费者的优先权,且确定供应商对他们的行为更负责

任,通过移交引发了几个重要的问题:

• 为了获得效益,使供应商远离短期的政治干预是重要的;

• 供给者的经费需要清楚的从地方政府单元的一般账目中区分出来;

• 为了最小化捕获的危险、性能的指导、基准和一些方面调整可能更适合委托给更高层的政府或一些独立的机构。

• 需要一个机构确保地方供给者不忽视他们对下游水用户或流域其他利益相关者行为的作用。

• 提供调和机制可能是必须的,如果当地政府的边界没有包括所有用户或如果一个地方存在多个地方权力机构。

• 小市政可能需要巩固他们的水服务措施和(或)行为目的是为了全面的认识经济尺度和范围。

• 当地政府认识到土地利用计划、经济发展和社会政策都对水的需求和来源于水的污染的生产有一个深远影响,这是重要的。

(8)内部社会和团体的参与。应该鼓励这些群组参与到水资源管理行动中去。比如,灌溉计划随着适当的调整可能会从政府转移给农户协会,一些以组织为基础的社团可能对操作和维持当地供水系统负责任。在这种方式下,有一个更好的建立所有权关系含义的机会,这时常是个改进和更可持续的管理资产和资源的前提。正如前面提到的,这儿也有个公私关系和私人操作者的相当大范围,包括社团和非政府组织在水资源管理中发挥作用。这些参与者扮演的角色需要根据当地经济、社会和政治的环境来评定。

6.2.3 制度上的能力建设

(1)解决问题的能力建设。制度上的能力建设是一种提升性能的方法。在水资源管理背景下,能力建设是在所有层面上培育、提高、利用个人和公共机构的技能和能力的效果的总和(这个层面包括地方的、国家的、区域的和国际的)为的是他们为达到更大的目标而取得更好的进步,而不是试图直接解决这些问题。当能力建设取得成功时,其结果对个人和公共机构在可持续的基础上更好地提供产品和服务来说更有效。

(2)伴随激励的培训。通过培训、教育和提供信息发展人力资源,是能力建设的一个关键步骤。然而,仅仅培训是不够的。如果新的技术或观念被实际的应用了,机构和个人需要激励来改变实践和方法,在涉及更大的机构目标时,需要考虑这些激励。在机构能力的建设上改善人力资源是个关键因素。一个机构对变化的需求的适应能力是在更大程度上依靠它对人类——全体职员的知识、观点和技术的潜力适应力。

(3)完成机构命令的条件。与一个机构完成它的命令的能力同样重要的是适当的解决机构的责任、功能和权限。这可能包括解决司法重叠和机构间竞争的问题,此外还包括创立合适的且可持续的金融机制。

6.3 共享水资源的管理

6.3.1 存在的问题

水对人类来说是个必不可缺的资源。饮用、个人卫生、食品生产和工业活动都需要它。此外，它还有重要的非消耗性的用处，例如，渔业、航运、水力发电和娱乐。水也经常在人们的文化验证或宗教信仰中扮演一定的角色。

然而，在世界的许多地方，水的可用性是非常有限的。由于人口的增长，发达国家1995年的人均可利用水量比1950年低了40%，而具有干旱气候的发展中国家的可利用水量降低的量大于70%，到2025年，可能降低到只有5%～15%（Shiklomanov，1999）。此外，降雨和河水径流的变化通常是非常大的，其导致冬季洪水频繁和夏季水量短缺。污染时常使水不可利用，并破坏生态系统。此外，不适当的土地利用，经常导致上游地区遭受侵蚀、下游地区发生洪水以及在灌溉区域产生淤积。为这些问题而采用的技术补救，有时使得问题本身更加恶化。例如，在一个河流中筑堤来抵御经常的洪水，能促使以前洪积平原的土地利用更加密集。然而，它也能引起河床的升高，并增加洪灾发生的可能性，也使得灾害更加严重。

淡水的有效管理对人类和自然来说都是必要的，但是许多淡水资源的国际性特征使它复杂化了。许多河流和湖泊的流域和水域的范围大于一个国家。在这些情况下需要国际间的合作。然而，国家的利益时常冲突，观点经常不一致，国际关系有时也不好。国家间可能要竞争相同稀缺的水，他们可能在涉及其他国家的已经利用的水的量上看法不一致性，且可能有许多的误解和不信任。因此，国际冲突发生的可能性很大。

许多人担心21世纪的战争将是关于水的战争。然而，在过去几乎没有因为水的战争的例子。在公元前2500年（即4 500年以前），苏美尔人的城邦拉格什城和温马城发生的水战争是最后的有证可考的"实际的"水战争。有许多国际间合作的例子。然而，水短缺引发的战争冲突确实发生了，且合作通常是没有作用的。许多国际性的流域、湖泊和水域根本就不能在国际间达成一致，且成立的一些公共机构也不积极。然而，另一些公共机构已经取得了成功，使所有参与者得到了利益。

6.3.2 PC－CP计划

假设许多国际淡水资源和潜在的冲突的重要性，联合国教科文组织最先把PC－CP计划作为联合国世界水评价计划的部分。PC－CP代表"从潜在的冲突到合作的潜力"。这个计划检查并促进国际水资源变成一个催化剂成为可能，这个催化剂通过对话、合作和资源的参与管理，达到地区的和平和发展。它试图寻找一个为什么会在一些国际淡水资源上发展的问题产生冲突，而在其他方面却有合作的答案。

这个计划由一个训练轨迹组成，从这个轨迹中研究了许多从不同的学科角度出发的不同的主题，在一个研究轨迹的案例中许多流域都详细地研究了一个有教育意义的轨迹，它主要是集中在分发结果上。此外，对水冲突指标作为早期的警报系统的可能性也进行了研究。这项计划包括以下成分：

- 训练轨迹

——法律

——历史和未来

——磋商、调解和简化

——系统分析技术

- 研究轨迹案例

——咸海

——哥伦比亚

——多瑙河

——约旦河

——林波波－因科马蒂河

——湄公河、尼罗河

——莱茵河

- 理论研究:许多淡水资源的相对的观点
- 水冲突的指标
- 有教育意义的轨迹

第6.3节主要是基于PC－CP工作的。对他们的文件作了更多的细节的参考文献,在联合国教科文组织的网站上能找到。主要的信息写在方框6-3中。

方框6-3

国际淡水管理中促进合作和阻止冲突的主要信息:

1. 国际淡水管理为了满足基本水需求和提供食物保障正在变得日益重要;
2. 没有管理国际淡水的统一的最优方法;
3. 应该构建国际的和国家的委员会或是其他平台,那使主要的参与者在这里——联合政府、较低级别的政府,用水户,地方居民和非政府机构能见面;
4. 国际协定要有个足够广阔的范围;
5. 为达成一致、统一的最有效的策略是希望发展并维持良好关系和交流;
6. 参与或国际间的合作研究能改善国际协定的科学技术定性化,而单边的研究通常做不到;
7. 所有的利益相关者都应参与到社会事业的发展中去。

6.3.3 国际流域的合作

6.3.3.1 下游平原的问题

世界上大约1/2的土地和流域相伴,这些流域覆盖了两个或更多国家的部分领土。下游平原特别脆弱是因为它们依赖的水源并不全在他们国家领土范围内。这个问题已经和正在导致世界上地域性的真实的政治紧张和冲突。

6.3.3.2 主权国家需要解决冲突的特别措施

在自然界中,这个问题和传统的上下游的问题有相似的地方,他们经常在国家或地方级别遭遇,但是由于国家主权的混乱而恶化。这个冲突的解决方法或优先权的设定措施,在国家或地方一级的执行,并不能自动地转化成国际水平的效力,这是由于已经制定的主权国家高于一切的国际原则。

6.3.3.3 共享跨边界的水的束缚和潜能

赋权环境与国家和地方的法律是平等的,这是管理和共享跨边界的水的国际上一致的原则。虽然在国际水法中有独立存在的原则,比如平等利用和禁止重大的损坏,他们的应用有正式的约束力,因为不能迫使国家来向任何第三方政党求助,除非他们在具体冲突的解决程序上达成一致。国际法委托且联合国协定的利用和保护非航运水的赫尔辛基准则，是个国际性的用来推动合作的工具。地区级的协议已经改善了，比如南非发展委员会的共享地区水道系统的协议。在流域水平（包括共享湖泊和地下水蓄水层）上建立了大量的委托和协议。这些协定的大部分相同之处是夸夸其谈和实际行动间的差距，不仅存在于以合作意愿为根据的政治层面上，而且存在于建立适当的数据和信息基础以及有意义的合作所需的分析工具的实践水平上。

6.3.3.4 用水协商确定的需要

当存在极端的国际河道法立场，比如绝对主权国家和绝对的领土完整性；国际法庭对水滨国家的社团利益的概念授予了特权。水滨国家应该在跨边界水资源上协作，寻求达到所有相关水滨国家的利益、且基于平等和合理利用水资源的一致协定。国际团体和与水相关的组织能扮演催化剂和经纪人的角色，来寻找这些一致协定。这些一致性通常是更全球化的一致性的组成部分，在这里更容易得达到各政党间利益的满足的平衡。见方框6-4。

> 方框6-4
>
> **国际间的合作**
>
> 尼罗河由10个国家共享。更早期合作的努力建立，这些国家中的9个同意了形成一个被称作尼罗河流域主动性（NBI）的区域合作关系。从1999年2月开始，NBI寻找利用水和瀑布发电产生动力的尼罗河的巨大潜力，为了相互利益通过水的可持续发展和管理。
>
> NBI的共享版本是“为了达到可持续的社会经济发展，通过平等利用共有的尼罗河流域水资源并从中获利”。
>
> NBI受负责尼罗河流域国家的水事务的理事会的部长管理。这个理事会由尼罗河技术咨询委员会支持并在恩德培、乌干达设立了一个秘书处。

6.3.3.5 联合委员会作为一个管理机制

通常，对共享水管理有用的步骤是建立联合委员会或委托其对目前状态和利用共享水资源的事实取得一致。

6.3.4 国际法中的防止冲突和决议

一个国家法律框架、法定的协定、条约和规则最终建立是以使那个社会中可接受的行为标准编成的法典。国际法提供了一系列解决国际纠纷的工具，即有外交的（磋商，咨询，调停，调节，实情调查，质询，谈判，联合实体和公共机构的利用），也有法律的。一般地，水冲突是通过谈判来解决的，把达到一致同意作为最终的结果。同时，冲突可能是一个国家内的用户，而有时是一个国家内的州和省之间的过度稀缺水资源引起的，本章论述了国家边境交叉处的可能的冲突案例。

实际上，许多跨边界的水资源从属于某些形式的一个政治条约。大约3 500个的国际协议控制了世界大部分的共享水的利用。协议可能是针对某条特别的水道（比如哥伦比亚河流条约），也可能是一个边界协议（比如，1909年加拿大－美国边界水条约），一个调节所有区域的水的协议（比如，1992年跨边界水的赫尔辛基协定），或一个用来维持接壤国家间“友好”关系解决争端的手段。对国际律师来说这些协议的关键问题是：

- 协议的实质性条款；

• 协议的期限；

• 所有当事人(执行机构)是否坚持协议；

• 如果在变化或不可预测环境中，协议是如何(或如果)可能被修正的。在一些案例中，这些因素中的每个法律的条例，从外部的法律到正被讨论的条例都可能被确定。

特别是联合国粮食计划署推动的从潜在的水冲突到可能的水合作(PCCP—WFP)计划，它是一个在考虑现存的统辖国际水的法律体制下解决争论的适当方法。总结许多案例，在这些案例中，国际法作为解决冲突的一部分已经显示了下面的做法成功促进了合作解决方案的获得：

• 适当的法律框架(一系列的条约)；

• 当事人间相关的良好邻居关系；

• 致力于解决问题联合委员会的创立；

• 给仲裁提交的事件达成一致；

• 流入接壤国家的水的数量或质量没有重大的不利影响。

令人遗憾的是，这些赋权的因素几乎不在国家水道间的水冲突中出现。当事人由于水的纠纷经常地使得他们之间的关系紧张或是公开的敌对，而且在调整跨边界的水的法律基础可能是缺乏的或是不足的。有时一个计划好的或现存的共享水资源的利用可能对其他国家引发严重的不利影响，而剥夺了它的“平衡和合理利用”。在这种情况下，国际法包括许多冲突解决的措施，传统的被国家用来帮助寻找和得到一个双方可接受的解决方法。国际法，并不是无可否认的所有水冲突的万能药，它只是提供了一个能把冲突转化成合作的透明的尺度范围、工具和措施。遗憾的是，国际法中的决策和协议的强制性可能仍保留有疑问。

6.3.5 国际法的定义及其作用

6.3.5.1 国际法的定义

国际法有时被定义为普遍用来处理国家间冲突、国际组织之间相关关系以及其他人之间、自然界或司法之间关系的一系列原理和准则。国际法和国内法的区别在于：前者主要是通过众多国家(在国际水平上)创立并执行，目的是为了在许多人类活动的地方调节国际间的关系，而后者仅包括一个国家边界内的事务。对于国际法重要的注释是——“约束多个国家的法律”——不是相比而言的国家内部法律，例如不同的国家法律系统。国际法作为一个独立的法律系统用自己独特的规则和机制来运行。

国际法的最终目的是确保国际和平，阻止和解决国际间的冲突和争论。和平的解决争论已经作为联合国的一个主要的目标铭记在联合国宪章中了。联合国最重要的机构——联合国大会，安全理事会，国际法庭(ICJ)——给每个都被委托了许多争论避免(解决)的责任和功能。然而，作为判决的结果，一个可接受的判决可能比一个通过调节得到的协议有更大的作用，除非后者也被法庭证实。

6.3.5.2 国际法的来源

国际法是合并了作为许多世纪的国际关系和实践的结果而产生和发展的规则。那些法律上和国家相连的规则可能可以从国际条约、国际惯例法和一般法源——所谓的国际法的"来源"中找到,国际条例和国际惯例是主要的法律来源。国际法庭和仲裁法庭的决策以及法律教义(许多国家的"最高资格的国际法专家"的教义)也被用来决定法律准则的应用,作为"辅助的"来源。

相对地,直到近期,惯例(或未成文的)法律在国际法来源中扮演重要的角色。国际惯例是个法律的规则,它包括国家的实践,通常缺少正式的协定(虽然协定可能包括惯例法律)。为了联合起来,惯例法律必须是普通的广泛的实践,这个实践证明了该规则被国家看做是一个统治他们行为的"法律"。惯例法(国家的实践)的证据能以协约、法令和判决、外交通信、在国际机构和议会中国家的代表的陈述等等的形式中找到。

在过去的50年中,许多惯例法已经"整理"(用文字记录)为以具体的国际条约形式——"法典编纂"协定。当前的国际条约作为最重要的和相关的国际法律权利和义务的来源,已经替代了惯例法。假定其特殊的重要性,特别是在水法的范围内,这项的研究部分将讨论条约的许多细节。

在少数实例中,惯例法或条约法的规则是缺少或不足的,法律的"一般的原理"可能提供一个国际法的来源,主要是通过提供一个利用现存资源的方法。这些规则一般是收集所有法律系统的国内的实践和传统的代表所有法律系统的共同的规律。法律的一般原则是通过推论、类比和论证现存的国际的或国内的法律来定义的。例子包括"诚信"的原则,禁止翻供(与以前坚定的立场或行为结合)和比例性。

此外,一些不具法律约束行为的标准化字符(比如被联合国大会和许多国际性组织和会议采纳的宣言、决议和建议)能被看做是国际法的"辅助的"来源。同时,决议和建议缺少定性化的法律约束,他们在国际法,特别是在环境保护和自然资源利用的领域的发展中扮演一个日益重要的角色。

6.3.5.3 国际条约

国际条约现在已经作为国际法的主要来源代替了惯例法。与惯例法的规则相比,国际条约被认为是具有许多优点的。其提供了一个更清楚的由国家制定的法律承诺的表现,通常他们的规范更精确和更容易达到。他们也能处理更高技术性质的问题(比如,淡水的定性和定量标准、提取水的规范,允许的排放和散发水平,等等)。

多边条约,通常被称为国际公约,通常被特别召集的国际性会议,由联合国大会或是联合国的特别代理机构主办的会议采用。这中间最重要的是公约,这些公约在国家间关系或是像海洋法律、外交和领事关系、非航海利用国际水道的一些例子的特别领域或活动中,使国际法的惯例法"编成法典"。

维也纳公约中条约法被编纂成法典,并且"不断地发展"国际条约法(惯例和其他规则调整、缔结、执行、解释以及国际协议的终止)。只有在国家政党对它们采取一系列具体行动之后,条约才被总结或变成法律约束。设计出行动来通过法律承诺清楚的表示出国家对条约的赞同或限制。国家能通过迹象来证明,在重要的条约情况下,通过他们后来的批准,做出赞同的行为。在当代,实施批准通常是必要的,在许多国家中作为宪法允许的法律,在它变成法律约束之前,需要一个被选出的具有代表性的实体来通过协定。

6.3.5.4 1997 年联合国国际水道协定

这里只有一个世界通用的涉及淡水资源利用的条例:1997 年联合国关于国际性水道

的非航运利用的协定(1997IWC 协定)。可追溯到1970年,最初是试图起草一个普遍适用的条约来共享国际水,当联合国大会要它的国际法委员会准备一套统治非航运利用国际水道的规则,该委员会是由34位国际律师组成的,用他们个人的能力和代表服务于世界主要法律系统的国际法委员会,其为一个法典编撰和进步的发展国际法的联合国的特别机构。1994年,联合国国际法委员会采纳了国际水道非航运利用的草案文件,紧接下来的30年都以这一主题展开了工作。这个项目承递给联合国大会和它的第六(法律)委员会,第六委员会提供了协商论坛,并最终采用了1997年国际水道协定。

努力使水资源国际法编撰成文是个富有挑战性的任务,它是通过花费时间来达成一致性,且通过法律地位的不同来达到和解而得到证明的。国家间是否能找到一致同意并采取一个普遍适用的协定并不确定,直到1997年4月,整个联合国工作组达成最后商议。表面上对于自然的和国家的利用,过去用来划分上、下游国家的跨边界的水资源的权力范围的矛盾在争论中又重新出现了,3个中心问题控制着联合国的讨论,它们包括:第一,现存条约的地位和将来一致同意的协定的效果;第二,"无损害"规则间的关系和"平等和合理利用"的原则,包括对环境的考虑;第三,提供解决争论的办法。

尽管严重的分歧有时威胁谈判,但文书最后仍被通过,主要国家的代表在1997年4月21日的第六次委员会和联合国大会上达成了一致,赞成票104票,反对票3票,弃权票26票。到目前为止,有12个国家成为1997年联合国国际水道协定的成员国,并有另外8个国家有了意向,但还没有认可它。为了使之生效,需要被35个国家认可或是赞同。无论协定何时和是否生效,有一点儿是清楚的,那就是它将在涉及水道国家的所有关系中起到非常重要的作用。

1997年的国际水道协定大会申请利用国际水道协定的目的不是航运,而是保护、保存和涉及那些利用的管理措施。"保存"包括保持,但是不能延伸到生物资源除非是受其他利用的影响。航运仅包括某种程度的影响、其他的利用或是受其他利用的影响。"国际水道"的定义是表面和其相连的地下水处在多于一个国家的位置上。国际水道协定不能统辖"受限制的"跨边界地下水(也未成为"受限制的储水层")或是"化石储水层"的利用。在2002年9月,1997年国际水道协定大会被芬兰、匈牙利、伊拉克、约旦、黎巴嫩、纳米比亚、荷兰、挪威、卡塔尔、南非、瑞士和叙利亚阿拉伯共和国认可了。签字国有科特迪瓦、德国、卢森堡、巴拉圭、葡萄牙、突尼斯、委内瑞拉和也门。

通常的大量的规则定义了那些惯例或条约规则,它们涉及了权力和责任的创立、定义和调节。"权力"的问题是个基本的问题。权力是利用位于水道国家领土范围内的共享水道水的法律权力。

1997年国际水道协定大会的许多主要的规则包括统治"平等和合理的利用"的规则和采取不会引起严重的损害的所有必要措施的义务。在"平等和合理利用"的决策中需要考虑的一系列不详尽的因素包括两大类,这两类是:第一,科学的(和水文地理有关的、水文的、气候的、生态的、自然特征的因素,在其他国家的水道利用的影响,现存的和潜在的利用,保护措施和可选择的利用);第二,经济的(社会和经济的需求,依赖水道的居民)。协定指出"每个因素赋予的权重是由它与其他的相关因素比较的重要性。在决定平等和合理的利用是什么的问题中,所有相关的因素需要一起考虑,且一个结论的获得是基于整体的”。

联合国法律委员会建议水道国家应该首先试着决定在其领土上有益的利用国际水道协定的法律权力。各国应该以一种正在进行的方式考虑相关的所有因素，以确保考虑了其他水道国家的平等和相关的权力。“平等和合理的利用”的主要规则包括考虑“所有相关因素”，由于他们在新的或增加的利用中可能发生。因此，例如人类的重要需求、河流流动的需求、污染的损害、可持续发展的需求等的因素都包括在内。规则的执行是灵活的，且和在具体时间点的具体利用是相连的。

6.3.5.5 保护和利用跨边界的水道和国际湖泊的协定（赫尔辛基协定Ⅰ）

保护和利用跨边界的水道和国际湖泊的协定（赫尔辛基协定Ⅰ），形成联合国经济委员会（UNECE）对欧洲相关水法的支柱。然而，两个其他的联合国经济委员会协定（艾斯堡协定的关于联系跨边界的环境影响评价和赫尔辛基Ⅱ协定的关于工业事故的跨边界影响）是跨边界水管理的重要关键。

联合国（联合国经济委员会协定）关于保护和利用跨边界水道和国际湖泊的协定于1992年在赫尔辛基被25个国家签署了，并在2002年1月被包括欧洲联盟的32个国家认可。协定的目标可以被总结如下：

- 通过防止、控制和减少污染保护跨边界的水（包括表面和地下水）；
- 生态性地健全的和定量的管理跨边界水；
- 合理和平等的利用边界水；
- 保护（恢复）生态系统。

最后，当事人有义务在可能的源头采取措施来防止、控制和减少污染。这适用于点源和面源污染。

协定明确地认可了适用于许多基本原则的需求。预防原则上意味着要采取行动来避免释放危险物质潜在的跨边界影响，这不应该拖延而应该采取实地行动，科学研究并没有在实地上完全证明那些物质和潜在的跨边界影响间的因果联系。防止、控制和减少污染的措施的成本应该来源于污染者（“污染者付费”原理）。应该管理水资源，为了现代人的需求，在没有危及后代人满足他们自己需求的能力的前提下，得到满足。

所有参与者的必要义务是发展、采纳、执行和使其与相关的法律、行政、经济的、金融和技术的措施相容，相关的许多问题包括：

- 低的非废弃物技术的应用；
- 引进限制散发和废水排放许可；
- 对于大量废水至少要应用生物处理方法、应用最可利用技术和最可利用实践来减少从工业和散发源营养的输入；
- 环境影响评价的应用；
- 改善可持续水资源管理包括生态系统方法的应用；
- 意外事故计划和最小化污染事件的危害；
- 检测跨边界水的条件；
- 防止、控制和减少跨边界影响的有效技术的研究和发展。

水滨当事人的主要和核心的义务是邻近相同的跨边界水的当事人参与以平等和互惠

为基础的双边或多边协定或其他安排。这些是用来定义它们的相互关系,并指导相关的防止、控制和减少跨边界的环境的影响。这些协定应该提供联合体的建立,涵盖定义好的流域面积,他们的任务包括:

- 收集、编辑和评价数据与污染源的详细目录;
- 详细描述联合监测项目;
- 详细描述废水的散发限制并评价有效的控制项目;
- 详细描述联合水质目标;
- 发展一致的减少污染物荷载的行动项目;
- 建立警报和报警程序;
- 现存和计划的利用水与 bat 的信息交换。

特别地,联合体的工作也包括沿海国家的合作,和由联合体确立的为了保护受跨边界直接影响的海洋环境。是否为联合体的框架,在赫尔辛基协定I下沿海国家有非常详细的义务,这些义务是关于咨询、联合监测和评估、共性研究和发展、信息交换、警报和报警系统、相互援助和公共信息的几个辅助的工具(或者是绑定的,或者是未定的),他们包括:

- 水和健康草案(在联合国经济委员会和世界卫生组织(欧洲区域委员会)的共同帮助下商定)在 1999 年 6 月 18 日被采纳了;
- 监测和评估跨边界河流的指导方针(2000a),监测和评估跨边界地下水的指导方针(2000b),监测和评价国际湖泊的指导方针(2002);
- 可持续洪水防治的指导方针(2000c);
- 一个关于公民责任的政府间组织于 2001 年 11 月开始协商,关于危险行为引起的跨边界的损失的公民责任的约束工具,在赫尔辛基协定Ⅰ和赫尔辛基协定Ⅱ范围内。

6.3.5.6 跨边界的环境影响评价协定(艾斯堡协定)

环境影响评价(EIA)已经证明是个对执行和增强可持续发展非常重要的工具。它结合了预防的原则和防止环境破坏原则,并安排公共参与。环境影响评价变成了在联合国经济委员会范围中,环境保护的方法整合的主要工具,因为它需要一个综合的评价,一个活动对环境的影响。这与传统的部门方法相反。此外,它观察了可选择的提议活动,并带来了引起决策制定者和公众注意的环境影响的事实和信息。环境影响评价协定在艾斯堡(芬兰)于 1991 年 2 月 25 日被采纳。它由 29 个国家签署,在 2000 年 7 月被包括欧洲联盟在内的 30 个国家认可。

这个协定是第一个将当事人在程序上的权利和责任具体化的多边条约,它在一个跨边界的背景下涉及提议的活动的跨边界影响,并在决策制定中为考虑环境影响提供程序。环境影响评价协定保证了在计划的早期阶段对当事人对环境影响的义务作出评估。环境影响评价协定描述了措施和程序,以此来防止、控制或减少任何对环境的重大不利影响,特别是任何跨边界的影响,可能由一个被提议的或现存的活动的任何主要的变化引起。

6.3.6 国际水法

6.3.6.1 什么是国际水法

国际水法(也被称作国际水道法,或水道的国际法)是个被用来鉴定那些调整两个和多个国家共享的水资源利用的法律规则的条款。国际水法的主要角色是确定一个国家从水道获利(附属的规则)的权利,并确立国家的行为的某些需求,同时发展资源(程序上的规则)。

一般而言,国际水法的发展与国际法的发展是分不开的。这些基本的原理和基本的概念像国家的平等,不干涉其他国家的司法事务一样至高无上,对违背一个国家的国际义务负责,且在国际水法统治范围内公平地申请且和平地解决国际争论。

同时,这个国际法的相对独立的"分支",特别在一个截然不同的领域——跨边界水资源的利用领域,有针对性地发展了它自己的原则和规范。基本的规则是:利用位于国家领土内的("平等和合理的利用")跨边界水道水的权利和相关的责任来保障国家享有相似的权利。

国际水法和国际相关水的合作正在以一个动态的方式改变着,这个方式引出和(或)适应了许多水相关的协定:全球的、区域的、流域相关的和双边的。这些不仅仅是这个领域内由法律和专家的专业知识而产生的,也是由协商的结果来确定的,这些结果形成了许多部门、学科和国家利益协调的工具和论坛。有了协商,意味着扩大冲突的风险受到了限制。

6.3.6.2 国际水法主要来源

统辖国际水道的法律通过惯例(国家的惯例)和国际条约已经逐步发展了,并受其他法律的来源的影响,这些其他"来源"的法律是指:法律的一般原则、司法的决定、国际组织的决定和建议。

国际惯例法是国家的关于跨边界水资源的两个基本义务的主要来源:以一个"平等的和合理的"方式利用它们,并避免对其他的水滨国家引发重大的损害。已经有几个试图把这些和其他的惯例规则"形成条文"。

1996 年,国际法协会(ILA)在国际河流的水的利用中采用了赫尔辛基规则,一套全面的编成法典并日益增多的发展的规则管理国际流域排灌水利用的法律。国际法协会的赫尔辛基规则能被看做是一个"国际法的现存的规则的声明"正在被采纳。其中,最重要的是根据每个水滨国家有一个公平的和合理的分享国际排灌流域的水的利用的权利的基础原理。

自 1996 年,国际法协会采用了许多决议,这些决议提供了处理跨边界水资源中具体问题的辅助规则,这些问题是:防洪、国际地下水、河道整治、污染、管理等,这些中的许多问题都包括在他们的 Campione Consolidation (1999)中。虽然国际法协会的决议并没有形成法律上的约束,它们被许多国家和多数国际水资源专家作为对管理跨边界水资源的国际法的权威论述,而得到广泛认可。

国际司法决议在解决和修正国际水法的惯例规则中发挥了特别重要的作用。在许多场合,国际法庭被要求解决水滨国家间跨边界水的争论。最近,可能是最重要的水争论在国际法院(ICJ)Gabikovo - Nagymaros 案例(也为称作多瑙河案例)前产生,这个案例涉及匈牙利和捷克斯洛伐克(斯洛伐克的后阶段,作为一个继承国)。这个案例在的方框 6-5 中进行了描述。

方框 6-5

国际法院审理的多瑙河案例

争论由执行 1977 年结束的双边条约引起,条约的目标是在一个延伸的河流上构建一系列大坝和堰,这条河流横穿匈牙利和捷克斯洛伐克两国的领土。项目被构思成一个联合的风险,根据投资和共享将来的利益有平等的参与,为了水电站,改善航运、多瑙河上洪水和冰川的控制。这项工作开展后的 10 年里,考虑项目的环境因素,匈牙利迫使国家政府延缓并最终放弃它参与这个项目的部分。捷克斯洛伐克,在这个时候已经在这个条约下完成了分配给它的必要工作,已经几乎没有选择地只能以所谓的"参数 c"继续进行,一个可能的"临时的决议"允许它在没有匈牙利参与的情况下来完成项目。它不得不转移大多数的流水(80% ~90%)到其他的旁路河道中,这个旁路河道把河流的主要支流重新连接并延伸到下游。

相应地,匈牙利单边终止了 1977 年的条约。这两个当事人试着解决他们的争论,通过协商和欧洲联盟委员会提供的第三者的调解。最终,争论提交到了国际法庭,国际法庭问到了以下的问题:

- 是否授权匈牙利延缓并放弃工作;
- 匈牙利的单边终止 1997 年的条约对法律影响是什么;
- 是否授权捷克和斯洛伐克联邦共和国继续进行和执行参数 c。

法庭不得不强调在法律问题的范围内并没有先例。它的变动范围是从国际条约的效力、继承的状态、对环境保护和国际水道法的国际义务。实质上,法庭决定当事人双方都有非法行为。匈牙利已经通过放弃项目上的工作那样做了,斯洛伐克通过改变参数 c,并因此为了它的利用和利益,而使这个组成了两个国家间的边界的河流得到的 80% ~90% 的水转移了,法庭也在 1997 年宣布了判决。判决允许当事人为了强调对环境的关注而调整项目,并规定了它被匈牙利终止是无效的。整个项目联合的操作机构和当事人可能不得不被重新设置,除非他们已经达成协议,否则将不得不相互赔偿由他们的非法行为引起的损失。

国家的司法决议,虽然不是诸如国际法的一个来源,能作为解决国际争论的决议模型或被用来鉴定法律的可适用的普通原理。当考虑最高法庭的决议时,其特别地正确,联邦州需要用这来解决不同要素单元(国内的居住者)间的水争论。特别地,美国最高法庭对一些基本的水法律规则的清晰度有极大的影响。

法庭清楚地认可基于上、下游水滨国家平等权的水分配的方法:前者没有权利减少河流的流动,同时后者没有权利来宣称他独有的水利用权利,仅是因为河流源头在他们的领土范围内。在解决国家间的共享水的冲突时,最高法庭发展并应用了一个学说"平等的分配",这最终发展为国际法律原理"平等和合理的利用"。

国际条约在水资源利用和国际水法的更重要的来源领域中是主要的协作工具。多于 3 600 个双边和多边的国际协议用来处理与水相关的问题已是众人皆知的了。第一个普通条约处理了国际水道——1923 年的日内瓦协定,它涉及发展影响多于一个国家的水电站并未达到它的目标。仅有 10 个国家,没有一个边界国批准这个条约。

这儿有相当多的多边 - 区域的和流域的协议,最重要的是 1997 年联合国协定的非航运利用国际水道(1997 UN IWC 协定)。另一个最重要的水条约是:1992 年联合国欧洲经济委员会大会在赫尔辛基缔结的关于保护和利用跨边界水道和国际湖泊的协定(1992

UN ECE 赫尔辛基协定)。

• 1992 年关于区域内共同管理、利用和保护州际水资源的合作协议[在中亚](1992 中亚水协议);

• 1994 年缔结的保护和可持续利用多瑙河协定(1994,多瑙河协定);

• 1995 年缔结的可持续发展湄公河流域协定(1995,湄公协定);

• 1998 年缔结的保护莱茵河协定 (1998,莱茵河协定);

• 1995 年缔结的南非发展团体的共享水道系统协议的(1995 SADC 协议),后来延期到 2000 年的修正协议的南非发展团体的共享水道(2000 SADC 修正协议)。

双边的水相关的条约的例子很多。最早的是 1909 年的边界水条约包括了美国和加拿大(大不列颠),它成立了一个国际综合委员会:一个最成功的处理交叉的或是组成国际边界的水的模型(一个例子是 1973 年的捷克斯洛伐克和苏联协议的国家的边境和在边境协作的问题)。一些双边的协议可能也有个“框架”特征,就是确立某些普通的权利和义务,并创立所有跨边界水协作的制度上的机制。例子是 1956 年匈牙利和奥地利间涉及边界区域的水经济问题调解的条约,或是最近的 2002 年 5 月 24 日,俄罗斯和白俄罗斯间在保护和合理利用跨边界水体领域的协作。最后,双边协定通常被用来调解在具体水道上的不同行为(比如法国和瑞士间涉及的莱曼河的系列协议)。他们也可能与结合项目执行有关(如 1997 年匈牙利和捷克斯洛伐克间涉及的在多瑙河构建一个堰和码头系统的条约)。

因此,水条约可能是双边的或是多边的,它们可能有一个统治整个边界水或处理一个具体的国际水道(IWC)或它的部分的“框架”特征,也可能是调节一个特别的作用、具体的计划或涉及水道保护或污染控制。

6.3.6.3 协作及其应用程序的义务

协作的职责是在国际水法惯例下建立真实的和程序上的规则间的桥梁。通报的义务是一个这类协作的关键的因素。一个国家必须向其他的水滨国家通报潜在的、影响他们的水道计划措施。这并不暗示他们必须获得同意的优先权来计划工作。当他们探索采取新的工作时,这个国家需要跟随的程序的规则是 1997 年联合国水道协定中的一个规则。紧跟这个规则可能是个进入世界银行项目的必要条件。

关注环境(或社会)影响研究的义务,尽管国内法律已制定好了,它仍不是一个国际法惯例的规则,并没有提供给 1997 年的联合国水道大会。然而,它包括了许多国际的法律手段,包括 1992 年的赫尔辛基协定。

关注紧急环境下的义务是个国际法惯例的规则。然而,问题仍然是谁必须被通报,何时通报的义务,自动承担使其进入咨询或协商的义务。然而,这是个操作的义务而不是结果。

程序上的义务已经在条约和其他国际法手段中再次被确认了。除了在紧急情况下,通报的义务仍然有许多,这些义务是否是国际法一般惯例的规则的争论。想要确立制度上的机制来推动这些咨询,但是这时常不是案例也不是义务。正在确立的新的条约趋于提升更高水平的协作,合起来建立支持制度机制。在联合国水道协定中,绑定解决程序(包括寻找事实的义务、仲裁和调整)是通过协商、调停、调解、安抚和结合水道协会都失败的所有其他争论决议措施之后求助的。在最初阶段，提供如何把握争论的一些弹性，但是那里的事务没有公平的解决，如果当事人并没有同意用另外的义务手段解决争议，寻找事实是个义务。

6.3.7　可选择争论的解决方法和它们的应用

6.3.7.1　优先的追索权

不是所有的冲突都逐步提升到争论的水平。通常的做法是努力集中去掉潜在的冲突，这些冲突在州际间水关系中是固有的。对于在国际法惯例框架内其他解决争论的措施来说，优先追索权可能是个必要条件。只有一种场合，两个国家之间有关水问题的相互争论可能被呈交给国际法庭。

正如图 6-1 所示，争议解决机制包括协商、咨询、调停、调解、安抚、事实寻求（质询）、判决、仲裁、求助正式的法律程序应该是获得一个协作协议的最后一步。

通过在全球、地区、流域水平的几个协议的分析，已经鉴别了关键因素和在协商国际水相关协议中考虑采取的类型，这些协议包括：协商的开始、组织的设定、程序化规则和协商的文化。

- 利益的平衡（上、下游间，部门间）；
- 机会窗口，与其他的关系，法律绑定和未绑定的工具；
- 协商过程中技术，研究和监测的角色；
- 执行和顺从协商；
- 人权，透明度和公众参与的角色；
- 协商过程中管理和融资问题的角色。

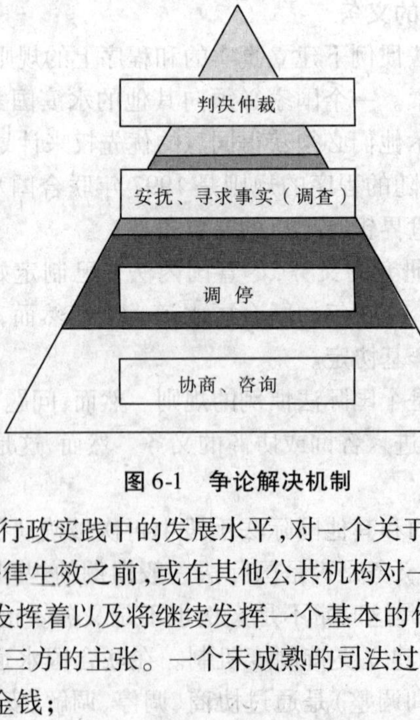

图 6-1　争论解决机制

水权在国家法律和行政实践中的发展水平，对一个关于这种权利的争论的成熟时机的确定，是在法庭宣告法律生效之前，或在其他公共机构对一个宣告能力起作用前。这些宣告已经发挥了和正在发挥着以及将继续发挥一个基本的作用，来确保安全和可靠的水权利，且它的执行反对第三方的主张。一个未成熟的司法过程可能：

- 非常花费时间和金钱；

• 通常不能给当事人的具体需求提供一个适当的答案；

• 通常不能给社会的具体需求提供一个适当的答案；

• 争论的基础集中在程序问题而不是实质的问题；

• 破坏了争论者间未来的关系。决议的执行可能并不是强制的。

由于这些原因，在许多国家中，当一个内部水冲突爆发时，涉及的机构、团体和当事人开始放弃选择法庭，而赞同可选择的冲突决议过程。这些包括协商、调解和协议的建立作为解决冲突的方法。几十年来，公众在涉及他们利益的决策中没有话语权，现在已经变得积极并要求在过程中扮演一个角色，而且人们对赖以生存的成果有一定的发言权了。这个相同的反应毫无疑问的将延伸到国际争论中。

一些冲突可能不会轻易的解决，并能持续很多年。虽然事实是他们可能引发更严重的资源丢失，甚至人类生命的丧失，但有时这些冲突仍持续。根据斯坦福大学的一项研究，有 3 种解决冲突的障碍。

• 战术上的和战略上的障碍，这源于当事人努力最大化短期或长期的利润。

• 心理上的障碍，这源于社会地位、需求、恐惧、解释和相互之间感知的差异。

• 组织、制度上的和结构的障碍，它能打断信息的传递，并阻止领导者作出当事人仍在争论的相关利益的决定。

将来的一个主要争论可能存在于一个冲突中，但是同时它也包括将来创造性的协作的可能性，给当事人提供了寻求什么是所谓的双赢的解决方法（见图 6-2）。为了完成它，人们必须学习以一种较少竞争（敌对）的方式进行协商，调用潜力来协作。通过类似"结合问题的解决者"来一起工作，寻找结合的解决方法而不是相互敌对的工作，一个人能够"扩大将要被分割的大饼"，这既能通过协商，也能在将要扮演调解者的、公平的第三方的帮助下一起完成。这个过程的理想的最终结果应该是个相互接受的解决方法，这个解决方法可能形成将来协作的基础，或至少帮助避免日益加剧的冲突。

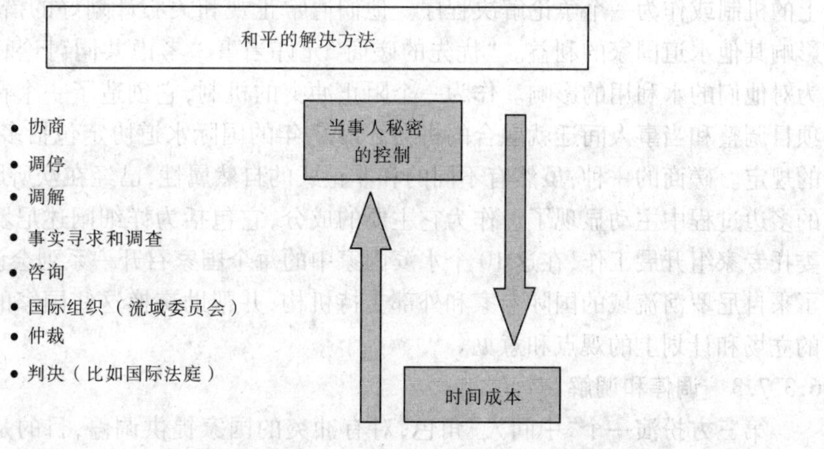

图 6-2　和平解决方法

由于和平解决手段的复杂性增加了，当事人遭受了过程越来越弱的控制和信心。成本和时间也随更加复杂的手段而增加了。然而,国家有选择他们自己解决机制的自由,并且实践证明了一种利用可选择权范围的意愿。

6.3.7.2 **谈判**

谈判是个解决争端的手段,当试着解决任何国际冲突,包括那些跨边界的水资源时经常被国家运用。依靠问题的危险性和涉及的国家的数量,谈判能采取许多形式,从双边的商谈到给国际会议的外交通信,它能应用在冲突的所有阶段。基于利益的谈判,把讨论焦点从立场上转移到利益上。因为有许多利益暗藏在任何立场中,基于利益的讨论打开了一系列的可能性和创造性的选项。为了使当事人达到一个满足他们需求和利益的协议,利益上的对话应该是透明的。

同时,基于利益的谈判有导致最好结果的潜力,当事人可能不会采取这个方式,因此谈判通常是"基于权利的"或"基于强权的"。当当事人间的谈判失败时,当事人可能接下来试图强制执行他们认为的属于自己的权利。这个手段上诉到法庭,将会造成一个法律的过程,在这个过程中法律具有主导的特征。为了达到说服的目的,选择采取威胁,甚至是暴力作为交流的方法,就是所谓的基于强权的谈判。谈判被认为仅是国家经常采取的解决他们争论的第一步。如果他们失败了,或如果当事人不能一起进入谈判,其他的解决争论的手段对他们来说是可用的,且所有都是基于一个中立的第三方的介入。

会见专家(类似于"野餐桌会议",以色列和约旦之间的水专家先前的正式谈判)有时优于外交谈判。已经暗示了在谈判中存在一个僵局,国家可能考虑把问题分成组成部分或是同意一个程序化来解决问题,而不是一个已定义好的法律利益的解决方法。匈牙利和斯洛伐克间的多瑙河争论的谈判,自始至终都采用这种方法。以色列和约旦协商他们的和平条约,包括其水相关供给。在两个平行的舞台:涉及其他利益国家代表的多边的和双边的。多边谈判的目标并不是解决争论,而是提升双边谈判的环境,虽然有混合的结果。

谈判的另一种形式是磋商。磋商通常是特别的,但是它能为达成协议提供一个制度上的机制或作为一个争论解决程序。他们通常正视和关心计划好的措施,这些措施可能影响其他水道国家的利益。"优先的磋商"允许当事人考虑共同讨论和评价被提议的行为对他们的水利用的影响。作为一个阻止冲突的机制,它创造了一个在计划进行之前的项目调整和当事人间迁就融合的机会。1997 年的国际水道协定包括多于 12 个介绍磋商的规定。磋商的一种,虽然有不同的和非正式的自然属性,已经在众所周知的尼罗河流域的多边过程中主动显现了。作为它主要的成分,它包括为详细阐述尼罗河流域协作框架委托专家组开展工作,在这 10 个水滨国家中的每个国家召开一系列会议。这个过程带来了来自尼罗河流域的国际专家和外部支持机构,并帮助交换这些国家的涉及流域水资源的立场和计划上的观点和意见。

6.3.7.3 **调停和调解**

第三方扮演一个"中间人"角色,对有冲突的国家提供调停,目的是为了劝说他们进入谈判。中立国、联合体、国际组织和个人都能提供调停。当事人通常认为只要谈判开始,调停的功能就能完成。世界银行最初给印度和巴基斯坦的关于印度西北部的河流水的冲突提供了调停。后来才看到在决策的许多方面,其角色逐渐扩展成一个更主动的卷入(促进)争论的解决。见方框6-6。

方框6-6

印度西北部河流争论的调停

1951年世界银行行长给"对印度西北部河流水争论和谈判的解决方法提供了银行的调停"。双方当事人不得不接受3个初步的条件:

- 印度西北部河流的水资源能满足现存的利用和将来的需要;
- 水资源应该以流域为单元协作发展且用来促进经济的发展;
- 应该用功能的而不是政治计划解决问题,与过去的谈判、宣言和政治问题分离。

6.3.7.4 调解

和调停比较,调解是面对更主动的第三方参与谈判的一步。在寻找解决问题的方案中,调解者对争论的当事人提供帮助。以色列-约旦的双边谈判是结合了非正式的讨论,并有美国和俄罗斯外交部作为"发起者"和"推动者",或换个词叫调解者。调解者作出的努力并没有强加给他们的解决方案,且仍然是"诚实的经纪人",单方或双方一直从这里寻找非正式的帮助。调解的过程是有弹性的、非正式的、秘密的和无约束的。他们能比司法程序具有更快更少的花费,他们能改善当事人间的关系。当事人和调解者在过程的任何时候都可自由离开。

调解者,被雇佣的、指定的或是自愿的帮助管理过程,应该在冲突和其结果中没有直接的利益,也没有权利递交一个决定。调解者控制着整个过程但不包括结果。由当事人控制结果,是既定给他们的权利:他们是解决方法的建筑师。调解者的角色是多重的。他们应该帮助当事人以全新的和创新的方法来思考,并采用严格的立场,而不是照顾他们的利益来避免缺点。当当事人之间有仇恨就会使讨论无益,一般来说,他们应该心平气和的讨论,主导谈判过程远离负面结果和可能崩溃的结合点。

在匈牙利和斯洛伐克间的多瑙河争论中,在当事人通过双边谈判并没有解决他们对将来计划的不一致性时,欧洲共同体委员会提供了调解。最初对冲突国家的调解的一致同意并不是强制性的,但是没有他们一致同意的调解将不可能成功。对调解者来说,不仅要推动讨论,而且也要提出解决问题的条款,这是很正常的。

调停、调解和安抚之间的边界有时是模糊的,且一个程序可能经常导致另一个程序发生。世界银行在印度西北部河流争论中的角色就是这类日益增加积累的好例子。在那个案例中世界银行的参与在增加,直到主动的涉及到解决问题的方法,这些方法是通过给当事人提供大量的金融帮助作为他们对解决方案条款的一致同意的一个条件而找到的。最终起草并确定了由两个国家的领导人和世界银行行长共同签署的最后协定。

6.3.7.5 寻找事实

许多国际争论是由于对事实问题的看法不一致而引起的。调查和寻求事实是为了产生一个公正的争论而特别设计的程序 。联合国国际法委员会(ILC)研究了涉及争论阻止和解决已确定的事实寻求方法的法律问题,作为一个行为过程,在任何必要的结合过程之前经常能解决争论。事实寻求或调查,允许该国家把问题提交给专家组,以便公正的第三方在外交谈判之前,调查事实或技术事务。1907年,有关太平洋国际争论解决方案的海牙协定中,调查的任务被确定成"通过公正的和尽责的调查,推动一个方案解决"。但是它的角色仅限为提供“一个事实的陈述”,它不应该有判定的特征。方框6-7描述了在多瑙河案例中这是如何完成的。

方框6-7

多瑙河案例中的事实寻求

多瑙河争论提供了另一个例子,在这个例子中寻求事实的过程被广泛的用来帮助冲突的当事人。匈牙利和斯洛伐克在1992年达成一致,来建立一个包括欧洲联盟委员会在内的寻求事实委员会。要求委员会就参数 c 作出报告,参数 c 是斯洛伐克提出的一个临时的解决方案。它是来召集一个独立的专家组来设立多瑙河的紧急措施、建立和执行一个临时水管理政权的报告,并在把争论递交到国际法庭上达成一致。达成一致性来建立第三方的一个专家组,这个专家组包括争论中来自每个当事人的一名专家和来自欧洲联盟委员会的3名专家。要求这个组提供水交换的重要影响上的可依赖和无争议的数据,且已经采取补救措施并推荐了适合的措施。虽然专家通过委员会推荐了几个措施,但是当事人不能同意他们建议。谈判继续进行,当事人最终达成了一个“多瑙河和多瑙河的支流中涉及某些临时的技术措施和排放”的协议。由于不能通过谈判和调解最终解决他们的争论,他们一致同意把案例递交给国际法庭。

最初在技术层面调查问题,经常是通过联合机构(由水滨国家的代表组成的)进行,是有优势的,因为专家的参与在编制报告、做出建议时,会最小化政治因素和思考带来的潜在的不利影响。加拿大－美国国际联合委员会已经在许多场合成功地利用了这个方法。当面临需要技术专家意见的水利用或污染矛盾的问题时,两个政府通常把他们提交给国际法庭。行为的委任过程就是指定一个专家技术建议组来收集必须的信息数据,研究问题,并推荐出解决方案。因此,早在1912年就要求国际法庭调查和报告对公众健康引起危害的边界水污染的尺度,并推荐出补救它的措施。在19世纪80年代后期,当加拿大公司提议的在印第安河上游的矿场项目遇到下游的美国用户强烈的反对时,国际法庭受两个政府的请求,创立了一个研究组来评估项目和其可能的含义。在那个案例中,国际法庭基于其研究组的技术评估,反对了这个项目。国际法庭中的寻求事实的过程的特征之一是调查通常由听取公众意见来完成,这就允许委员会先来核实技术组寻找的结果,再明确叙述其自己的汇报和推荐。

1997年的联合国水道协定并没有强制的争论解决机制,但是包含一个有义务寻找事实的程序,协定中的任何国家的请求都能触发这一义务。

6.3.7.6 安抚

在安抚中,需要一个通过冲突描述来帮助他们的公正的第三方,通过实事检验和建议一个已被他们接受的易受影响的解决方案条款来解决争议。因此,安抚可能与调解和寻求事实的因素结合。然而,安抚是个更正式的程序,时常由一个争论当事人代表和中立国家的其他人组成的委员会来执行。一个单独的安抚员也能执行安抚。安抚员试图通过独立的调查,在争论中客观的确立事实并应用法律,且这一行为跟随在汇报寻找结果和给当事人推荐之后。当事人可能接受推荐或揣测另外的争论解决方案的形式。有许多安抚模型,国家可以在他们特殊的环境中使用,包括1966年在赫尔辛基规则中提议的。安抚是在事实调查之后阐明解决方案的提议和努力化解对立的争论,当事人对争论留下的自由接受或反对阐明的提议的过程。

6.3.7.7 成功调解和安抚需要技巧

调停、调解和安抚过程的成功,取决于个人和推动者(调解者)的技巧。必须学习必要的技巧和有用的方法。

6.3.7.8 制度上的机制

跨边界水矛盾和争论通常是在许多国际组织和实体的赞助下解决的,比如多边或双边同意的流域委员会的确立。单个流域或水道已经创立了许多这类机制。因此,加拿大-美国国际联合委员会被两国政府授予的职责包括做出联合研究结果的报告和推荐所涉及问题的差异的结论。在1944年,墨西哥-美国关于科罗拉多的格兰德河和提华纳河的一致同意下,当事人建立了联合国跨边界水委员会,委员会通过采用的作为"细节"的一系列的联合决策,来继续解决美国和墨西哥共享水的争论。

6.3.7.9 仲裁

对比所有其他的涉及公正的第三方的争论解决方案机制,仲裁和判决被认为是导致一个法律联合决策的和平解决方案的"法律"手段。当事人必须赞成仲裁——他们同意把他们的争论递交给仲裁者或一个仲裁法庭,或是预先或是引起争论之后在协议中包括一个仲裁条款,在给仲裁递交一个争论时,当事人可能选择跟随一个仲裁机构的程序规则并雇用行政的服务或他们可能组织的特别行动。

同时,它比前面部分描述的机制更正式,仲裁提供了一些诉讼上的独特的优点。为了更具弹性的目的,它允许当事人不仅能提名听取争论的仲裁者,也能选择该讼案的司法管理的实质和程序、在哪里进行听证以及仲裁的语言。当事人也能决定他们的争论是否将被单独的仲裁者或被仲裁组听到。一般来说,听取仲裁是私人的。仲裁决定也能保持机密,但是在任何事件中都是和当事人绑定的,如果在预先的协议确定,则上诉的程序也仅是可利用的。在1997年的联合国水道协定的框架下,所有其他争论解决方案的手段都失败后,就求助于联合解决方案程序。

6.3.7.10 永久仲裁法庭

永久仲裁法庭(PCA)是长期设立的基于条约的国际仲裁机构,且是第一个全球国际争论解决方案的机制。它成立于1899年,现在它已有97个成员国,为了太平洋国际争论的解决方案而签署了1899年和1907年协定的一个或两个。最初是国与国之间仲裁签署的,PCA已经发展了它的管理国家和非国家间的、国际组织和国家间的、国际组织和私人团体间的争论的能力。法庭提供了事实寻求和请求、安抚、调停、调解和仲裁的委托服务。PCA的统治实体是其行政委员会,委员会由成员国的代表组成并一年会见两次。秘书组和PCA国际局执行法庭的日常工作。

近年来PCA在它的自然资源争论解决方案领域内已经变得更主动。2001年它采用了程序化规则,特别有针对性的对这些涉及自然资源或环境的争论作出公断。紧接着,在2002年通过了这些争论的可选择安抚规则。这些规则描述了选择仲裁者和安抚者的程序,且它们包括机密性防备、证据、临时措施、专家的角色、疏忽产生的影响或做出服从、判决、解释和纠正判决。给当事人指派适合争论的法律的弹性。是否同意指派合适法律授予仲裁法庭应用国家(国际)的法律找到适宜的规则。它可能通过当事人的一致同意来决定案例的公平及良心原则。

法庭可能指定专家作汇报,关注当事人。PCA 在这个领域内维持了两个分离的专家清单,他们由 PCA 的成员国来提名,尽管没有对他们作出清单姓名的限制,当事人和法庭可从中挑取:第一,自然资源和环境科学专家组;第二,熟悉国际环境法的专家组成员的仲裁组。如果缺少一个已经同意的程序,环境规则能被用来强调涉及的利用冲突和跨边界损害的争论。因此,规则可能会作为一个向导来召集一个特别的法庭或在 PCA 帮助下来号召专家组。

假设紧急的自然界的争论与特定的水有关,对自然资源和环境来说,环境规则包括一项加速进行的程序就显得更加一般。

6.3.7.11 判决

最终,当事人可能同意他们的水道冲突被特殊的或永久的法庭听证。正如前面描述的,最卓越的标准司法实体是国际法庭(ICJ),国家已经越来越多地利用它来解决国际争端。也正如前面提到的关于多瑙河的案例,它是国际法庭办理的水相关的判决中最重要的例子。

6.3.8 新方法:遵从查证机制

一个国家不遵从它的国际义务就会导致冲突,并破坏国家间达成协议的真实基础。国家可能因为不明确的条例义务,缺少能力,或因经济、社会和政治的条件变化而不遵从国际协议。遵从机制在国际水协议中并不明显,在国际环境协议中也没有清楚的定义。遵从被定义成"以达到缔约政体的目的和目标为目标的那些行动",且一个"遵从系统"是和给定规律一起来影响条约规则和程序的子集。专家给 1992 年的赫尔辛基协定的实践手册的法律事务工作组作的汇报,进一步使这些概念发展成为分析国际环境协议和国际水道协议的框架,汇报上说几乎没有国际水道协定遵从查证机制(见方框 6-8 和方框 6-9)。遵从系统机制的因素有:

- 信息的交换;
- 指导和总结国家的行为;
- 帮助和协作;
- 磋商,避免争论和讨论解决方法。

方框 6-8

遵从评估包括两个成分:

- 信息和综述(广泛的解释,包括条约目标不可能遇到的磋商)
- 非遵从响应:帮助和强制(支持、避免争论和争论解决方案机制)组成

(联合国欧洲经济局遵从策略报告,2001)

方框 6-9

伦敦的水和健康协议

第十五条,"遵从综述",规定:"当事人应该综述他的遵从并以涉及第七条的综述和评价为基础提供这个协议。多边的安排一个对质的、非司法的和咨询的类型,并综述了遵从应该在政党第一次会面时确定。这些安排应该允许适当的公众参与。"

在国际环境协议遵从中，近期的进步表明了成功的政体遵从包括的机制有提升、改进和确保遵从，而不是强制的机制。遵从体系应该包括能推动遵从策略的措施和动机，且应该包括清楚的义务、收集、综述和评价遵从信息的遵从程序和一个制度上的执行这个活动的交换机制。公众访问信息、平等的访问司法应该被看做是政体遵从的重要的因素。

出现遵从的例子，在联合国欧洲经济局条约相关的水(1992 赫尔辛基协定)、健康(1999 伦敦关于水和健康的协议)和访问司法、公众参与(奥尔胡斯协议)中都能找到。它也出现在 2000 年修订的南部非洲发展共同体协议中，在这个协议中水利部长委员会发挥了它的第一个职能——“监视和监控协议的执行”。它也有任务对协议“以执行的身份给大会提供正规的更新资料”。水部门协作单元是水部门的执行机构，它也需要指导协议的执行。它有进一步的义务来对协议“与其他的南部非洲发展共同体机构和共享水机构在与执行有关的事务上保持联络”，且要对协议“在解释上提供指导”。

推荐水道国家在他们的协议中应考虑把遵从查证系统包括进去，并提供了使这个方法作为一个避免他们对水关系争论的基础的机制。有效遵从的机制能为将来提供和平管理世界上的共享淡水的手段。

6.3.9 国际法中的水利设施保护

6.3.9.1 现存的国际法

基于国际冲突的相应变化特征，国际法已经逐步发展起来了。许多协定和条约都被设计为冠有国际的“战争”或冲突。战争的概念正在变化着，在对恐怖分子的国际战争中经常用到这个词。变化着的冲突和淡水的短缺将很可能增加以后年代的潜在的不稳定。环境中的水利设施、水道和其源头，在某种程度上都受到国内和国际法律保护。每个国家有它自己的有关犯罪的法律，这个法律把破坏财产定义成犯罪行为，而国际法是个不同的事物，有许多备有证明文件的案例，由于军队的冲突破坏了一个区域的水供应，这又导致了当地人口的广泛受难。国际对恐怖主义的响应代表了许多不同的挑战。

日内瓦协定在起初是强调在战争中对疾病和受伤战士的治疗。它的修正版本则强调了把国际人道主义者问题作为在第一次和第二次世界大战中证明暴行的结果。此外，“任性、固执会引起人体或健康的巨大的受难或严重的伤害”，协定禁止“外部的破坏和财产的分割，不能通过必要的军事来证明其是正当的”。在这个禁令下，考虑了水和它的相关储量和运输设备。

适用于保护水利设施的国际法惯例的基本原理是那些人性、歧视、权衡和军事的必要性。倘若“在人类的冲突中自然界不再是个公平的游戏”，除这 4 个基本原则外，第五个最近已经显现出来。这个在有关自然的世界宪章中能看见，它规定了“应该保护大自然不会因战争引起退化”和“应该避免破坏大自然的军事活动”。

在检查中，这些国际管理法律的基础和出现的原理直接应用来保护水设施，包括移动的运输系统。然而，现代冲突的本性使得运用这些原理来保护水设施变得特别的困难。歧视、人权、权衡和对环境的破坏原理应用到军事冲突行动中，在这个行动中交战的军队处在一个可以确定的命令结构中。近来，国际恐怖组织团体活动的增加，证明了变化的自然界和冲突的复杂性威胁到了世界各地的水设施。此外，当国家参与者作出的一个另外的法律许可的攻击产生非故意的结果时,间接破坏的概念就进一步使形势复杂化。

6.3.9.2 **现存法律的弱点**

国际法庭已经限制了处理恐怖主义的效用。并不存在“国际法的标准化的结构”,仅是少量和小片的重复标准,对恐怖活动的范围有明显的缺口。国际法庭只能审理国家间的事务而且没有审理犯罪的权限,同时国际刑事法庭逐年地远离有效的运转了。它在2002年7月生效,但是没得到美国的支持。

有许多关于国际法和保护水利设施和水道的缺点:

(1)恐怖主义的活动日益变成团体的选择,而不能直接向世界军队挑战。“军事冲突”这个词不包括来自于恐怖组织对水利装置的单独进攻。国际人道主义法律的原意并不包括恐怖主义或短期的犯罪活动。国际刑事法庭的法令涵盖的范围是有疑问的,即使法庭开始有效运行。起草和承认一个广泛的恐怖主义定义要避开所有以前的国际商会的参与者。

(2)国际人道主义法律的主要协定和条约将只是间接的应用于水利设施。其中缺少清晰和均衡的原理,且军事的必要性能被用来证明对水设施的攻击是正当的,即使在对人民有实质的损害的时候。

(3)以它的习惯形式鉴别法律的问题和在决定一个特别行为的合法性中,通过渴望的自然界的许多协定和决议制造了更多的困难。但是这些渴望的条文,就像斯德哥尔摩宣言,在发展国际人道主义法律中提供了一个重要的功能。给那些现在不能接受一个详细的公式作为法律的当事人一定的时间来作出必要的政治转变,以便将来接受该法律。也许更重要的是,公众对法律的理解,或者应该是当公众的支持对指导冲突是必要的时候的一个积极变化的因素。

(4)分发问题可能存在。交战国可能没有注意到国际人道主义法律的规定,或可能选择忽视了他们。普遍的缺少对规则的理解,它们是如何应用到水设备和可移动的传输系统的。结果能在这份报告的前面描述的近期的冲突中看见。

(5)可能缺少执行机构。执行机构能够公正地规定惩罚是对攻击水设施和相关的基础设施负责任的规则。联合国国际预防犯罪中心已经是资金不足且无能为力了,国际警察组织也仅有一点作用。不存在有效的国际刑事法庭,且国内法律系统通常是无用的,作为相同冲突的结果,它导致水设施的破坏。历史上,国际打击犯罪机构的工作效率一直很低 。

6.3.9.3 **纠正弱点的措施**

有两个普通区域,区域内的水设施、水道和环境普遍应受到更大程度的保护。第一个由国际人道主义者法律在军事冲突中提供保护;第二个是保护不受恐怖主义的袭击。甚至没有一个新条约或协定正式的设立了保护水设施的新法律,能做许多向那个方向发展。通过这些行动,现存的国际法律的义务和国家的实践能够明确化并加强。这将促发一个行动,关注或涉及到通过军队武力来保护所有国家的水设施。

6.3.10 国际流域组织的类型(RBO)

创立一些国际流域组织的类型是流域发展朝向国际协作的实用的一步。国际流域组织的类型范围包括下面所有的或任何行为：

- 数据收集；
- 计划；
- 水分配；
- 为研究和项目执行筹集资金；
- 项目成本共享；
- 执行计划；
- 运行和维持项目；
- 水利用的检测，控制污染和保护环境条件。

流域组织从仅考虑水共享的联合委员会向有很多执行功能和协作的组织变化。前者的例子是印第安－巴基斯坦和苏丹－埃及的水联合委员会，后者的例子是塞内加尔的塞内加尔河流域机构，它包括了上面列出的几乎所有的功能。如果不是必须的，我们想要一个流域组织连续的和永久的运行。

在前进的步伐中建立流域组织是可取的，所以它们可能会发展尽可能好的符合每种情况的需求。作为第一步，临时委员会能够起草一个条约和章程来创立一个永久的水联合委员会。这个过程可能需要由临时委员会发起的详细而精确的研究。在后阶段，永久水联合委员会能创建和控制任何可能需要的实体。一些流域管理组织可能会在一个组织中提供从计划到项目执行和已完成工作管理的大范围的功能。

然而，将政策和计划的义务从执行行为和执行计划中分离出来，通常是更加有利和合理的选择。比如，水联合委员会可能作为主要的政策实体而形成，委员会的广泛的摘要可能包含了成员国的所有灌溉流域。接下来也可能以一个协作的形式确定另一个流域管理组织，这个组织具有完全的法律地位和明确的职责来执行、操作、管理具体项目。通常，流域管理组织的执行者应对水联合委员会的政策指示负责。

国际流域管理组织成功的因素

建立一个有效的流域管理组织的 4 个重要的需求：

- 部分成员国政治的和金融的承诺；
- 清楚的定义流域管理组织成员国的需要是什么；
- 已定义的流域管理组织和国家机构间的相互作用的程序；
- 流域管理组织的一个组织，激励的结构和全体成员与它的义务和它的法律地位是协调的。

经验表明，最成功的流域管理组织是那些专注于目标而不目光短浅的组织，这些组织能够全神贯注于对几个相关水滨国家构成共同得利的项目。然而，也有一些案例，并不是所有的国家都能从中受益或在特别的公共项目中受到关心。在这样的案例中，限制与这些国家有关的项目执行的安排就成了权宜之计。

附件

例 1　西爪哇水资源管理研究采用的目标和标准

目标	评价标准
社会经济目标和标准	
1. 改进雇佣	水资源管理策略增加的雇佣： —永久工作的数目 —暂时性工作的数目
2. 人民收入的增加 —提高农户收入水平 —改进收入分配中的平等性	—农户纯收入 —水资源管理策略人均利益的差别 ·城市（农村）面积（%） ·收入组（%）
3. 非石油产品出口的增加（虾，茶叶和橡胶）	—出口价值
4. 以经济有效的方法支持经济的发展	—总的年收益 —总的年成本 —利益（成本）比例 —内部收益率 —净现值 —总的资金需求 —国外流通需求 —总的建设成本 —总的运营和管理成本 —附加部门价值 —毛收益
用户相关的（部门的）目标和标准	
1. 增加的农产品（每年 3%）	—Padi（t/a） —Palawija（t/a） —作物的出口（或替代品的进口）价值 —单位水供应成本 —没有得到满足的需求（%）
2. 增加的动力生产（—）	—装置的承载力（MW） —动力生产（GWh/a） —没有满足公司动力的需求（%） —能量的价格 —能量生产价值
3. 增加的产品（—）	—鱼产量（t/a） —鱼塘面积（hm^2） —出口价值（卢比/a）

续例 1

目标	评价标准
4. 支持工业发展 工业水供给(完全供给) 提供废水交换机会	—供给量(m^3/s) —水供应成本(卢比/a) —单位水供应成本(卢比/m^3) —不能满足的需求(%) —维持水质量标准成本(卢比/a)
5. 提高水相关的标准	
环境的和公众健康相关目标和标准	
1. 提高公众健康 提高城市饮水供给: bna,ikk 和主要城市 计划:60L/(人·d),服务 70% 农村:55% 提高冲刷(在城市中 1L/(s·hm^2))	—供给(1L/d/人) —相关的人口百分比(卢比/m^3) —饮用水价格(%) —奔流水容积(m^3/s) —单位成本(卢比/m^3) —不能满足的需求的百分比(%)
2. 提高(保护)自然资源和环境 侵蚀和沉积控制(侵蚀 $<1mm/a$) 自然水质量的保护	—严重侵蚀的面积(hm^2) —侵蚀(mm/a) —沉积量(t/a) —再造林面积(hm^2) —再种植面积(hm^2) —梯田面积(hm^2) —外部木材供给占木材总需求百分比(%) —集合水质量参数(1×10^{-6})
3. 提供洪水保护 (回收期:依赖濒危面积的价值)	—回收期(a) —防洪费用(减少损失)(卢比/a) —濒危面积区人口数量(人) —洪水面积(hm^2)
与目标和标准相关的计划和执行	
1. 考虑与其他计划领域相一致的现存政策的最大一致性(比如:区域经济计划)	—与现存政策相背离(冲突)
2. 被提议策略的最大弹性	—策略的调整程度来改变需求,标准,技术革新
3. 被提议策略的最大可依赖性	—被提议策略迎合现实目标的确定程度
4. 通过公众,感兴趣团体和执行权威机构提供足够的可接受的被提议策略	—有关政党的接受程度
5. 结合现存竞争和相关机构责任考虑被提议策略的最大接受度	—现存竞争和责任的背离(冲突)

例 2　埃及国家水资源计划的得分卡

概要	单位	1997 年案例	2017 年参考案例	策略
—污染	百万	59.3	83.1	83.1
—城市化	比率	0.44	0.48	0.48
—6%经济增长下的国内生产总值	$\times 10^9$ LE	246	789	789
经济发展的目标				
农业				
—灌溉面积	Mfeddan	7.985	11.026	10.867
—总的生产价值	$\times 10^9$ LE	34.46	35.76	38.50
—作物强度	比率	2.1	1.5	1.7
—每费丹的净生产价值	LE/费丹	2.812	2.075	2.153
—单位水的净生产价值	LE/m^3	0.64	0.66	0.60
—出口/进口价值	比率	0.09	0.12	0.20
工业				
—流入水的交叉污染	LE/m^3	0.65～1.10	0.65～1.10	2.00
—污水处理成本	LE/m^3	0.22～0.50	0.22～0.50	1.00
渔业				
—生产（1997 年指数是 100）	指数	100	86	*）
旅游				
—航运瓶颈	指数	100	114	<100
社会的目标				
在沙漠地区创造居住空间	总人口的比例（%）	3	23	22
雇佣和收入				
—农业中的雇佣	百万人/a	5.01	6.24	7.30
—工业中的雇佣	百万人/a	2.18	4.99	4.99
—农民的平均收入	LE/a	5.362	4.629	4.309
饮用水的供给				
盖度	百分比	97.3%	100%	100%
卫生				
盖度	百分比	28%	60%	60%
平等				

续例 2

概要	单位	1997 年案例	2017 年参考案例	策略
农业中水的公平分配	-,0,+	0	+	+
物质的自足				
谷物	百分比	73%	53%	46%
满足水需求				
水资源发展				
—尼罗河可利用的水	$\times 10^9 m^3$	55.5	55.5	55.5
—抽取深层地下水	$\times 10^9 m^3$	0.71	3.96	3.96
有效利用尼罗河系统的水				
—从尼罗河流出水的沉积	$\times 10^9 m^3$	16.3	17.6	12.5
—尼罗河系统总的水的有效利用	百分比	70%	675	77%
农业中的水				
—供给(需求)比例(假定1997 年为1.0)	比率	1.00	0.80	0.92
—尼罗河系统每费丹的可利用水	m^3/(费丹·a)	4.495	3.285	3.866
公共水供给				
—UFW 的丢失	百分比	34%	34%	25%
—供给(需求)比率	比率	0.67	0.76	1.00
健康和环境				
污染和健康				
—大肠杆菌的侵害标准(1997 年为100)	指数	100	121	110
—浅层地下水的质量	-,0,+	0	-	-
生态和可持续性				
—可持续性:深层地下水的利用	吸取量/壶	0.15	1.00	1.00
—条件 bardawil (ramsar site)	-,0,+	+	-	+
—海滨湖泊的条件	-,0,+	0	-	0
*)渔业生产 2017 ftc:见例 1。				

附表 1　水资源开发与管理相关术语与定义

行为分析	通过分析找出某个行为的生产输出的计划水平:①为了对付不同水平的因子输入价格,可利用技术,废水费用和所需的水和水相关的产品和服务的价格;②受水短缺或不好的水质的影响
行政和制度系统(AIS)	行政、法律和法规系统包括对水资源系统的管理及法律和法规的执行负有责任的权力
分期偿还	用选定期限内的一个项目中投资的金钱来弥补项目的净投入的接受过程(分期付款期限)
分析的框架	设定一致的步骤来进行分析
自主发展	分析系统变量的发展,即分析当目前的管理行为毫无变化时(零政策可选择)未来系统的状态
基础条件	研究区域现有的经济、社会和环境的特征
收益	社会群组或环境的项目或策略的积极的(可享有利益的)影响(关于要达到的目标)。被认为是消极利益的项目或策略的消极影响。受益者制定的物化有益效果的成本也被看做是消极的利益
收益与成本的比率(B/C)	估计的年均净收益(用货币表达的项目的输出)和年均成本(包括物化的建造成本和每年的运行、维修和替代的成本)的比例。 折合的净收益除以折和的美元成本(投资和)的总和,即 $B/C = \dfrac{\sum_{i=1}^{n} \dfrac{B(i)}{(1+\lambda)}}{\sum_{i=1}^{n} \dfrac{C(i)}{(1+\lambda)}}$
沿海区域	岛屿边界间的面积被定义为影响海运过程的界限和向海的边界被定义成国家权限的界限或一个物理边界(比如,大陆架的边缘)
日用品	经济的货物(产品或商业品)
普通货物	属于社团的经济货物
计算框架	定量化分析措施和策略的计算方法,数据库和运行程序连贯集合
概念框架	与分析框架相同
成本	政党负责发展和执行的计划和策略的花费(运行、维持和修理的投资和成本)
成本分配	把项目总成本分配给不同目的的项目的过程(比如多目标计划或项目)

续附表 1

成本(收益)分析	估计和评价来自水资源发展项目或策略的增加的货物和服务输入的收益和成本
标准	表示达到某些目标可选择的起作用的范围的单位(与测量尺度相同)
数据库	收集不同类型数据的集合(通常储存在计算机中)
详细计划	水资源计划就是对评价和筛选可执行的计划有利的足够的可行性调查
经济分析	估计水资源管理项目中附加的有利或不利的影响,以及其中从国家经济观点出发的成本。当在项目的有效期内折合的社会-经济利益超过折合的社会-经济成本时,该水资源管理项目就在经济上是可行的
项目的经济寿命	一个项目的计划利用期限(假设了足够的维修和替代)或时间年限(通常是50年)以外的附加的利益和成本不可能影响项目经济
外在形式(外部效果)	无论何时都存在的一个经济活动的输出作为一个输入出现在消费或生产向量中,却并没有伴随支付(也被称为外部(不)经济)
金融分析	根据整年的实际货币收据和费用,估计一个水资源管理计划和其投资及其每年的成本的附加的或不利的影响。其观点是受益的政党和对水资源管理项目的发展及执行负有责任的政党,后者的金融分析应该清晰的写出项目是如何负担经费的
分析框架	程序的调整结合和计算方法的连贯集合
输入(输出)模型	用来获取一个区域或国家经济上的相互作用的一系列方程。每个方程模拟了从一个生产部门到其他所有生产部门并满足外部需求的日用品的货流
综合水资源管理(IWRM)	促进水、土地和相关资源协调发展和管理的过程,为了以一种非折中方案的生态系统的可持续性的平等的方式来使作为结果而发生的经济和社会的福利最大化; 综合水资源管理等于水资源管理,但是要强调良好的水资源管理综合的方面
中间计划	水资源计划,它指导了足够的初步可行性调查来筛选可选择项并挑选最适合的计划用来发展成详细的计划
回报的内部比率	未来收益成本净现值为0时的贴现率,即 $\sum_{i=1}^{n}\frac{B(i)-C(i)}{(1+\lambda)^{i}}=0$
投资成本	建设期间的项目的初期成本和任何利息的总和。比如,花费加上项目输出的时间的利息变得可利用

续附表 1

措施	它作为计划的部分或是全部的,任何建设性或非建设性资源管理的手段
自然系统	没有人类干预的系统
国家资源系统(NRS)	河流、湖泊和地下水储水层系统,包括它们对生态系统的功能,也包括与自然系统相关的基础设施(水库、沟渠、泵等)
净现值(*NPV*)	在项目的生命期内所代表收益和成本的时间流的价值,考虑了贴现率计算,即 $NPV = \sum_{i=1}^{n} \frac{B(i) - C(i)}{(1+\lambda)^{i}}$
规划	水资源管理的任务之一。它包括策略的生成和评价以期在将来环境中达到的管理目标
政策分析	鉴别、分析和评价可选择的行为目的是为了达到管理目标的一个系统过程
政策疑问	在当前的或将来的社会-经济和(或)自然资源系统中,实际的和期望的环境中涉及到的地位和功能的现存或预期的分歧
现值	等于净现值
原则上的成本	等于投资成本
产品	在社会中能够满足个人需求的最终的货物或服务
项目成本(费用)	通过负有责任的政府机构招募成本,并在适当的地方,通过其他的政府和非政府实体来建造、运行和维持一个项目的成本。这些成本如下:
—管理成本	和项目的建设相联的成本包括承包管理、优先权等的成本;
—建设成本	项目建设的直接成本(基于当前的承包投标项目或交换物品的当前市场价值,服务,等);
—条件成本	附加的反应未知的潜在的困难的成本;
—工程和设计成本	为了授权后的调查、观测、规划和设计而招致的实际流通成本;
—建设期利息	在建设时期的资金成本。通常等于建造成本乘以利息率再乘以 1~0.5 的以年为单位的建设时期。当建造期小于两年或当利益随工作进展自然增长时,在建造期内就没有利息的变化;
—土地的获得	获得建造、运行、维持和替代项目措施中所需的土地、水和矿物质权利的成本;
—移民的成本	涉及重新安置人口和公共设备的执行措施、移民的生境的损失、拯救古物的文化和历史价值的成本
—运行、维修和替代成本	运行、维修和替代(修补)成本代表了材料、设备、服务和设施的现值,在分析时需要这些现值在良好运行条件下来运行、维修和替代,并维修项目。维修和运行成本包括个人操作的薪水;劳动力、工厂和供应的普通维持和修补;监督;检查和周期性的视察

续附表 1

勘察汇报	准备公文来总结初步研究的结果,其目的是决定是否附加的研究是许可的,如果是,就鉴定它:研究的适当范围,阐明中间计划所需的细节水平,重大的政策问题或巨大的潜在的政府投资决定和为下一步的研究更新管理信息。一个"勘察汇报"有时也被称作"起初的汇报"或"初级分析汇报"
可更新的资源	在一个合理的时间间隔内通过系统能够再生的资源
流域管理(RBM)	在流域水平的(综合的)水资源管理的应用
流域规划(RBP)	在流域水平的(综合的)水资源管理的计划
筛选	以一个有限集合的标准为基础的单个措施或有限集合的措施的评价
情景	水资源服务外因的发展; 关于不确定的未来发展或情况下的不同的假设集合,它影响被考虑系统的功能,但是这个系统并不能决定或控制它
利益相关者	在水资源系统发展和管理中的所有的人、机构或组织都有一个"根基",因此应该包括这些发展和管理的决定
策略	措施的逻辑结合,比如物理的和管理的措施(结构,操作规则),金融的动机(税收,补贴金)以及法律的和制度上的措施(法律,机构的责任的定义,用户组织),它们的目的是完成管理目标
系统假定	水资源服务的内因发展,它的假设是系统的功能或系统间因素的相互作用
系统分析	解决行为上的问题是通过产生(利用)现代科学技术的知识和方法,结合社会目标和公平,因素判别和尝试以及适当地考虑更大的背景和不确定性的概念: ——基于鉴定和分析系统及其子系统的方法:从一个完整的系统开始,并把系统分成相关的、逻辑的(更适宜的)子系统(成分),根据输入输出关系和控制变量来定量化描述这些子系统间的相互作用。政策分析的背景:对系统分析来说鉴定关于当前的和将来的整个系统的状态的问题和社会目标是必要的。关于已鉴定的目标,应该通过改变控制变量使整个系统的工作达到最优 ——通过数学的或逻辑的函数来描述一个系统的组分和它们的相互作用的方法 ——研究一个系统组分的所有的相互作用。经常性地,系统分析涉及到寻找产生优化的组分间的结合。例如,一个由最可能结合的因素组成的能满足想得到的目标的系统
与水相关的人类活动	这类活动是指要达到它的目标依赖于利用水资源系统的要素(地表水、地下水、堤防、净化能力):农业、渔业、娱乐、航运、工业、能量生产等

续附表 1

与水相关的物品和服务	水资源系统（输出）的可生产要素：水、鱼、娱乐的机会、冷却水的机会、净化能力、承载力（航运）、防洪
水资源开发（WRD）	水资源管理的"开发的"方面。这包括基础设施工作的建造。也包括必要的安排来使那些工作能够适当发挥作用。例如，建筑能力、法律的提供，制度上的改变等
水资源管理（WRM）	水资源管理由总的生产水和水相关的物品和服务所需的任务组成。它是个生产功能，它能把定量的、定性的、时间和位置特征的地表水资源和地下水资源转化成定量的、定性的、时间和位置特征的要求的输出。水资源管理包括如下的活动： • 水资源规划（WRP） • 水资源开发（WRD） • 操作的管理 • 运行和维修（O&M） • 提供预测 • 法律（提供和执行） • 监测 • 研究
水资源规划（WRP）	水资源管理的规划 行为的逻辑过程导致了挑选以最可能接受的项目来响应一个鉴定了的需求
水资源项目	结构的和无结构的活动的集合，它的目的是为了人类的使用利益而发展或改善现存的水资源
水资源系统（WRS）	水资源管理的目标包括自然资源系统（NRS）、社会经济系统（SES）、行政和制度系统（AIS）
水权	水滨学说：土地所有者拥有沿着水体的边界来利用其水资源的权利，在某种程度上使用者不能减少其数量上和质量上的供应 优先占有学说：水权是针对那些把水放到有益的利用的个体。历史的发展和（连续的）占有者的利用决定了利用一个特别的定量化水的唯一的权利。最初是基于"先来的，先供应"，它应该被证明（因此基于实际的转移）。水权利能被转移给从土地中分离出去的其他人 在水滨和占有学说中的水法律，权力的持有者拥有利用水的权力，但是不能拥有水本身，水是属于公众的（国家），不过在利用中通过一个私人权利系统来选择分配水

关于水资源开发和管理的一些有用的网址

ACP-EU Water Facility：www. europa. eu. int/comm/europeaid/projects/water/index_en. htm

亚洲开发银行：www. adb. org

水资源系统管理网：www. cap-net. org

欧盟水框架指令：www. europa. eu. int/comm/environment/water

欧盟水行动：General web site：www. euwi. net

全球水伙伴：www. gwpforum. org，in particular

Harmoni-CA：Portal on consolidated IWRM experience：Wise-rtd. info/wise. cgi

Harmoni-CA：www. harmoni-ca. info，in particular

HarmoniCOP：www. harmonicop. info

流域组织国际网（INBO）：www. inbo-news. org

国际水管理学院：www. iwmi. cgiar. org

国际水资源局（OIEAU）：www. oieau. org/eranet

"从潜在冲突到合作潜力"项目：www. unesco. org/water/wwap/pccp

联合国欧洲经济委员会：www. unece. org/env/water/welcome. html，in

联合国科教文组织：www. unesco. org

世界水资源协会：www. wri. org

世界银行：www. worldbank. org/water

世界大坝委员会（WCD）：www. dams. org

世界水理事会：www. worldwatercouncil. org

参考文献

American Society of Civil Engineers (ASCE), 1999, Sustainability Criteria for Water Resource Systems, ASCE Press, Reston, Va. (also in Loucks, D. P. and J. S. Gladwell, eds. 2000, Cambridge University Press, Cambridge, UK.

Cohon, J. L., 1978, Multiobjective Programming and Planning, Academic Press, New York.

Danish Hydraulic Institute (DHI), 1997, MIKE-BASIN, Operating manual and description, HØrsholm, Denmark.

Delft Hydraulics, RIBASIM, 2004, River basin simulation program operating manual and description, Delft, Netherlands.

Dinar, A., Rosegrant, M. A., and Meinzen-Dick, R., 1997. *Water allocation mechanisms principles and examples*. Workgin paper WPS 1770 Series, No. 1779. World Bank Washington, D. C.

Emerton, L., Robs, E., 2004. Value Counting Ecosystems as an Economic Part of Water Infrastructure. IUCN, Gland, Swaitzerland and Cambridge, UK.

ESCAP, 2000. Principles and practices of water allocation among water-use sectors. Water Resources Series, No. 80, United Nations, New York.

Frost, P. G. H., 2001. Reflections on integrated land and water management. In Gash, J. H. C., Odada, E. O., Oyebande, L., and Schulze, R. E. (eds), 2000. Freshwater Resources in Africa. BAHC International Project Office, PIK, Potsdam, Germany.

Global Water Partnership (GWP), 2000, Integrated Water Resources Management, Tac Background Papers no. 4, GWP, Stockholm, Sweden.

Global Water Partnership (GWP), 2002, Effective Water Governance, TEC Background Papers no. 7, GWP, Stockholm, Sweden.

Gregory, R. S. and Keeney, R. L., 1994, Creating Policy Alternatives Using Stakeholder Values, Management Science, Vol. 40: pp. 1035-1048.

Gijsbers, P. J. A. (2001) *Decision support for the management of shared water resources. Data management as a corner stone for joint DSS development*, PhD-thesis, Delft university of Technology, Delft University Press, Delft, The Netherlands.

Hammond, J. S., Keeney, R. L. and Raiffa, H., 1999, Smart Choices: A Practical Guide to Making Better Decisions, Harvard Business School Press, Boston, Mass.

Hashimoto, T., Stedinger, J. R. and Loucks, D. P., 1982, Reliability, Resiliency and Vulnerability Criteria for Water Resource System Performance Evaluation, Water Resources Res., 18(1): 14-20.

Hashimoto, T., Loucks, D. P. and Stedinger, J. R., 1982, Robustness of Water Resource

Systems, Water Resources Research, 18(1): 21-26.

Keen, P. G. W. & M. S. Scott-Morton (1978) *Decision support systems. An organizational perspective* Addison-Wesley Publishing Company. Reading, MA, USA.

PCCP, From Potential Conflict to Cooperation Potential, series of reports, UNESCO-Paris (see web-site).

Raskin, P., Sieber, J. and Huber-Lee, A., 2001, Water Evaluation and Planning System: User Guide for WEAP21, Tellus Institute, Boston, MA.

Schulze, R. E., (2002). Modelling as a Tool for IWRM: Conceptual Issues and Case Study Applications. Water Research Commission, Pretoria, RSA, Report No. 749/01/01.

Scott-Morton, M. S. (1971) *Management decision systems: computer based support for decision making* Harvard University Division of Research. Cambridge, MA, USA.

Simon, H. A. (1960) *The new science of management decisions* Harper & Row Publishers, New York, NY, USA.

Sprague, R. H. Jr. & E. D. Carlson (1982) *Building effective decision support systems* Prentice-Hall, Inc. Englewood Cliffs, NJ, USA.

Steuer, R. E., 1986, Multiple Criteria Optimization: Theory, Computation, and Application, John Wiley & Sons, NY.

White, G. F. et al., 1999, Water for the Future: The West Bank and Gaza Strip, Israel, and Jordan. Water Science and Technology Board and the Board on Environmental Studies and Toxicology, National Research Council, National Academy Press, Washington, DC.

WCD, 2000, Dams and Developments – A New Framework for Decision-Making; The report of the World Commission on Dams, Earthscan Publications, UK.

